老挝丰沙里贺人妇女的"礼信"实践

杨璐 著

学苑出版社

图书在版编目（CIP）数据

老挝丰沙里贺人妇女的"礼信"实践 / 杨璐著. -- 北京：学苑出版社，2025.7. -- ISBN 978-7-5077-7233-3

Ⅰ . G133.4

中国国家版本馆 CIP 数据核字第 20251ML938 号

出 版 人：洪文雄
责任编辑：战葆红
出版发行：学苑出版社
社　　址：北京市丰台区南方庄 2 号院 1 号楼
邮政编码：100079
网　　址：www.book001.com
电子邮箱：xueyuanpress@163.com
联系电话：010-67601101（营销部） 010-67603091（总编室）
印 刷 厂：北京建宏印刷有限公司
开本尺寸：700 mm×1000 mm　1/16
印　　张：18
字　　数：240 千字
版　　次：2025 年 7 月北京第 1 版
印　　次：2025 年 7 月北京第 1 次印刷
定　　价：66.00 元

丰沙里，老挝最北端的省份，在很多宏大的历史叙事书稿中很难看见对它的描述，较为抢眼的历史事件是，1895年法国和清政府签订《中法续议界务条约》，将勐乌、乌德、化邦、哈当、贺联、盟勐等地划入其法属老挝殖民之地。勐乌和乌德现属于丰沙里省辖区的约乌县。丰沙里介于越南奠边府与中国云南省普洱、西双版纳之间，国家边界将其置于两国之中，特殊的地理位置让其曾成为法国殖民者的驻军之地，而这里怡人的气候和肥沃的土地也吸引了一批"云南人"迁移至此。国家边界是一种权力的界限，它可以赋予空间、社会、文化以新的意义，它阻挡的是有特定国民身份的人，与文化民族无关，与政治民族有关。① 国家的边界将一些原本有着共同文化的族群割裂，成为跨越国家边界的族群，他们在宏大的历史叙事中书写着自己族群的历史与文化。民族志研究可从微观之处阐述宏大的历史和文化，从某一核心线索中呈现跨国文化的连接和变迁。本书关注一群曾经从中国云南、广西、潮州等地迁移至老挝丰沙里的所谓"云南人"，大约经过两个多世纪的繁衍生息，慢慢融入老挝社会。他们的文化变迁具有独特之处，本书通过贺人妇女的"礼信"实践来描述和解析其融入老挝社会的规律和机制。同时，可从中窥见些许构建中老命运共同体进程中民心相通的历史根基。

第一节 选题缘起及其意义

一 选题缘起

"一带一路"倡议的提出与践行，让老挝与中国的关系更近一步。中老铁路的建成与贯通，让中国和老挝的民众更深刻地感受到了"中老

---

① 周建新：《爱尔兰民族问题及其和平进程研究》，北京：中国社会科学出版社，2021，第175页。

命运共同体"实践带来的便捷与实惠。云南大学民族学专业积极参与到东南亚区域的研究中,在21世纪初便开启了对东南亚国家民族志研究的计划,东南亚民族志丛书在云南大学师生的共同努力下不断厚实。2017年9月,我有幸考入云南大学民族学与社会学学院攻读民族学专业博士,师从周建新教授,继续对东南亚民族进行研究。周老师曾在20世纪90年代末去过丰沙里,曾对丰沙里贺人族群进行过短期调查,其调查数据在《中老跨国民族及其族群关系》一文中有所体现。在导师的引导之下,我于2018年1月开启了对老挝贺人的调查。到达丰沙里贺人聚居的街道,我惊喜地发现贺人的本族语言竟然和普洱的墨江县及江城县方言一样,其腔调、语气词和形容词都大致相同。作为一名土生土长的墨江人,我和丰沙里贺人交谈并没有太大的障碍。带着学术任务和对丰沙里贺人的好奇之心,我将研究对象确定为老挝丰沙里贺人。

老挝贺人自称"汉家",主要是源自中国云南边境地区的离散人口,大多数为云南籍汉人,少部分是客家人、潮州人和回族,这个群体被中外研究者称作"云南人""云南籍华人",英文为"Yunnanese Chinese"。他们主要分布于丰沙里、乌多姆赛和琅南塔省,丰沙里省内的主要聚居地是丰沙里县、乌德县和本代县。这些贺人何时、何地、为何而来?一些人又为何而走?他们对中国的情感、对老挝的情感是怎样的?他们如何把自己构建成为现在这样一个贺人群体的?他们的文化特征是什么?……目前国内外的文献鲜有记录和研究。所见的文献中,有关老挝华人的最早记载是明代朱孟震的《西南夷风土记》:"缅甸、八百、车里、老挝、摆古虽无瘴而热尤甚,华人初至亦多病,久而与之相习。"[1]19世纪中叶时候,"云南人"的足迹已经遍布今天越南奠边府直至老挝北部

---

[1] 申旭:《老挝史》,昆明:云南大学出版社,2011,第115页。

地区乃至湄公河流域的琅勃拉邦和万象一带了。①何平教授认为，移居老挝的"云南人"有着浓厚的乡土情结，依然是一条连接云南与老挝的国际纽带和一种值得珍视的宝贵资源②。

丰沙里犹如楔子置于中国和越南之间，是中国古代的"夷方"之地，是茶马古道至老挝、达越南的网络覆盖之地。清末民初，这一地区在茶叶贸易的驱动下成为地方商业与世界贸易勾连的流通之道，丰沙里的马帮古道是中国滇越马帮古道的组成部分，滇越马帮古道南线穿过丰沙里，走向为宁洱、思茅、易武、老挝丰沙里、越南奠边、越南莱州至河内，从越南海防再转向南洋或香港③。同样，丰沙里因特殊的地理区位，在法国殖民统治的图谋中成为连通中老越的桥梁之地，1915 年，法国军队进驻丰沙里，设第五军事特区。1954 年之后，丰沙里成为爱国革命阵线和中立派活动的革命根据地。20 世纪 60 年代至 70 年代中期，中、越红色政权在丰沙里设外交机关，支持老挝爱国阵线和中立派反抗美国的侵略。1975 年，老挝解放之后，老挝"一边倒"的外交政策，使得中老外交关系滑入谷底，老挝国内政治经济建设也一并陷入了困境，这一关系一直到 20 世纪 80 年代中期才得以缓解。20 世纪 90 年代中期，老挝积极主动参与大湄公河次区域的经济合作，并于 1997 年正式加入东盟。当前，"一带一路"建设项目在中老政府和人民的共同努力下顺利推进。丰沙里作为"一带一路"的辐射区域，与云南省普洱、西双版纳等市结为友好城市，促进了区域合作、跨国经济和民间交流等方面互惠空间的构建。

丰沙里贺人的族群形成和文化变迁交织于时代特征突出的空间之中，寻找一条从整体上能描述其特征并可贯穿于贺人文化变迁的主线，

---

① Joachim Schesinger, "Ethnic Groups of Laos", in *Profile of Sino-Tibetan-Speaking Peoples*, White Lous Press, Thailand, 2003, Vol.4, p.18.

② 何平、饶睿颖：《历史上迁移老挝的"云南人"》，《思想战线》2009 年第 4 期。

③ 周建新、杨璐：《跨国道路与族群发展——基于老挝贺人的田野调查》，《广西民族研究》2020 年第 4 期。

是本研究能否圆满完成的关键因素。这条线索在我第三次进入丰沙里后，终于在纷繁复杂的文化符号中呈现了出来。

二 选题意义

在日常生活中，贺人经常用"礼信"一词指称宗教仪式和交往交流中的某些规则。"礼信"究竟指的是什么？在什么样的对话场景中会出现？以下是三个出现"礼信"一词的对话场景。

场景一：送别宴上的"礼信"对话。何老太的孙女考上中国贵州省的大学，她为孙女办拴线仪式，准备过程中孙女只拿白线为仪式备用，何老太看到后骂孙女说："只拿白线？我们汉家①用的是红线、黑线和白线！这个娃娃读老爪②书，把我们汉家礼信都忘记了！"这里的"礼信"指仪式和仪式环节。

场景二：春梅对弟妹的评价。38岁的春梅是我的报道人之一，因为她儿子在我校就读，我与她结成了朋友关系。一天，春梅收工回家，路上遇到朋友，谈论起她弟妹外遇的问题，她这样讲述道："她是老爪，不懂我们汉家礼信，和我们汉家不一样！"这个场景中的"礼信"更像是一种具有道德约束力的行为规范。

场景三：杨老太讲述贺人与普内人的婚姻关系。84岁的杨老太跟我描述了普内人和贺人婚姻变迁的过程。她说道："以前，我们不能嫁卡佬③，老人们都说：'黄牛水牛么不拌拢'，卡佬么水牛了嘛，烂泥潭里会去，我们汉家是黄牛了嘛。以前么，老人们都说：'夷人不懂汉家礼信，不要跟他们玩。'这久么（现在），什么人都在拢，不拣了。卡佬嫁汉家，汉家嫁卡佬，看哪个的能力大了。如果汉家的能力大么，就拉过来信汉

---

① "汉家"：贺人的自称。
② "老爪"：贺人对老挝佬族的别称。
③ "卡佬"：贺人对老挝普内人的别称。

家礼信，变汉家，如果那边能力大么，就拉过去当卡佬了嘛！"杨老太口中的"礼信"成为贺人族群区别于他族的一个核心概念，即贺人成为贺人就是要信"礼信"。

特定的对话场景中，通俗的日常共用语不只是简单的一个词语，而是指社会关系方面的隐喻，具有一定的文化指向。贺人不经意在对话中说的"礼信"一词，其实际的意涵是什么呢？不同年龄阶段的人给出的回答则是同一性和差异性并存，他们共同的解释为，婚丧嫁娶、拴线宴请和节日庆典时的一些宗教性仪式活动和仪式环节。差异性的意义表现在不同年龄阶段的人对"礼信"的表述，比如：七八十岁的老人们认为现在丰沙里贺人春节举办"团结饭"活动不是"礼信"，而年轻人们认为这是"礼信"；老年人们在讲"礼信"的时候，会说这就是迷信了，而年轻人不知道迷信为何意。"礼信"代际认知的差异实际上是族际关系和文化变迁的重要体现，它的表述差异常常以他族存在而产生。

在"礼信"活动中，女性比男性更加活跃，表现在两方面，一方面，家庭主妇是家中"礼信"活动的操控者。当问及男人们是否懂"礼信"怎么做时，女人们的回答是："这些事情么，他们不管了，他们认不得咋个做呢！"另一方面，贺人的妇女们是参加族普内、傣等族仪式活动的家庭代表，主要是出席佛寺和家庭的做赕活动。相对女性而言，男性很少参加寺庙的做赕活动。2018年8月20日，老挝学生带我到丰沙里佛寺，寺庙里一位最年长的和尚告诉我，"这里的汉家男人不会来佛寺拜佛，一些女人会来。"我心存疑问，在聊天中谈到此事，中老年男性贺人的回答证实了和尚的说法。他们的回答是："我么，不去了，我们有自己的汉庙呐！"回答基本一致。实际上，对于这个问题的回答，不同年龄阶段的妇女有不一样的回答。70岁以上的妇女们会说："那里么，我们不去了，去了么，家里的老人会恼！"50岁到60岁的妇女们会说："现在不想去了，以前年轻时候会偶尔去。"年轻些的妇女们会说："去的，过节时候，有时间就去。"简单的回答后面隐含的是贺人对"礼信"建构的变迁，从老人们讲到的："黄牛（汉族）水牛（其他民族）么，不拌拢！他们么不懂汉家礼信！"到中年妇女们带我参加他族仪式活动时候讲的："这是他们的礼信了嘛！"此外，男性也很少参加他族的家庭做赕活动。2018年9月24日，丰沙里县城里有三家普内人同时在家里给老人做赕。做赕不发请帖，也不会口头邀请，到黄昏之时，做赕的家庭敲起象脚鼓，以鼓声为信，大家便知道哪一家做赕了。与这些家庭相熟的人们都会去参加。贺人的家庭一般由女主代表出席，宴席间看到的都是贺人妇女。问及家里的男人为什么不来时，女人会说："他们懒得来，嫌麻烦。……他们不管这些事。……他们忙不得。"男人们回应不去的原因时，会说："哪个去都一样了，我得闲我会去。"实际上，很多时候男人都不得闲。可见，"礼信"有代际差异，也有性别差异。

  总结来说，"礼信"是老挝北部贺人社会的民俗用语，是指贺人节日庆典、婚丧嫁娶和日常生活中的各种大小仪式，以及围绕这些仪式体系所产生的仪式规则、行为规范的总称。在有他族的场景或话语中，"礼信"常被用来区别于他族，是一种民族身份象征的词语。追溯迁移历史，贺人最早迁移至丰沙里的时间大概是清朝同治帝年间。时至今日，"礼信"一词经过200多年的传承和重构，早已成为一个最具地方性的话语。如何认识"礼信"？任何一个社会都在发生变化，体现其特征的文化特点也随之变化。研究文化变迁，离不开对结构（文化）与行动（个人）之间关系的探讨①。实践是社会体系和个人之间的互通中介，"礼信"在一定意义上来说，是贺人通过实践而生产的"产品"。对它的描述既要注意宏观的文化背景，即中老关系、老挝民族国家构建和东南亚华人之间的相互影响，也要考虑文化内涵和形式受到中国儒家文化、道家文化、

---

① 宗晓莲：《布迪厄文化再生产理论对文化变迁研究的意义——以旅游开发背景下的民族文化变迁研究为例》，《广西民族学院学报（哲学社会科学版）》2002年第2期。

老挝南传佛教文化的深刻影响。在这些背景之下，本书试图从社会性别视角分析实践行动者的文化生产能力，在不同的场域空间中探查"礼信"的文化惯习对男女两性行为实践的影响，以女性为主体，关注女性的经历和体验，书写贺人妇女的民族志。

贺人的"礼信"活动与身份建构、文化变迁和族际交往密切相关，在社会性别框架之下分析"礼信"变迁的文化逻辑，其价值和意义在于：（1）"礼信"是老挝贺人日常生活中常用的民俗口语，之前的任何文献和研究中并未提及，它与其宗教信仰密切相关，对本土性概念的学术性提炼会对深入研究东南亚华人有一定的价值和意义。（2）"礼信"发端于中国儒家文化，儒家文化对东南亚华人社会产生了深远的影响，然而，老挝贺人"礼信"相对于很多文献中的儒家文化有着较大区别，具有宗教化、世俗化和民族化之特点，对它进行研究可以从多层次上解读儒家文化在东南亚的传播和影响。（3）有关东南亚华人妇女的研究长久以来作为一种隐性文化处于研究者的视野之外，鲜有关注华人女性的民族志，对老挝贺人女性的研究是中国人类学海外民族志研究中不可或缺的一面。（4）东南亚华人女性的身影常常在父权制之下被忽略，儒家文化中的性别制度常被表述为"男主女从""男外女内""男上女下"等一元化模式，在文化再生产过程中呈现的是男性主动积极，女性被动消极的形象。同样，在很多有关宗教信仰与女性的研究中，女性在以男性为主的宗教事务与活动中，经常处于局外的处境。老挝丰沙里贺人女性在"礼信"实践中积极主动的形象，无疑是当代女性与男性权力博弈呈现多元态势的一种印证，其研究应在女性研究中具有一定的价值。（5）在研究中国族群认同问题时，沈海梅指出："很少有学者看到族群认同实践与性别间文化差异的关联，社会性别间的文化差异及其背后的制度性要素也未得到深入的研究。"① 在东南亚问题的研究中也同样存在这个问题，本书通过研究"礼信"变迁，可以进一步分析存在于贺人两性之间的认同差异。由此，推动族群认同研究中的性别文化研究。

第二节 国内外相关研究现状评述

本书围绕老挝丰沙里贺人的文化变迁展开，以妇女的"礼信"实践为线索，要考察其研究的价值和立论的基点，关涉到的主要文献是老挝贺人、"礼信"的相关文献以及女性与宗教的相关文献。

一 文献中的老挝贺人

本书的目标群体为丰沙里的贺人，即说云南方言的老挝人。该群体原是老挝华侨，现已入籍老挝，并被老挝政府在民族识别时划分为贺人群体。现有的文献著作中，通常把该群体视为老挝华人、老挝移民或称之为老挝籍"云南人"。

国内关于老挝华人华侨的研究成果主要被《东南亚研究》《八桂侨刊》《南洋资料译丛》《东南亚纵横》等刊物收录、刊登。截至2019年6月20日，以"老挝华人"为主题词在中国知网中可搜索到的相关文献一共为24篇中文文献，其中，华文教育和中、老、柬三国之间国际关系的研究较多。引用率较高的文献是庄国土的《略论二战以来老挝华人社会地位的变化》②，李安山的《少数民族华侨华人：迁移特点、辨识标

---

① 沈海梅：《族群认同：男性客位化与女性主位化——关于当代中国族群认同的社会性别思考》，《民族研究》2004年第5期。
② 庄国土：《略论二战以来老挝华人社会地位的变化》，《华侨华人历史研究》2004年第2期。

准及人数统计》①,金梅的《老中关系的历史演变及其影响因素研究》②,范宏贵的《老挝华侨华人剪影》③,蒋重母、邓海霞和付金艳的《老挝汉语教学现状研究》④,以及傅曦、张俞的《老挝华侨华人的过去与现状》⑤等等。傅曦和张俞从历史和现实两个角度介绍了老挝华人的历史与现状。范宏贵教授对当代老挝的华人状况作出较为全面的介绍。庄国土教授论述了"二战"至今老挝华侨华人社会地位的变化。近10年来发表的相关文献较为注重当下的时事和国际关系的发展,较具代表性的文献有《金三角华侨华人若干问题的研究与思考》⑥《老挝华侨华人与"一带一路"建设》⑦《老挝新华侨华人与中老友好交往》⑧《浪沙淘尽始见"金"——老挝新华侨印象》⑨《老挝云南籍新移民研究》⑩《老挝华文教育发展的社会背景探析》⑪等。

国外学者对老挝华侨华人的关注较少,研究成果极少。历史类的书籍有两本对贺人的来历和称谓进行过分析,泰国学者琼赛的《老挝史》⑫和美国学者通猜·威尼差恭的《图绘暹罗——一部国家地缘机体的历

---

① 李安山:《少数民族华侨华人:迁移特点、辨识标准及人数统计》,《华侨华人历史研究》2003年第3期。
② 金梅:《老中关系的历史演变及其影响因素研究》,硕士学位论文,山东大学,2007年。
③ 范宏贵:《老挝华侨华人剪影》,《八桂侨刊》2000年第1期。
④ 蒋重母、邓海霞、付金艳:《老挝汉语教学现状研究》,《东南亚研究》2010年第6期。
⑤ 傅曦、张俞:《老挝华侨华人的过去与现状》,《八桂侨刊》2001年第1期。
⑥ 邱文君:《金三角华侨华人若干问题的研究与思考》,硕士学位论文,华侨大学,2012年。
⑦ 方芸:《老挝华侨华人与"一带一路"建设》,《八桂侨刊》2018年第2期。
⑧ 杨超:《老挝新华侨华人与中老友好交往》,《八桂侨刊》2011年第2期。
⑨ 黄文波:《浪沙淘尽始见"金"——老挝新华侨印象》,《八桂侨刊》2014年第1期。
⑩ 周鹏:《老挝云南籍新移民研究》,硕士学位论文,云南师范大学,2017年。
⑪ 唐悠悠:《老挝华文教育发展的社会背景探析》,《东南亚纵横》2014年第6期。
⑫ [泰]姆·耳·马尼奇·琼赛:《老挝史》,厦门大学外文系翻译小组译,福州:福建人民出版社,1974。

史》①，都把贺人归为太平天国军的残余成员，前者主要在史料的基础上描绘老挝国家版图的形成，后者主要围绕英法殖民者带入现代国家边界概念与暹罗国家感之间形成的冲突与博弈。而两本著作中所提到的贺人与本书的研究对象并无太多关联。老挝现代国家建立之后，较有代表性的两本著作是 Leo Suryadinata 教授的《华族社区的问题与事件》②（*Issues and Events of Ethnic Chinese Communities*）和 Laurent Chazée《老挝人民：民族语言分布图下农村与民族的多样性》③（*The Peoples of Laos: rural and ethnic diversities with an ethno-linguistic map*）。两本著作主要对老挝华侨华人的人口分布和数量进行了研究。《老挝人民：民族语言分布图下农村与民族的多样性》一书中指出老挝贺人在 1995 年时超过 10000 人，其中 9000 人居住在丰沙里省。

从移民视角和移民理论对老挝贺人进行研究的成果，多出现于研究东南亚华人华侨移民的研究著作和文章中，涉及篇幅有限，有学术价值和代表性的成果有云南大学何平教授的《移居东南亚的云南人》④和《历史上迁移老挝的"云南人"》⑤两篇论文，从历史学角度，考证了"云南人"被称为"贺人"及移居老挝的原因，迁移的历史脉络。苍铭的《云南边地移民史》⑥一书研究了与云南接壤的越南、老挝、缅甸边境线地区移民的历史脉络、特征及给中越、中老、中缅边境地区带来的影响，在治理云南边境地区人口非法流动问题上提供了参考依据。申旭的《云南移民

---

① ［美］通猜·威尼差恭：《图绘暹罗——一部国家地缘机体的历史》，袁剑译，南京：译林出版社，2016。
② Leo Suryadinata. Issues and Events of Ethnic Chinese Communities. *Chinese Heritage center Bulletin*, No.9, May, 2007, pp.4–5.
③ Chazée Laurent. *The Peoples of Laos: rural and ethnic diversities with an ethno-linguistic map*, White Lotus Press, 1999.
④ 何平：《移居东南亚的云南人》，《云南大学学报（社会科学版）》2005 年第 3 期。
⑤ 何平、饶睿颖：《历史上迁移老挝的"云南人"》，《思想战线》2009 年第 4 期。
⑥ 苍铭：《云南边地移民史》，北京：民族出版社，2004。

与古道研究》①一书探索了云南移民通过古道移民东南亚国家的历史，为理清云南人移居老挝等国的线索提供了相关背景知识。王仲黎的《老挝跨境"云南人"语言生活调查》②重点研究了居住在老挝北部省份"云南人"的生活用语。周鹏在《老挝云南籍新移民研究》③论文中，探讨了云南籍新移民移居老挝的原因，梳理了其人口规模、来源及分布等群体状况，并以"一带一路"为背景，探讨云南籍新移民的社会融入问题，及其过程中出现的隔阂问题。该文未对云南籍移民做详细调查，把20世纪90年代的新移民与之前已经加入老挝国籍的移民一概而论，对新移民与贺人未作划分。

从空间地域来说，本书主要聚焦丰沙里省，而国内外对老挝丰沙里省的专题性研究非常少见。值得关注的论文有两篇：一是古永继、李和的《清末滇南勐乌、乌德割归法属越南事件探析》④，该文运用翔实的史料，梳理了近代历史上勐乌、乌德（今老挝丰沙里省北部之勐乌、乌德）割归法属越南的历史事件，脉络清楚，有较高的学术价值。二是郭静伟的《跨国茶叶贸易与亲属关系实践——对老挝丰沙里"搭老表"现象的人类学解读》⑤，该文分析了在中老跨国茶叶贸易中"搭老表"现象发生的背景和原因，文中涉及了丰沙里县的贺人群体种茶和"搭老表"的文化现象。但这两篇文章的研究对象都不是贺人，未涉及该族群历史文化的研究。

综上所述，（1）已有文献切入视角较为宏观，注重社会大环境的叙

---

① 申旭：《云南移民与古道研究》，昆明：云南人民出版社，2012。
② 王仲黎：《老挝跨境"云南人"语言生活调查》，《西南边疆民族研究》2012年第1期。
③ 周鹏：《老挝云南籍新移民研究》，硕士学位论文，云南师范大学，2017年。
④ 古永继、李和：《清末滇南勐乌、乌德割归法属越南事件探析》，《中国边疆史地研究》2015年第1期。
⑤ 郭静伟：《跨国茶叶贸易与亲属关系实践——对老挝丰沙里"搭老表"现象的人类学解读》，《西南边疆民族研究》2015年第3期。

述；（2）主要以老挝华人华侨作为研究对象，一些文章把老挝华人华侨混为一谈，都视作移民；（3）文献多基于历史学、国际关系学和政治学等学科基础之上研究老挝华人华侨，缺少微观研究，鲜有以老挝贺人为研究对象的专题性研究。故而，用民族志方法描述和研究老挝贺人的族群形成、文化变迁和社会关系具有一定的价值和意义。

二 文献中的"礼信"

从族群迁移史上看，老挝贺人话语中的"礼信"必定与中国文化中的"礼"有着千丝万缕的联系，可从中国文化中的"礼""信"和"礼信"中抽丝剥茧，看其渊源和联系，再与东南亚的礼文化进行对比，分析其独特之价值。

（一）中国文化中的"礼"

谈到中国文化，不得不谈到"礼"。中国被誉为"礼仪之邦"，礼节、礼仪、礼貌等词是中华民族日常生活中的熟悉之语。"礼"文化博大精深，传承发展上千年，"礼"已经融入中华文化之中，要给它下一个定义，绝非易事，相关的文献也可谓是汗牛充栋。在此只能简述有代表性的文献。

在古代典籍中，有很多与礼的涵义相关的论述。《说文》云："礼，履也。"《荀子·大略》云："礼者，人之所履也，失其履，必颠蹶陷溺。"这两句话的含义相同，其意义为：礼是穿鞋子踩踏而出的道路，引申为人们必须遵守的行为规范，否则，便会跌倒。怎样做到"礼"呢？《孟子·公孙丑上》云："辞让之心，礼之端也。"《孟子·告子上》云："恭敬之心，礼也。"《荀子·富国》云："礼者，贵贱有等，长幼有差，贫富轻重皆有称者也。"《礼记·乐记》云："乐者为同，礼者为异，同则相亲，异则相敬。"《礼记·哀公问》亦言："民之所由生，礼为大。非礼，无以节事天地之神也。非礼，无以辨君臣、上下、长幼之位也。非礼，无以别男女、父子、兄弟之亲，婚姻疏数之交也。君子以此为尊敬然。"可见，礼是人们社会交往中的行为规范，礼使社会上的人在贵贱、长幼、贫富等封建等级制中都有恰当的地位，礼区分等级，确定地位归属，以不同的规则制约、规范人的行为。古代社会中"礼"是社会得以良性运行的保障。《荀子·修身》云："故人无礼则不生，事无礼则不成，国无礼则不宁。"《论语·学而》云："礼之用，和为贵。"此外，中国古代之"礼"有典章制度、礼节仪式和道德规范三层含义。典章制度方面的礼，可称为礼制，记载于《周礼》和《二十四史》；礼节仪式方面的礼，称为礼仪，《仪礼》中有相关记载；道德规范方面的礼，是"礼义""礼教"层面的礼，以及《礼记》中的部分内容。在儒家典籍中，"礼"的含义有广狭之分。最广义的"礼"泛指典章制度，一切社会规范，以及相应的仪式节文。荀子说："礼者，法之大分，类之纲纪也。"① 宋代的程颢和程颐也认为："礼者，人之规范。"② 最广义的"礼"包括了中国古代社会的全部上层建筑。作为道德规范的"礼"属于狭义，它被视为全德之称，最高道德规范。③

礼最具有中华文化的原初性和普遍意义……成为绵延数千年的传统文化模式。④"礼"之内涵博大精深，对它的认识也是仁者见仁智者见智。彭林认为："中国的礼是儒家文化体系的总称。"⑤ 邹昌林认为："中国的礼与广义的文化是同一的概念，是一个无所不包的系统。儒学不过是从属于这一文化模式的一个发展阶段而已。"⑥ 李安宅认为："'礼'就是人类学上的'文化'，包括物质与精神两方面。""民风、民仪、制度、仪式、

---

① 《荀子·劝学》。
② （宋）杨时辑：《河南程氏粹言》。
③ 康宇：《儒家"五常"的道德优势及其当代意蕴》，《求是学刊》2007年第3期。
④ 刘志琴：《礼——中国文化传统模式探析》，《天津社会科学》1987年第6期。
⑤ 彭林：《中国古代礼仪文明》，北京：中华书局，2004，第8页。
⑥ 邹昌林：《中国礼文化》，北京：社会科学文献出版社，2000，第18页。

政令等等"都属于"礼"。① 杨志刚认为:"'礼'是以礼治为核心,由礼仪、礼制、礼器、礼乐、礼教、礼学等诸方面的内容融汇而成的一个文化丛体。"② 费孝通认为:"礼是社会公认合式的行为规范。合于礼的就是说这些行为是做得对的,对的是合式的意思。"③

（二）与"礼""信"和"礼信"相关的研究

德国文化哲学家卡西尔（Cassirer Ernst）认为:"没有符号系统的生活就会被限定在他的生物需要和实际利益的范围内,就会找不到通向'理想世界'的道路,这一个理想世界是由宗教、艺术、哲学、科学从各个不同的方面为他开放的。"④ "礼信"是贺人生活中一个重要符号,它指涉的是一套具有宗教性的仪式体系,及与之相适应的礼仪行为规则,它在贺人的生活实践中逐步被改造,但是其根源依然是中国的礼文化。牟钟鉴认为,礼文化系统始终保持两个层面,一是宗教的层面,二是人文的层面。⑤ 在相关的研究中,一方面,学者们对"礼"的来源和内涵等做了较深入研究,一般基于历史学、文学和宗教学等理论,另一方面,学者们基于社会学、民族学和人类学的理论,对它在社会中的应用和实践进行研究。

1. 关于"礼"的内涵

"礼"发端于原始社会,对于其起源,有不同的说法。张自慧在博士论文《礼文化的人文精神与价值研究》⑥中,归纳了礼的起源之说,有天道说、本心说、制欲说、饮食说、祭祀说、风俗说、礼仪说、交往说

---

① 李安宅:《〈仪礼〉与〈礼记〉之社会学的研究·绪言》,上海:上海人民出版社,2005。
② 杨志刚:《中国礼仪制度研究》,上海:华东师范大学出版社,2001,第21页。
③ 费孝通:《乡土中国 生育制度》,北京:北京大学出版社,1998,第50页。
④ [德]卡西尔:《人论》,甘阳译,上海:上海译文出版社,2020,第70页。
⑤ 牟钟鉴:《儒、佛、道三教的结构与互补》,《南京大学学报（哲学·人文科学·社会科学版）》2003年第6期。
⑥ 张自慧:《礼文化的人文精神与价值研究》,博士学位论文,郑州大学,2006年。

等等。"礼"是中国人独创的文化，西方的语言中很难找到与之相对应的词语。20世纪初辜鸿铭曾因西洋人将"礼"翻译为Rite而大为恼怒，以为大错特错。著名学者钱穆先生认为，"礼"是中国传统文化的标志，他说："在西方语言中没有'礼'的同义词。它是整个中国人世界里一切习俗行为的准则，标志着中国的特殊性。正因为西语中没有'礼'这个概念，西方只是用风俗之差异来区分文化，似乎文化只是其影响所及地区各种风俗习惯的总和。如果你要了解中国各地方的风俗，你就会发现各地的差异很大。……然而，无论在哪儿，'礼'是一样的。是一个家庭的准则，管理着生死婚嫁等一切家务和外事。同样，'礼'也是一个政府的准则，统辖着一切内务和外交，比如政府与人民之间的关系，征兵、签订和约和继承权位等等。要理解中国文化非如此不可，因为中国文化不同于风俗习惯。……中国之所以成为民族，就因为'礼'为全中国人民树立了社会关系准则。当实践与'礼'不同之时，便要归咎于当地的风俗或经济，它们才是被改变的对象。"①

目前，学界对"礼"的概念与内涵尚未有统一的认识和理解。陈来认为，礼是生活的规则体系，也是儒家组织社会的理想方式；礼文化在儒家的理想中可分为乐、义、仪、俗、制、教六种正义，而礼的精神是倡导道德与文明；宋代以后儒家礼学从重视"国家"取向转变为重视"社会"取向；儒家礼文化以"秩序"为文化模式。②邹昌林认为，应从三方面理解"礼"：第一，礼是习惯、习俗，是约定俗成的不成文法。第二，礼是"一以贯之"的传统。第三，中国的礼是有序的历史③。范禹较为通俗地解释了儒家"礼"文化，他在《儒家"礼"文化的内涵及其当

---

① 邓尔麟：《钱穆与七房桥世界》，北京：社会科学文献出版社，1995，第7页。
② 陈来：《儒家"礼"的观念与现代世界》，《孔子研究》2001年第1期。
③ 邹昌林：《关于中国礼文化研究的思考》，《湖南大学学报（社会科学版）》2016年第5期。

代价值》①一文从三个层面说明：礼是人们日常生活的行为规范，礼是维护社会秩序的重要手段，礼是自然法则在生活中的运用。惠吉兴在《仪式的意义——宋代学者论礼的起源与内涵》一文中指出，中国传统文化中的礼包括"仪式"和"意义"两个层面，他认为，礼和理没有本质区别，从抽象的一面说谓之理，从形象的一面说谓之礼，理与礼是同一物的或隐或显的两种存在状态。礼的内涵是：天理本体，天理的表现形式，人类社会全部规范的总合②。邵文东在《论儒家礼文化的特点及内涵》③一文中指出，礼和乐是儒家礼文化的基本内涵，儒家礼文化的基础是"中庸"，"仁"是儒家礼文化的主要特点。王杰和顾建军把"礼"的内涵分为周公"援德入礼"的宗法之礼，孔子"援仁入礼"的人伦之礼，孟子"援义入礼"的道德之礼，荀子"援法入礼"的法治之礼。④

追本溯源，礼兴于古代宗教祭祀。王帆从"礼"范畴发展进程梳理了五种"礼"的内涵，其一，早期的神性礼学，以祭祀礼拜仪式为主；其二，孔子增加"仁"内涵的礼学；其三，代表王权统治秩序的礼学；其四，宇宙论的神圣化礼学；其五，以理为本的理学化礼学。⑤关于礼文化的发展与转变，陈来在《春秋礼乐文化的解体和转型》一文中指出，在春秋后期的政治危机中，人对礼的关注从形式性转向合理性，礼文化的重点由"礼乐"转向"礼政"，礼作为政治秩序原则的意义在政治理性化的过程中突出出来。⑥高树帜认为，礼是中华民族传统文化价值体

---

① 范禹：《儒家"礼"文化的内涵及其当代价值》，《吉林省社会主义学院学报》2019年第2期。
② 惠吉兴：《仪式的意义——宋代学者论礼的起源与内涵》，《现代哲学》2003年第1期。
③ 邵文东：《论儒家礼文化的特点及内涵》，《青海师范大学学报（哲学社会科学版）》2010年第2期。
④ 王杰、顾建军：《早期儒家"礼"文化内涵的嬗变》，《哲学动态》2008年第5期。
⑤ 王帆：《"礼"范畴发展进程中的五种内涵》，《河北师范大学学报（哲学社会科学版）》2019年第4期。
⑥ 陈来：《春秋礼乐文化的解体和转型》，《中国文化研究》2002年第3期。

系的中心范畴……由孔子奠基的以人文为质的礼文化,扬弃了传统礼文化中荒诞无稽的神权思想,承继了尚诚、尚公的合理因素,从而形成了中华民族礼文化的精华。① 礼在嬗变中遵循着宗法等级原则、人性原则、理性原则和适度原则。在经历了一次次嬗变之后,礼逐渐走向成熟和完善,礼的本质也日渐清晰和突出。② 理性是礼的灵魂。在礼文化中,中国人的理性追求贯穿于制礼、行礼的全过程,具体表现为对自我理性、社会理性和至上理性的追求。从"礼"的内涵发展与嬗变中,可以发现礼文化的宗教性因素越来越弱,理性因素越来越强。

2. 关于"礼"的实践研究

关于"礼"的变迁和实践研究在杨志刚的《中国礼仪制度研究》中有所呈现,他对源于《礼记》中的"礼不下庶人"进行考证和辨析,认为唐代开始,尤其是北宋时期,朝廷便逐渐放弃了"礼不下庶人"的观念,开始为庶人制礼。③ 从上层礼制扩展到下层礼制这一过程,被杨志刚教授称为"礼下庶人"。刘永华把其概念再具体化,提出"礼仪下乡",他在2019年出版了《礼仪下乡——明代以降闽西四保的礼仪变革与社会转型》④一书,对明清社会中"礼"实践进行较深入研究,该文探讨了明清时期儒教礼仪进入乡村和融入乡民仪式生活的社会文化历史过程。偏重"礼"的实践研究,逐渐吸引了国内外学者的关注,而相关的著述并不多。贺雪峰指出:"在我看来,新儒家似乎只关注儒学大传统,把儒学玄学化和贵族化了,缺乏对剧变社会和普通人日常伦常的体察,

---

① 高树帜:《中华礼文化的由来及其精华》,《山西师大学报(社会科学版)》1993年第1期。
② 张自慧:《礼之嬗变规律浅探》,《晋阳学刊》2008年第2期。
③ 杨志刚:《中国礼仪制度研究》,上海:华东师范大学出版社,2001,第177-242页。
④ 刘永华:《礼仪下乡——明代以降闽西四保的礼仪变革与社会转型》,北京:生活·读书·新知三联书店,2019。

而这本该是儒学保持生命力的关键。"① 他的学术团队致力于研究一系列关于农村剧烈变迁中中国传统文化与现代社会制度遭遇后产生的社会现象,"礼"以不同的形式融入其中,它是隐性而坚固的。他的学生桂华撰写的博士论文《圣凡一体:礼与生命价值》是一篇关注"农民宗教"的研究,它对农民道德生活实践进行调查,认为农民"圣凡一体"的道德生活方式,体现了"道德替代宗教"的中国人文主义传统。由"礼"所塑造的"社群"生活、自我人格与心灵体验皆具有超越其历史经验形态的神圣价值。这体现在农民身上则表现为,"礼"即家庭制度和家庭规范所构建的"人—家庭"结构,在"宗"的伦理理念参与下,具备了超越社会学范畴的宗教性。②

此外,礼文化在当代中国社会发挥着传统精神文化内核的作用,学术界纷纷从各个领域和学科对礼文化的现代价值进行分析,这些学科包括管理学、教育学、语言学、伦理学、文学和艺术等等。这些研究偏向于文本理论层面的对话,和本书相关性较小,在此不再做综述。

3. "信"的相关研究

信,是中国传统文化中的重要思想之一,在先秦诸子百家著作中被多次论及,通常与义、言、忠、礼并而论述。(1)信与义,关于为治人治国之本的论述。《孟子·离娄下》中说:"大人者,言不必信,行不必果;惟义所在。"《论语·子路》中说,"上好礼,则民莫敢不敬;上好义,则民莫敢不服;上好信,则民莫敢不用情。"《荀子·强国》中说,"古者禹汤本义务信而天下大治,桀纣弃义背信而天下大乱。故为人上者,必将慎礼义、务忠信然后可,此君人者之大本也。"这些论述认为"信"的前提是"义"。(2)信与言,关于谨言慎行的论述。《老子》中说,

---

① 贺雪峰:《做人之道——熟人社会里的自我实现》序,载于王德福:《做人之道——熟人社会里的自我实现》,北京:商务印书馆,2014。
② 桂华:《圣凡一体:礼与生命价值——家庭生活中的道德、宗教与法律》,博士学位论文,华中科技大学,2013年。

"夫轻诺必寡信","信言不美,美言不信"。《论语·学而》中说,"弟子入则孝,出则悌,谨而信,泛爱众而亲仁,行有余力,则以学文。"《易经·文言》中说,"龙德而正中者也。庸言之信,庸行之谨,闲邪存其诚,善世而不伐,德博而化。"(3)信与忠,关于儒家的交往原则的论述。《论语·学而》中说,"曾子曰:吾日三省乎吾身。为人谋而不忠乎?与朋友交而不信乎?传不习乎?"《论语·学而》中说:"子曰:君子不重则不威,学则不固。主忠信,无友不如己者,过则勿惮改。"《孟子·告子上》中说,"有天爵者,有人爵者。仁义忠信,乐善不倦,此天爵也;公卿大夫,此人爵也。"《大学》中说,"君子有大道,必忠信以得之,骄泰以失之。"《易经·文言》中说,"子曰:君子进德修业,忠信,所以进德也。修辞立其诚,所以居业也。"(4)信与礼,礼信作为儒家的处事原则。孔子尊礼,强调"非礼勿动",《礼记·曲礼上》中说:"夫礼者,所以定亲疏、决嫌疑、别同异、明是非也。""行修言道,礼之质也。"《礼记·礼器》中说,"出言不以礼,弗之信矣。"可见,礼是信的原则、标准和条件。《荀子·修身》中说,"宜于时通,利以处穷,礼信是也。"楼宇烈在《荀子新注》中将"礼"注解为:地主阶级的等级制度、道德规范和礼节仪式;信为信用。其整句话的意思为:既适于对待顺利的环境,又适于对待穷困的环境,只有礼和信。① 简而言之,以礼信作为处事原则,便可顺时通达,穷时泰然。

总的来说,"信"是儒家道家的文献中的重要概念,"信"与"义"连用关涉治国,"信"与"言"连用关涉言行,"信"与"忠"连用关涉人际交往,"信"与"礼"连用关涉处事态度。

4."礼信"的相关研究

"礼信"在"千篇汉语词典"②中有三层含义,即"礼仪与信义"之

---

① 《荀子》注释组:《荀子新注》.北京:中华书局出版社,1979,第164页。
② https://cidian.qianp.com/

意,引自《司马兵法·仁本》:"以礼信亲诸侯。""礼敬与相信"之意引自《后汉书·方术传上·谢夷吾》:"伦,以此益礼信之。"在宋代释印肃《题三门》的"君礼信佛心,有为皆不及"中也有相同之意;"礼仪、礼节"引自《官场现形记》第五十五回:"但是外国人既不懂得中国礼信,又不会说中国话……虽然外国礼信不作兴磕头,但是咱的官同人家的官比起来,本来用不着人家还礼。"

"礼信"在儒家典籍中通常分而论之,作为"仁、义、礼、智、信"五常思想被现当代学者进行论述,中国知网上收录了81篇相关论文,较有代表性的有《"仁义礼智信"的历史源流及其发展》[1]《新三纲五常:中国传统孝养思想的现代转化》[2]《儒家伦理"仁义礼智信"关系维度新探》[3]《董仲舒教化思想研究》[4]《论儒家"五常"之道与大学生社会主义核心价值观的培育》[5]等。其中,只有四篇文章偏重论述"礼信",同样以儒家五常思想为基源进行论述,《儒家"礼信"思想中礼乐文明的背景考析》[6]《礼信教育在中职学校德育工作中的应用探析》[7]和《诗书廉礼信,白屋出公卿》——从古代"劝学诗"的解读说到当今时代的"全民阅读"》[8]三位作者都将"礼信"分而解释,"礼"是礼节、礼仪,"信"是信誉、诚信。《中国儒家道德文化的价值解析——以"仁"、"礼"、"信"

---

[1] 张娜:《"仁义礼智信"的历史源流及其发展》,《汉字文化》2022年第16期。
[2] 杨明辉:《新三纲五常:中国传统孝养思想的现代转化》,《江苏大学学报(社会科学版)》2013年第2期。
[3] 邓立:《儒家伦理"仁义礼智信"关系维度新探》,硕士学位论文,贵州大学,2011年。
[4] 康喆清:《董仲舒教化思想研究》,博士学位论文,南京理工大学,2013年。
[5] 李明珠:《论儒家"五常"之道与大学生社会主义核心价值观的培育》,《电子科技大学学报(社科版)》2017年第4期。
[6] 赵娟:《儒家"礼信"思想中礼乐文明的背景考析》,《兰台世界》2015年第9期。
[7] 陈旻旋:《礼信教育在中职学校德育工作中的应用探析》,《亚太教育》2015年第20期。
[8] 成晓东:《"诗书廉礼信,白屋出公卿"——从古代"劝学诗"的解读说到当今时代的"全民阅读"》,《图书馆杂志》2012年第3期。

为视角》中认为："'礼'是'仁'的外在表现形式和系统道德规范，守规、养德、经事是其直接社会功能；'信'是'礼'的价值延伸，铸造理想人格、促成和谐人际交往是其重要意义。"①

"礼信"作为口语，是四川方言中意为礼物的一种表述，文书中的记载见于明清小说《跻春台》②卷三《心中人》，"拿与爹爹做礼信"。此意为礼物。《南充方言词语考释》③和《四川方言词语考释》④中均有"礼信"的解释，即"礼信，礼物，名词，或可以单用'信'"。单以"信"而言，《敦煌文献语言词典》和《唐五代语言词典》中记载："信，礼物。"如《敦煌变文校注·伍子胥变文》："子胥虑嫌信少，更脱宝剑相酬。"⑤"信少"即礼物少。《吐鲁番出图文书》："手里更无物作信，共阿郎、阿婆作信。"⑥"作信"即作为礼物。

可见，"礼信"在古典文献和现当代的研究中，一般分开叙述，各自有其意涵，作为儒家五常思想常被现当代的研究者们进行过较为深入的研究。相较而言，四川方言中的"礼信"只见于两部方言词语考释的书籍中，没有更多的研究。从历史迁移上看，老挝贺人口语中的"礼信"最大可能是根源于四川方言，在历史变迁中词义发生变化。

本书关注礼文化中"礼信"的海外实践，儒家文化在异国他乡仍然以其独特的形态构建华人的社会生活，在家庭文化发展、族际交往和族群整合等方面发挥着重要作用。礼文化脱离母国如何发展？"礼信"在他国的乡土社会中被如何建构？类似的研究非常少见。

---

① 朱海龙：《中国儒家道德文化的价值解析——以"仁"、"礼"、"信"为视角》，《五邑大学学报（社会科学版）》2016年第1期。
② 刘世德、竺青：《跻春台》，北京：群众出版社，1999，第271页。
③ 杨小平：《南充方言词语考释》，成都：巴蜀书社，2010，第165页。
④ 蒋宗福：《四川方言词语考释》，成都：巴蜀书社，2002，第457页。
⑤ 黄正、张涌泉：《敦煌变文校注》，北京：中华书局，1997，第8页。
⑥ 武汉大学历史系、新疆维吾尔自治区博物馆、国家文物局古文献研究室：《吐鲁番出土文书》（第六册），北京：文物出版社，1985，第390页。

二　东南亚儒家文化中的礼文化

近代以来，中国大批的民众移居东南亚国家，一直以来，对中华文化的认同使他们和中华民族保持了千丝万缕的联系。儒家文化是中国礼文化的核心内容，在东南亚华人华侨与中华文化的研究中，一般以儒家文化、孔教或儒教来表述。近年来，学者们从哲学、教育学、传播学、政治学、历史学和经济管理学等学科对儒家文化进行研究。（1）儒家文化的历史发展。马来西亚学者魏月萍对"是否有一个儒家文化共同体抑或共同圈"提出质疑，她认为，这样的说法只能包括新加坡、马来西亚和印尼，越南的儒家文化不包括在内。她指出早期东南亚儒学多半在文人雅士之间传播，较具精英个性，但在传播与本地化过程中，已逐渐具有民间与宗教性的发展倾向。东南亚产生的"在地儒学"研究应侧重于追溯儒家思想在不同地域的发生起源、传播形态与媒介，以及其本土化、通俗化与宗教化的过程。① 此外，《儒学与孔教在东南亚地区的发展（2013—2014）》②《新加坡华人传统文化之过去、现在与未来》③和《试析印尼华人社会孔教信仰的形成与发展历程》④都从历史学的视角分析了儒家文化在各地的形成和发展过程。（2）从哲学理论分析儒家思想的在地化演变、传播和影响，这样的文章包括《新加坡儒家文化传承研究》⑤《儒

---

① 魏月萍：《东南亚儒学的历史发展及其研究现况》，《杭州师范大学学报（社会科学版）》2018年第2期。
② 牛嗣修：《儒学与孔教在东南亚地区的发展（2013—2014）》，《国际儒学发展报告（2014—2015）》，山东友谊出版社有限公司，2017。
③ 王永炳：《新加坡华人传统文化之过去、现在与未来》，《云南社会科学》1993年第1期。
④ 苏吉利·古斯德伽：《试析印尼华人社会孔教信仰的形成与发展历程》，黄文波译，《八桂侨刊》2019年第3期。
⑤ 严春宝：《新加坡儒家文化传承研究》，博士学位论文，北京师范大学，2007年。

家思想在新加坡社会的体现》①《中国文化思想在泰国的传播与影响》②《印度尼西亚孔教的哲学思想研究》③等等。(3)以教育学视角研究儒家文化的文章主要包括《"返本开新"与"以教保学"——1980年以来马来西亚、越南、印尼儒学与孔教研究述评》④《马来西亚华文学校对儒家思想的传承》⑤《儒家文化在柬埔寨的教学与传播》⑥等等。(4)从经济学角度分析儒家文化对当地经济和企业的影响,这样的文献包括《儒家文化与东南亚经济模式》⑦《儒家文化与东南亚华人家族企业制度》⑧《论华人企业的家族式管理与传统文化的关系》⑨《对海外华人家族企业的探讨》⑩《儒家文化与华人管理范式》⑪等等。

综上所述,(1)关于"礼"的研究多以哲学和历史学范畴进行探讨,"礼"的内涵和意义在历史发展的过程中不断转变和丰富。(2)儒家文化在东南亚各国的传播和影响是学者们关注的重点,但是,从研究的区域分布上看,鲜见关于老挝、缅甸等地区的研究。

---

① 水仙(Namthip Arthabowornpisan):《儒家思想在新加坡社会的体现》,硕士学位论文,浙江大学,2012年。
② 林饶美(Siriwan Likhidcharoentham):《中国文化思想在泰国的传播与影响》,博士学位论文,浙江大学,2017年。
③ 王慧敏(Oei Kiem Ma):《印度尼西亚孔教的哲学思想研究》,硕士学位论文,山东大学,2018年。
④ 李建军:《"返本开新"与"以教保学"——1980年以来马来西亚、越南、印尼儒学与孔教研究述评》,《黑龙江史志》2014年第16期。
⑤ 张浩:《马来西亚华文学校对儒家思想的传承》,《世界宗教文化》2017年第1期。
⑥ 石培翠:《儒家文化在柬埔寨的教学与传播》,硕士学位论文,兰州大学,2015年。
⑦ 王勇辉:《儒家文化与东南亚经济模式》,《东南亚》2003年第1期。
⑧ 彭军:《儒家文化与东南亚华人家族企业制度》,《商场现代化》2011年第14期。
⑨ 卢现祥:《论华人企业的家族式管理与传统文化的关系》,《道德与文明》2000年第1期。
⑩ 尹枚:《对海外华人家族企业的探讨》,《广西社会科学》2002年第2期。
⑪ 唐任伍:《儒家文化与华人管理范式》,《改革》2002年第3期。

三 关于女性与宗教的研究

20世纪70年代,西方女性主义(feminism)和女性学(women'studies)研究的发展促生了基于人类学理论和方法研究女性问题的新兴学科——女性人类学或妇女人类学(women anthropology),之后也被称为女性主义人类学(feminism anthropology)。妇女人类学中大量描写妇女生活的民族志,成功地把女性带回到人类学研究人类社会的整个画面里来,是女性人类学的前奏。而女性人类学不仅研究妇女,更侧重研究性别,研究男性与女性之间的关系,研究性别在构成人类社会历史、思想意识、经济制度和政治结构中所起的作用①。白志红教授在《当代西方女性主义人类学的发展》②一文中把西方女性人类学的发展分为三个阶段,第一个阶段为1850—1920年,女性人类学发现大量的民族志研究中,忽视了女性的声音和妇女的生活体验,把妇女补充到民族志研究中成为这一时期的主题。在这一时期,大多数人类学家的民族志描写中有女性的身影,但描述中女性从来不是主体,社会性别差异被掩盖,只有生理性别得到观照。例如,摩尔根的《古代社会》和默多克的《社会结构》对婚姻家庭起源、亲属制度的研究,马林诺夫斯基的《两性社会学》《未开化人的恋爱与婚姻》《原始人的性生活》中土著人的婚姻和性的研究,泰勒的《原始文化》和涂尔干的《宗教生活的基本形式》中宗教信仰的研究,弗雷泽的《金枝》和埃文斯·普里查德的《努尔人》中的巫术研究等。第二个阶段为1920—1980年,强调性别的文化构建,把影响性别的生物因素和文化因素截然分开,认为生物性别与社会性别二元对立结构有利于进行比较研究。这个时期主要的女性民族志著作是玛格丽特·米德的《萨摩亚人的成年》(1928)和《性别与气质》(1950),用跨文化比较的研究方法,揭示了不同文化可以塑造出不同的社会性别文化,批判

---

① 潘杰:《女性人类学概说》,《民族研究》1999年第4期。
② 白志红:《当代西方女性主义人类学的发展》,《国外社会科学》2002年第2期。

了生物决定论的性别论断,挑战了一元化论断的西方社会性别文化。第三个阶段是1980年至今。这个时期的女性主义人类学研究既反对生物性别与社会性别的分开,也反对社会性别基于生物性别的观点,其研究的视野更为全面,内容更为丰富。20世纪90年代,美国学者提出了"社会性别人类学"(The Anthropology of Gender)的概念,因而女性人类学不仅停留在倾听妇女的声音和把她们纳入研究中,而是分析劳动大军中的社会性别分化、社会性别关系,以及社会性别与民族主义、妇女与国家的关系问题,研究的重点从社会性别差异过渡到社会性别关系[①]。

中国人类学民族志中也不乏妇女的身影,但是,中国社会的人类学研究中有关妇女的部分,主要集中在家庭和亲属制度方面。无论是中国的人类学者,如许烺光、李亦园、庄英章、谢继昌、陈其南等人,或美国的人类学者,如傅利曼(Maurice Fredman)和柯输(Myon Cahen)等人,都偏向描述父系氏族组织的形式、功能和演变,以及男性主导的祖先崇拜仪式。在父系权威下,女性扮演无私牺牲、服从和附属的角色。这是因为传统的中国女性必须受三从四德的束缚,从《诗经》以来的女性"宜其室家"的观念情结,以及"男主外,女主内"的角色分工,使女性被限制在家庭内,为父系家族提供各项服务[②]。学者们借鉴西方女性主义的理论反思中国人类学,在学术实践中将人类学与本土女性主义相结合,发展中国的女性人类学。禹燕的《女性人类学》是第一部系统介绍女性人类学的国内著作。白志红的《女性主义与人类学》首次介绍女权主义思潮和女权主义运动如何与人类学发生联系的过程,以及在此过程中所出现的各种概念、观点和学术争论的专著。近年来,一些较优秀的综述

---

① 白志红:《当代西方女性主义人类学的发展》,《国外社会科学》2002年第2期。
② 虞蕙馨:《妇女人类学》,载王雅各主编:《性属关系(下):性别与文化、再现》,北京:心理出版社,2002,第19-34页。

类文献,很好地梳理了关于中国女性人类学的研究状况,比如:方素梅等《20世纪90年代以来的中国少数民族妇女研究》①、刘世风《女性人类学发展及其中国本土化尝试》②、丁宏《中国妇女人类学研究管窥》③、金少萍等《中国女性人类学研究文献综述》④、李智环《中国女性人类学研究回顾与展望》⑤和冯雪红的《中国女性人类学研究反思(2000—2014)》⑥等。学者们对中国女性人类学进行回顾、反思和展望,主要集中介绍了女性与贫困、女性与政治、女性与身体等方面的作品。其中,以宗教与女性为主题,较具代表性的女性民族志有水镜君和玛利亚·雅绍克合作撰写的《中国清真女寺史》⑦,它将少数民族妇女置于具体语境之下进行研究,其研究对象为受汉族影响较大的中原地区的回族妇女。著作通过对清真女寺宗教组织的描写,探讨了中国伊斯兰教历史上出现的清真女寺和女阿訇制度产生、演变的历史、文化原因,以及女寺和男寺的互动过程及其过程中妇女与外部世界的冲突。马雪莲的博士论文《西道堂妇女——一个中国伊斯兰教派的女性人类学研究》⑧,通过对田野资料的分析,探讨生活于中国西北地区的回族妇女的一支——西道堂妇女的宗教信仰、社会地位、教育等不同层面的文化内涵。唐嘉的《东晋宋齐梁陈

---

① 方素梅、杜娜、杜宇:《20世纪90年代以来的中国少数民族妇女研究》,《民族研究》2004年第2期。
② 刘世风:《女性人类学发展及其中国本土化尝试》,《妇女研究论丛》2007年第1期。
③ 丁宏:《中国妇女人类学研究管窥》,《中央民族大学学报》2000年第3期。
④ 金少萍、沈鹏:《中国女性人类学研究文献综述》,《贵州民族研究》2008年第1期。
⑤ 李智环:《中国女性人类学研究回顾与展望》,《武汉科技大学学报(社会科学版)》2012年第5期。
⑥ 冯雪红:《中国女性人类学研究反思(2000—2014)》,《广西民族大学学报(哲学社会科学版)》2016年第1期。
⑦ 水镜君、玛利亚·雅绍克:《中国清真女寺史》,北京:生活·读书·新知三联书店,2002。
⑧ 马雪莲:《西道堂妇女——一个中国伊斯兰教派的女性人类学研究》,硕士学位论文,中山大学,2007年。

比丘尼研究》①展示了东晋宋齐梁陈比丘尼在特定社会文化背景下，女性为外来佛教根植于中国产生了重要作用。骆桂花的《甘青宁回族女性传统社会文化变迁研究》②，基于甘青宁回族女性传统文化中的婚姻文化、家庭文化、生育文化、教育文化、社会参与文化与宗教文化等层面，剖析甘青宁回族女性传统文化在社会变迁中的不同表现形式及影响因素，深入分析甘青宁回族传统社会变迁进程中回族女性的文化自觉与现代化转型。马晓琳的硕士论文《昌吉回族女性朝觐的人类学研究——女阿吉群体的个案调查》③，描述了新疆昌吉地区的回族女性对去麦加朝觐过程的体验，分析女阿吉群体的宗教生活、世俗生活和社会交往，探讨了女性朝觐的社会文化意义。张娟的《散杂居回族女性宗教生活的人类学探究》④，通过对散居回族女性性别角色、宗教仪式、宗教服装和宗教信仰等问题的研究，认为她们的宗教信仰因受到汉文化的影响而逐渐淡化，呈现多元化发展的趋势。这些研究主要关注穆斯林女性的宗教生活、女性与宗教的相互关联，理论探讨与案例分析相结合。

本文主要是通过贺人妇女的实践，在社会性别结构的基础之上呈现"礼信"变迁。贺人的"礼信"是一套仪式体系的话语表达，它受到中国儒家文化、道教文化和老挝南传佛教文化的影响，其内涵类似中国民间信仰。因此，笔者首先梳理有关女性宗教实践的相关研究，分为国外女性主义与宗教的译著、国内民间信仰与女性、东南亚女性与宗教。

（一）国外女性主义与宗教的译著

紧密围绕女性与宗教的中文译著较少，概括性较强的著作是美国学

---

① 唐嘉：《东晋宋齐梁陈比丘尼研究》，成都：巴蜀书社，2011。
② 骆桂花：《甘青宁回族女性传统社会文化变迁研究》，北京：民族出版社，2007。
③ 马晓琳：《昌吉回族女性朝觐的人类学研究——女阿吉群体的个案调查》，硕士学位论文，新疆师范大学，2011年。
④ 张娟：《散杂居回族女性宗教生活的人类学探究》，硕士学位论文，福建师范大学，2012年。

者邓尼丝·卡莫迪的《妇女与世界宗教》①，该著作从历史学、神学、宗教学的视角，阐述了妇女在各宗教中的作用和地位的历史演变，多视角地展示了世界各族妇女宗教信仰的历史全貌和宗教实践的体验。反映西方女性主义神学的著作是德国学者 E.M. 温德尔（Elisabeth Moltmann-Wendel）的《女性主义神学景观——那片流淌着奶和蜜的土地》②，书中较为全面地陈述了女性主义的种种论点，分析了基督教文化中的男性话语霸权，女性在其影响下丧失了自己的身份。20世纪80年代涌现的女性主义神学家们"以神学家的身份抨击神学，以信徒的身份抨击传统信仰，以致出现了所谓'女性主义对神学的占据'……她们要求改述基督信仰的基本文本，责问神学的男性形象和男权式的教会结构；基督教的上帝观、基督观、人观以及创造论、罪论、救赎论、信仰论、教会论，统统是父权式的言述和结构。"作者在对传统神学的批判中，提出女性要重新发现自己，重新认识自我的身体，在女性身体原则上来重建基督教及其信仰。美国著名女性神学家萝斯玛丽·雷德福·鲁塞尔出版了20多本专著，大多以生态观为研究对象，以女性主义神学为依托，系统地论述了她的生态神学思想。李瑞虹的博士论文《萝斯玛丽·雷德福·鲁塞尔的生态女性主义神学思想研究》③较为翔实地论述了鲁塞尔的女性主义生态神学思想。《性别主义与言说上帝》是鲁塞尔诸多专著中唯一一本中文译著，书中指出："父权思想赋予男性文化定义上的'独占权'，这使女性成为以男性为中心的'文化定义'中的客体。男性从阳刚的、等级分明的角度来定义两性领域，并限制以女性视角为基础的解释，甚至

---

① [美]邓尼斯·拉德纳·卡莫迪：《妇女与世界宗教》，徐均尧译，成都：四川人民出版社，1989。
② [德]伊丽莎白·温德尔（Elisabeth Moltmann-Wendel）：《女性主义神学景观——那片流淌着奶和蜜的土地》，刁文俊译，北京：生活·读书·新知三联书店，1995。
③ [德]伊丽莎白·温德尔（Elisabeth Moltmann-Wendel）：《女性主义神学景观》，刁文俊译，北京：生活·读书·新知三联书店，1995。

将其彻底排斥在外。"①鲁塞尔明确表达了她对父权上帝的否定,同时也反对以女神取代父上帝②。加拿大学者奈奥米·R.高登博格的《神之变:女性主义和传统宗教》③以女性主义思想为基础,从宗教心理学的理论解读了当代宗教中一些性别不平等现象,详细描述了新的宗教浪潮可能为我们男性和女性指出发展方向。西方女性主义神学包含于众多女性主义思想流派之中,它的目标是批判性别歧视,追求妇女解放,认为性别压迫是最基本的压迫,根植于人类的父权文化制度之中,是男人压迫与控制女人。美国学者凯特·米勒论述《圣经》对西方文化传统和社会结构产生的影响时,指出:"尽管我们处在一个理性化的时代,早已抛弃了对它的字面上的信仰,但在情感上我们对它笃信如初。这一有关女性是人类苦难、知识和罪孽的根源的神话,直至今天还在左右着我们的性态度,因为它是西方男权制传统最重大的理论根据。"④国内学者刘文明在《上帝与女性:传统基督教文化视野中的西方女性》⑤一书中论述了传统基督教对女性的贬抑,对西方传统社会中女性角色的塑造起了极其负面的作用。此外,英国学者亨特的《宗教与日常生活》翔实地勾勒出全球性宗教冲突和宗教多元化、宗教膜拜团体和教派性质的变化、宗教信仰和性别之间错综复杂的关系以及当代文化和消费主义对宗教信仰实践的

---

① [美]萝特(Rosemary Radford Ruether):《性别主义与言说上帝》,梁淑贞、杨克勤译,香港:香港道风书社,2004,第90页。
② 李瑞虹:《萝斯玛丽·雷德福·鲁塞尔的生态女性主义神学思想研究》,博士学位论文,中国社会科学院研究生院,2008年。
③ [加]奈奥米·R.高登博格:《神之变:女性主义和传统宗教》,李静等译,民族出版社,2007。
④ [美]凯特·米勒:《性的政治》,钟良明译,北京:社会科学文献出版社,1999,第79页。
⑤ 刘文明:《上帝与女性:传统基督教文化视野中的西方女性》,武汉:武汉大学出版社,2003。

冲击和影响。① 总的来看，女性主义的发展源于西方社会中宗教文化对女性的压抑和排斥。

（二）国内民间信仰与女性

民间信仰作为与制度性宗教相对的范畴，是指民众在日常生活中所持奉的信仰及其仪式表现。② 民间信仰其实是东亚文明中最普遍，而且是最重要的宗教传统。③ 20世纪90年代后，欧美学界已开始把民间信仰当作与佛教、道教、儒教享有共同基础，与三教相并列的，而且是其中最为重要的，构成中国传统社会第四传统的东西。④ 女性学在中国的发展推动了国内学界从社会性别视域研究宗教和女性问题，其中，民间信仰与女性的研究可以从以下几个方面进行综述。

（1）民间信仰与社会性别。文化决定了宗教里性别的尊卑关系，宗教文化对性别角色的构建和女性地位的影响在不同的文化中呈现。刘亚玲和周冶在《女性在宗教活动中的身份建构——丹巴甲居藏寨田野事象分析》⑤ 中，反思男性话语的外部知识忽视了女性自身宗教体验的内部知识，通过具体的事例，分析宗教活动中内外部知识对女性身份的构建作用。刘东旭研究贵州汉族社会民间信仰时认为，性别差异现象是传统汉人社会性别结构在宗教领域的一种投射，其后具有一定的社会根源⑥。徐

---

① [英]斯蒂芬·亨特（Stephen Hunt）：《宗教与日常生活》，黄剑波、张华、王修晓、林宏译，北京：中央编译出版社，2010。
② 高丙中：《作为非物质文化遗产研究课题的民间信仰》，《江西社会科学》2007年3月。
③ 朱海滨：《民间信仰——中国最重要的宗教传统》，《江汉论坛》2009年第3期。
④ Ebrey, Patricia Buckley and Peter N. Gregory. "The Religious and Historical Landscape." In Ebrey and Gregory, eds. Religion and Society in Tang and Sung China. Honolulu: University of Hawaii Press,1993,p.12.
⑤ 刘亚玲、周冶：《女性在宗教活动中的身份建构——丹巴甲居藏寨田野事象分析》，《宗教学研究》2014年第4期。
⑥ 刘东旭：《男人的祖先，女人的神——贵州群乐人宗教实践的性别差异》，《世界宗教文化》2010年第6期。

睿对凉山彝族女性与宗教进行研究，在《宗教与性别社会化——毕摩教在凉山彝族女性生命转折点中的作用》①和《女性形象动态变迁的宗教镜像——对凉山彝族毕摩教反思的性别视角》中指出：毕摩教对彝族妇女的社会化具有重要影响，毕摩教视野里动态变化的女性形象，展示出彝族女性在社会中逐渐"边缘化""卑微化"的变迁过程②。王丹婷的《太谷妇女佛教信仰群体民俗生活研究》③和严淑华的博士论文《女娲与当地女性生活》④也呈现了宗教对妇女心理与日常生活产生的影响。以上文章注重从宗教对女性或性别关系的影响力进行陈述，有单向分析之感。而下列文章注重分析宗教与人的互构关系，充分考虑到权力和实践的因素，突出女性在宗教生活中行动者的角色。刘大可研究福建民间信仰活动中的女性时指出："正如女性在现实社会生活中发挥的重要作用一样，福建民间信仰中女神的作用是非凡的，女性神职人员是十分活跃的，女性信徒是十分众多的，换言之，人神世界在某种程度上存在着同构现象。"⑤王卫华的博士论文《春节习俗与女性身份意识》关注山东省中南部农村沂蒙山区春节习俗中女性身份意识他者认定与自我认定意识的转化。⑥于洋的硕士论文《转型社会背景下乡村女性的民间信仰实践》⑦描述了处于边缘地位的妇女如何利用基督教对民间信仰进行新的想象和创造，从

---

① 徐睿：《宗教与性别社会化——毕摩教在凉山彝族女性生命转折点中的作用》，《云南社会科学》2007年第3期。
② 徐睿：《女性形象动态变迁的宗教镜像——对凉山彝族毕摩教反思的性别视角》，《云南社会科学》2008年第2期。
③ 王丹婷：《太谷妇女佛教信仰群体民俗生活研究》，硕士学位论文，山西大学，2010年。
④ 严淑华：《女娲与当地女性生活》，博士学位论文，武汉大学，2013年。
⑤ 刘大可：《女性与福建民间信仰》，载于中国社会学会性别社会学专业委员会：《中国社会学会2007年会"社会建设与女性发展"论坛论文集》，浙江省社科院社会学所，2007年。
⑥ 王卫华：《春节习俗与女性身份意识》，博士学位论文，中央民族大学，2010年。
⑦ 于洋：《转型社会背景下乡村女性的民间信仰实践》，硕士学位论文，辽宁大学，2011年。

而提高她们在村落中的社会经济地位，获得非基督教信徒的认同。类似的文章还包括王均霞的《作为行动者的泰山进香女性》①、钟晋兰的《论女性崇拜与客家妇女的社会文化生活》②、赵缇和唐国建的《农村青壮年女性宗教信仰选择的多重逻辑——基于福建小链岛的个案研究》③、侯艳娜等的《民间宗教文化与女性社会性别的建构——以河北涉县女娲信仰为例》④以及硕士论文《闽南"菜姑"身份认同及其信仰生活》⑤和《斋奶会：文化传承组织与老年妇女共同体》⑥等等。

（2）在宗教信仰活动中，女性在文化传承、社区管理、道德伦理建设等方面发挥着重要作用。徐家玲认为，女性是宗教教育的重要组成部分，一个母亲和妻子的宗教信仰和人生态度在维系一个民族或种族的宗教文化传统方面的作用是举足轻重的⑦。何志魁的博士论文《白族母性文化的道德教育功能研究》，借鉴人类学的结构功能主义和女性主义的社会性别建构理论分析莲池会在白族农村地区所发挥的道德教育功能⑧。同样研究白族性别文化的文章还包括《宗教文化中的社会性别建构——白

---

① 王均霞：《作为行动者的泰山进香女性》，《民俗研究》2009年第3期。
② 钟晋兰：《论女性崇拜与客家妇女的社会文化生活》，载福建省炎黄文化研究会、福建省龙岩市政协：《福建省炎黄文化研究会、福建省龙岩市政协·客家文化研究（下）》，福建省炎黄文化研究会，2004年。
③ 赵缇、唐国建：《农村青壮年女性宗教信仰选择的多重逻辑——基于福建小链岛的个案研究》，《中国青年研究》2018年8月。
④ 侯艳娜、李凤缓、孙鑫煜：《民间宗教文化与女性社会性别的建构——以河北涉县女娲信仰为例》，《河北学刊》2011年6月。
⑤ 魏婷婷：《闽南"菜姑"身份认同及其信仰生活》，硕士学位论文，华侨大学，2014年。
⑥ 张艳飞：《斋奶会：文化传承组织与老年妇女共同体》，硕士学位论文，云南大学，2015年。
⑦ 徐家玲：《女性与宗教教育》，《妇女研究论丛》2001年2月。
⑧ 何志魁：《白族母性文化的道德教育功能研究》，博士学位论文，西南大学，2008年。

族女性与本主崇拜》①《白族性别文化与农村伦理道德建设》②《社会性别视角之下的莲池会村落认同研究》③《民间仪式中的女性角色、音乐行为及其象征意义——以中国白族"祭本主"仪式音乐为例》④《白族妇女宗教信仰的社会功能》⑤和博士论文《神坛女人：大理白族村落"莲池会"女性研究》⑥等等。此外，陈秋将女性、民俗和政治的关系置于农村妇女参与村庄政治活动之中指出，农村妇女"村庄政治"参与模式实质是城镇化带来的"民俗生活的政治化"，女性民俗的社会理性凸显，这也在一定程度上创造了转型农村社区妇女生活"新传统"。当前新型城镇化建设，需重视引导"女性民俗"对农村妇女"村庄政治"的参与模式并体现其实践功能，这将是推进"社区善治"理想一条可供选择的重要路径⑦。郑筱筠在《试论福建民间信仰的组织管理模式对基层妇女的影响》⑧一文中，从福建民间信仰组织的基本特征、民间信仰与基层女性的关系等方面进行研究，对基层妇女的管理提出相应的建议。

（3）历史上的民间信仰与女性，这方面的研究多以历史学的理论为工具来分析和呈现各个不同历史阶段女性在各种宗教中的地位、角色和

---

① 金少萍：《宗教文化中的社会性别建构——白族女性与本主崇拜》，《中央民族大学学报（哲学社会科学版）》2008年第1期。
② 何志魁：《白族性别文化与农村伦理道德建设》，《中国发展》2009年3月。
③ 木薇：《社会性别视角之下的莲池会村落认同研究》，《民族论坛》2013年第11期。
④ 周凯模：《民间仪式中的女性角色、音乐行为及其象征意义——以中国白族"祭本主"仪式音乐为例》，《上海音乐学院学报》2005年第1期。
⑤ 赵静：《白族妇女宗教信仰的社会功能》，《中南民族大学学报（人文社会科学版）》2006年第1期。
⑥ 张翠霞：《神坛女人：大理白族村落"莲池会"女性研究》，博士学位论文，中央民族大学，2013年。
⑦ 陈秋：《女性民俗与农村妇女的村庄政治参与——以温州L村为个案》，《云南民族大学学报（哲学社会科学版）》2017年第3期。
⑧ 郑筱筠：《试论福建民间信仰的组织管理模式对基层妇女的影响》，《世界宗教文化》2015年第1期。

权力等。这方面的文章包括李媛的《16至18世纪中国社会下层女性宗教活动探析》[①]、张芮菱的《试论明清道教与民间宗教中的女性问题》[②]、张承宗的《魏晋南北朝妇女的宗教信仰》[③]、孙歆的《明清以来江南庙会与妇女生活》[④]、汪芳的《宋代妇女宗教信仰与性别角色》[⑤]。

（三）东南亚女性与宗教

李亦园先生于2002年提出，要加强海外华人妇女的研究。杜谆和曾少聪在对东南亚华人宗教信仰研究进行综述之后，认为从女性视角关注海外华人妇女宗教信仰的专题性研究至今少见，这仍是一个需要深化的学术知识增长点[⑥]。国内知网中只有三篇有关东南亚宗教与女性的文章，即乔氏云英（KIEU THI VAN ANH）的宗教学博士论文《越南北方佛教女性神研究》[⑦]、张秋贤的民俗学博士论文《走向经济母神：越南女性母神信仰研究》[⑧]和一篇介绍性文章《缅甸的出家女性》[⑨]。前两篇文章研究的主体是女神，而非人，与人类学学科研究范式差别较大。

东南亚各国的宗教活动离不开女性的参与，因此，其他一些研究成果中都或多或少涉及女性。林小楚在硕士论文《曼德勒华人的宗教实践

---

① 李媛：《16至18世纪中国社会下层女性宗教活动探析》，《求是学刊》2006年第2期。
② 张芮菱：《试论明清道教与民间宗教中的女性问题》，《宁夏社会科学》2006年第5期。
③ 张承宗：《魏晋南北朝妇女的宗教信仰》，《南通大学学报（社会科学版）》2006年第2期。
④ 孙歆：《明清以来江南庙会与妇女生活》，硕士学位论文，苏州大学，2007年。
⑤ 汪芳：《宋代妇女宗教信仰与性别角色》，硕士学位论文，上海师范大学，2011年。
⑥ 杜谆、曾少聪：《东南亚华侨华人宗教信仰研究40年——基于改革开放以来中国学者的分析》，《华侨华人历史研究》2018年4月。
⑦ 乔氏云英（KIEU THI VAN ANH）：《越南北方佛教女性神研究》，博士学位论文，中央民族大学，2010年。
⑧ 张秋贤：《走向经济母神：越南女性母神信仰研究》，博士学位论文，华东师范大学，2015年。
⑨ 释慧心：《缅甸的出家女性》，《佛教文化》2003年4月。

研究》①中详细描述了华人妇女在观音节日里的宗教实践。段颖在《泰国北部的云南人》中描写道:"每逢岁时节气,村中妇女是最积极的宗教活动者……妇女在家庭与社区生活中扮演了重要角色。"②研究东南亚"云南人"的美国学者安妮·希尔(Hill)也认为:"她们不仅提供其子女于华人世界适宜的技巧和知识,也是举行祖先祭祀甚或关注华人信仰体系原则的最为积极的家庭成员。"近年来,一些研究东南亚宗教的优秀著作出版,比如:危丁明的《庶民的永恒:先天道及其在港澳及东南亚地区的发展》③、徐方宇的《越南雄王信仰研究》④、石沧金的《海外华人民间宗教信仰研究》⑤、李天赐的《海外与港澳台妈祖信仰研究》⑥等,而这些作品中都缺少关注女性宗教参与问题的研究。

此外,从东南亚女性或性别研究来看,近10年来,国内研究者多倾向关注东南亚的女性地位、女性参政和女性跨国流动问题。目前国内学术界关注东南亚女性政治权力和政治参与问题且论著较多的学者是中山大学的范若兰教授,她关注最多的是东南亚女性的权力和政治参与问题,相关的论文包括《父权制松动和性别秩序变化对女性政治参与的影响——以东南亚国家为中心》⑦《亚洲女政治领袖研究:研究范式与分析工具》⑧《妇女参与民族冲突后国家重建:成就与问题》⑨《印尼民主转型时

---

① 林小楚:《曼德勒华人的宗教实践研究》,硕士学位论文,云南大学,2018年。
② 段颖:《泰国北部的云南人——族群形成、文化适应与历史变迁》,北京:社会科学文献出版社,2012,第206页。
③ 危丁明:《庶民的永恒:先天道及其在港澳及东南亚地区的发展》,北京:博扬文化事业有限公司,2015。
④ 徐方宇:《越南雄王信仰研究》,北京:世界图书出版公司,2014。
⑤ 石沧金:《海外华人民间宗教信仰研究》,上海:学林出版社,2014。
⑥ 李天赐:《海外与港澳台妈祖信仰研究》,北京:华夏出版社,2008。
⑦ 范若兰:《父权制松动和性别秩序变化对女性政治参与的影响——以东南亚国家为中心》,《东南亚研究》2014年第5期。
⑧ 范若兰:《亚洲女政治领袖研究:研究范式与分析工具》,《东南亚研究》2018年第4期。
⑨ 范若兰:《妇女参与民族冲突后国家重建:成就与问题》,《亚非研究》2017年第2期。

期的妇女权利之争与性别主流化》①《马来西亚华人女性权力参与试析》②《性别视野下的民族冲突：一个理论思考》③等等。此外，龚亚星的硕士论文《独立以来印度尼西亚女性社会地位研究》④、宋明英的硕士论文《泰国女性政治参与研究》⑤和王瑜贺的《东南亚女性政治家崛起现象研究》⑥等文章都是关于女性与政治权力的研究。近些年来，较大洋洲和东亚地区的女性，东南亚地区的女性的政治参与程度较高，女政治家频出。在一定意义上，东南亚地区已经成为发展中国家在女性主义开展和女性政治参与方面的"代表作"，他们的历程和经验值得我们深入思考和研究⑦。另外，东南亚妇女面临着一些历史文化和全球化带来的问题。东南亚妇女由于东南亚历史及社会原因，面临着教育和就业上性别歧视以及家庭暴力等方面的问题；随着全球化的深入和信息时代的到来，东南亚妇女还面临着在新技术领域被边缘化以及在跨国流动时被拐卖和卖淫等问题⑧。围绕这些问题产生了一些优秀的作品，台湾大学教授蓝佩嘉著的《跨国灰姑娘：当东南亚帮佣遇上台湾新富家庭》⑨一书，探讨了台湾雇主和来自印尼、菲律宾和越南女帮佣之间的互动关系，反映了全球化背

---

① 范若兰：《印尼民主转型时期的妇女权利之争与性别主流化》，《东南亚研究》2017年第2期。
② 范若兰：《马来西亚华人女性权力参与试析》，《华侨华人历史研究》2015年第1期。
③ 范若兰：《性别视野下的民族冲突：一个理论思考》，《思想战线》2013年第1期。
④ 龚亚星：《独立以来印度尼西亚女性社会地位研究》，硕士学位论文，云南大学，2018。
⑤ 宋明英：《泰国女性政治参与研究》，硕士学位论文，华中师范大学，2018年。
⑥ 王瑜贺：《东南亚女性政治家崛起现象研究》，《南华大学学报（社会科学版）》2014年第4期。
⑦ 王丹宏：《女性主义与女性政治参与：从社会思潮到政治实践》，博士学位论文，吉林大学，2016年。
⑧ 李晓琼：《东南亚妇女问题及东盟的应对》，硕士学位论文，暨南大学，2011年。
⑨ 蓝佩嘉：《跨国灰姑娘：当东南亚帮佣遇上台湾新富家庭》，吉林：吉林出版集团有限责任公司，2011年。

景下阶级、族群、性别结构的转变。陈民炎的硕士论文《河口镇越南女工的职业流动与资本建构研究》①，资本和社会资本等相关理论分析越南女工在职业流动过程中的资本建构与自我实现问题。类似的论文包括：佟应芬的《20世纪70年代以来东南亚女性跨国流动的特点与影响》②、施雪琴的《全球化视野下的女性跨国流动——以1978年以来中国女性迁移东南亚为中心》③、倪晓霞的《女性主义视域下东南亚女性跨国流动问题研究》④、沈海梅的《在跨国移民理论框架下认识中国的"外籍新娘"》⑤等等。此外，许肖静的硕士论文《作为价值和实践的"关怀"——爪哇农村女性的民族志研究》⑥是一篇不多见的描写爪哇农村女性的民族志论文，论文基于"关怀"的实践，刻画了家庭、社区和各种关系中的女性。

总的来看，（1）国内关于宗教与女性的人类学研究主要集中于穆斯林妇女，对其他少数民族妇女和各地汉族女性的关注度不高。（2）对于东南亚女性，国内学界缺少多视角、多层次的研究，更是缺少各国女性民族志的书写。女性人类学在中国的实践中，在理论、方法和内容上都有所收获和发展，在中国人类学不断开辟和发展海外民族志的今天，女性的研究一定不能缺席。

---

① 陈民炎：《河口镇越南女工的职业流动与资本建构研究》，硕士学位论文，云南大学，2015年。
② 佟应芬：《20世纪70年代以来东南亚女性跨国流动的特点与影响》，《南洋问题研究》2009年第1期。
③ 施雪琴：《全球化视野下的女性跨国流动——以1978年以来中国女性迁移东南亚为中心》，《南洋问题研究》2009年第1期。
④ 倪晓霞：《女性主义视域下东南亚女性跨国流动问题研究》，《科教文汇（上旬刊）》2014年第10期。
⑤ 沈海梅：《在跨国移民理论框架下认识中国的"外籍新娘"》，《昆明理工大学学报（社会科学版）》2012年第5期。
⑥ 许肖静：《作为价值和实践的"关怀"——爪哇农村女性的民族志研究》，硕士学位论文，中央民族大学，2019年。

第三节 研究的主要理论和主要内容

一 主要理论

本书基于老挝丰沙里妇女的"礼信"实践，描述男女两性个体的结构与行动在文化变迁中的呈现，探讨男女两性在特定空间中社会关系的转化问题。通过微观的民族志，可以反思文化变迁中性别关系和女性的实践能力。文化变迁的动力来自人们因某种需求而产生的文化实践。个体在社会性别的架构下行动，其实践活动与文化变迁有着紧密联系。

（一）文化变迁与人的实践

任何文化都在动态变化之中，这些变化的过程皆可被称为"文化变迁"。文化变迁的理论起点是：每一种文化，都处于一种恒常的变迁之中。①

文化变迁已是一个被深入探讨的理论问题。美国学者克莱德·伍兹的《文化变迁》对20世纪80年代之前人类学界的文化变迁的基本理论和研究方法进行了介绍，指出先前的文化变迁"归因于内部发展的变迁往往追溯到发明或发展，而归因于外部发展或交往的变迁则常常追溯到借取或传播"②。伍兹认为个体是变迁的基本分子，但是许多人类学家在文化研究中往往忽略了这一点。他提出应注重人类行为与文化变迁的关联性，但他未能提出一个有效的解释工具。布迪厄的实践理论和吉登斯的结构理论在此之后孕育而生。

文化变迁的动力来自自然和社会，个体和群体，男人和女人。甘代

---

① ［美］克莱德·伍兹：《文化变迁》，施维达、胡华生译，昆明：云南教育出版社，1988，序言第1页。
② ［美］克莱德·伍兹：《文化变迁》，施维达、胡华生译，昆明：云南教育出版社，1988，第1页。

军在其博士论文中①，把文化变迁理论归纳为过程论、原因论和动力论。过程论的主要理论派别是古典进化论、新进化论、传播学派和涵化理论。原因论主要分析文化变迁的原因，包括发明发现说、文化传播说和政治变革说等。动力论在原因论的基础之上更进了一步，它强调了人在文化变迁中的功能，是后续人类学理论发展的重要基石。

传统人类学和社会学在研究文化和文化变迁时，往往以简单的文化决定论或社会决定论为分析理论，把文化看作静止不动的"产品"和研究分析的"中介"，忽视了文化生产的动力或结构。布迪厄用"实践"调和了传统人类学有关结构与行为、文化与人之间的二元对立观。②布迪厄在马克思、萨特、安东尼奥·葛兰西等人实践哲学思想的基础上，提出自己的实践理论，他所说的"实际活动"（pratique），被译为"实践"，是指人类日常生活中日常性的实际活动，包括生产劳动、经济生活、政治生活等，它区别于马克思的"实践"，突出的是行动者的行动结构。实践（pratique）、场域、惯习（habitus）和资本等概念相互联系，有机结合，较有效地调和了文化研究中主观与客观、结构与行动、人与文化的二元对立矛盾。布迪厄在《实践与反思》中指出，社会现实是双重存在的，既在事物中，也在心智中；既在场域中，也在惯习中；既在行动者之外，又在行动者之内③。布迪厄将场域视为一个关系或社会网络系统，指出"一个场域可以被定义为在各种位置之间存在的客观关系的一个网络（network）或一个构型（configuration）"④。Habitus，翻译为

---

① 甘代军：《文化变迁的逻辑——贵阳市镇山村布依族文化考察》，博士学位论文，中央民族大学，2010年。
② 宗晓莲：《布迪厄文化再生产理论对文化变迁研究的意义——以旅游开发背景下的民族文化变迁研究为例》，《广西民族学院学报（哲学社会科学版）》2002年第2期。
③ [法]布迪厄，[美]华康德：《实践与反思》，李猛、李康译，北京：中央编译出版社，2004，第172页。
④ [法]布迪厄，[美]华康德：《实践与反思》，李猛、李康译，北京：中央编译出版社，2004，第133页。

惯习或生存心态，高宣扬在《论布迪厄的"生存心态"概念》一文中指出：由于它与"习惯"（habitudo）有共同的词根，habitus 也常被用来表示受外在行为、教育和个人努力的影响而固定下来的行为方式、生存方式和持久的秉性（disposition permanente）。它不只是行动者内心深处"内在化"和被结构化的主观心理状态，而且，它既积累着行动者的历史经验和凝缩着社会历史的发展轨迹，同时又不断地向客观世界现实"外在化"和结构化，成为建构社会存在条件的"生成性原则"和区分化原则。①布迪厄认为人类社会是"双重存在"的，客观性的场域和主观性的惯习并非两条永不相交的平行线，相反，二者之间是一种相互交织的双重存在。②布迪厄承认文化对行动者有强大约束力，同时也强调人会根据主客观的条件和需要进行实践，从而突破文化之约束力，文化影响力的范围是有限度的。

（二）文化变迁与性别实践

因性别而产生的差异和不平等存在于人类社会文化的各个阶段和各个方面，20 世纪 70 年代的女性主义思潮对性别客观性存在和被学术界忽视的现实问题进行反思和批判。许多如西蒙·波伏娃的《第二性》、贝蒂·弗里丹的《女性的困惑》等优秀的女性主义著作论述了女性从属于男性的社会文化根源。这些女性主义作品对文化变迁中性别关系的转化涉及不多。美国文化人类学家理安·艾斯勒出版的《圣杯与剑》是一部从文化变迁的宏观层面研究性别关系的重要著作。该书以一种崭新的观点诠释了人类的全部历史，作者用古代欧洲区域象征女性生殖的圣杯，代表人类社会的组织模式——伙伴关系，用印欧区域象征男性生殖的剑，代表社会组织的统治关系模式。许多考古资料描述了西方人类文化如何

---

① 高宣扬：《论布迪厄的"生存心态"概念》，《云南大学学报（社会科学版）》2008 年第 3 期。
② 毕天云：《布迪厄的"场域—惯习"论》，《学术探索》2004 年第 1 期。

"转化"的历史故事，有文字记载的历史之前几千年前就已经开始的故事，即西方文化最初的合作关系的方向如何转向了五千年的血腥的统治者的弯路的故事①。作者认为人类历史过程是由合作关系和统治关系之间的对立斗争形成的，人类社会将走向一种合作关系的未来。另一位美国历史学家罗伯特·麦克艾文同样认为，在整个人类社会，特别是自农业的发明从根本上改变了人生活的社会环境以来，大约一万年当中，男女之别（真实的、夸张的以及想象的），一直是第一位的动力。②在《圣杯与剑》的影响下，闵家胤先生组织一些中国学者编写了中文版和英文版的论文集《阳刚与阴柔的变奏——中国历史上的圣杯与剑》③，该书汇集了研究中国历史上两性关系演变史的主要成果，证明艾斯勒书中的一些观点同样适用于中国，即在文字记载之前的中国古代社会是母系氏族社会，男女两性是平等的伙伴关系。艾斯勒提出的伙伴关系模式与统治关系模式可以适用于现代社会中政治、经济和文化之中因社会性别差异而产生的对抗与合作之关系。

20世纪90年代社会性别被运用于学术研究，与种族、阶级并列为三大分析范畴④。社会性别关系是一套结构性关系，它分别给男女群体定位，制造并强化制度化差异，这些差异因阶级、种族、民族、文化、年龄的不同而有所不同。⑤琼·斯科特（Joan W. Scott）在《性别：历史分析中的一个有效范畴》一文中提出，性别是组成以性别差异为基础的社

---

① [美]理安·艾斯勒（Riane Eisler）：《圣杯与剑》，程志民译，北京：社会科学文献出版社，1997，序言第8页。
② [美]罗伯特·麦克艾文（Robert S. McElvaine）：《夏娃的种子——重读两性对抗的历史》，王祖哲译，上海：上海人民出版社，2005，序言第1页。
③ 闵家胤：《阳刚与阴柔的变奏——中国历史上的圣杯与剑》，北京：社会科学出版社，1995。
④ 范若兰、罗壮雄：《解构与重构：女性主义视野下的国外民族主义研究述评》，《民族研究》2014年5月。
⑤ 白志红：《女性主义与人类学》，北京：知识产权出版社，2014，第71页。

会关系的成分；性别是区分权力关系的基本方式。[①]社会性别与种族、阶级、年龄等因素一样，在复杂的社会文化中存在权利差异，是分析个人、组织、群体和社会之间关系时应注意的结构性因素。在某些社会文化中，社会性别关系可以视为布迪厄实践论中影响场域和惯习的因素，一些社会问题和文化现象因此而拓宽了分析视角。江苏人民出版社出版的"海外中国研究丛书"中的两本专著结合社会性别实践对中国汉文化进行了研究。宝森在《中国妇女与农村发展——云南禄村六十年的变迁》一书中指出，虽然汉人中的社会性别常常有别于中国少数民族的社会性别，但汉族社会性别制度也并不是铁板一块。在父权制总标题之下，汉人的社会性别关系错综复杂，而且变化不定。[②]该书审视了20世纪末的社会革命是如何影响到汉族村落中的妇女、男性和农田之间的关系，反映了社会性别与农业之间不稳定的关系，梳理了缠足与纺织、农地制、农业与非农就业、贫困与富裕、婚姻家庭、人口变迁以及政治文化等诸多领域的社会性别问题，微观地再现了乡土中国汉人社会性别制度的嬗变。罗莎莉在《儒学与女性》一书中通过探讨中国古代儒学思想，认为"在中国社会似乎暗藏着一种对性别角色更为宽容的理念。在实际上，流动的阴阳双体与中国社会性别体现的僵化形成了巨大的反差。"[③]作者以女权主义理论为基础探讨儒家伦理思想，发现其中包含着能够推动两性平等发展的理念。李霞的《娘家与婆家——华北农村妇女的生活空间和后台权力》[④]从实践和性别视角重新诠释了中国汉族社会的亲属关系和妇

[①] Joan W.Scott. Gender: A Useful Gategory of Historical Analysis. in Elizabeth Weed(ed.), Coming to Terms. Feminism,Theory, Politics, Routledge, New York, 1989, pp.81–101.

[②] [加]宝森：《中国妇女与农村发展——云南禄村六十年的变迁》，胡玉坤译，南京：江苏人民出版社，2005，第11页。

[③] [美]罗莎莉：《儒学与女性》，丁佳伟、曹秀娟译，南京：江苏人民出版社，2015。

[④] 李霞：《娘家与婆家——华北农村妇女的生活空间和后台权力》，北京：社会科学文献出版社，2010。

女权力,探讨制度与实践中的亲属关系。文中的实践关系在某种程度上论证的是布迪厄在《实践感》中指出的观点,"场面上的亲属关系与实践亲属关系的对立,如同正式与非正式(包括半正式和不体面)的对立。"① 事件和行动者进入一种实践,便会带入各种社会关系。从这一角度来说,民族认同实践与社会性别关系之间应有必然联系。沈海梅的《中间地带:西南中国的社会性别、族性与认同》从社会性别的视角分析中国西南地区傣族、彝族和白族的族性,通过语言、身体、服饰、婚姻、仪式、信仰所传达出的社会性别与族性之间丰富的维度,展现三个族群在民族国家政治过程中实践民族身份认同的不同社会情境,深入剖析通过性别权力关系作用在认同实践中呈现出的社会性别差异。② 该书凸显了性别关系结构之上的认同实践,从主位客位的角度探讨了性别关系与族群认同之间紧密的关系。1994年,学术期刊《国际迁移研究》指出,在迁移研究中的性别应该是关系性的、情境化的和多标度的。③ 蔡玉萍等的《男性妥协——中国城乡迁移、家庭和性别》一书通过中国城市中的男性农民工主体经验,阐述了夫妻权力、亲子关系、亲密关系等家庭中关系模式是如何在城乡迁移中发生变迁的。该著作对城市化与性别关系的探讨值得借鉴。此外,性别与民族同样是一个值得探讨的学术问题。范若兰在《性别视野下的民族冲突:一个理论思考》一文中指出,人们通常认为历史、语言、宗教、领土和习俗是民族建构的要素,却忽略了性别也是建构民族的重要组成部分。④ 陈顺馨等主编的《妇女、民族与女性主义》论文集围绕"民族性的建构一般跟'男性'和'女性'的特定观念有

---

① [法]皮埃尔·布迪厄:《实践感》,蒋梓骅译,南京:译林出版社,2016,第242页。
② 沈海梅:《中间地带:西南中国的社会性别、族性与认同》,北京:商务印书馆,2012。
③ 蔡玉萍、彭铟旎:《男性妥协——中国城乡迁移、家庭和性别》,北京:生活·读书·新知三联书店,2019,第19页。
④ 范若兰:《性别视野下的民族冲突:一个理论思考》,《思想战线》2013年第1期。

关"①的论点，收录了国外作者的11篇论文。第1—3篇讲的是性别与民族的关系，第1篇从后现代主义的女性主义立场对性别理论梳理，认为"性别"应当理解为一种"话语方式"。第2篇探讨女性在社会层面不断区分的情况下，如何团结在一起。第3篇"女人与民族"一文认为，一个民族或族裔计划，必须经历不同的阶级和性别的社会力量的斗争。第4—7篇主要介绍的是民族冲突中的妇女。第8—11篇的主题是妇女与民族的文化再现，第8篇以巴勒斯坦民族独立运动为例，认为无论男性女性因"共同斗争"而合为一体。第9篇从民族主义与身体理论中分析女性的性。第10篇以加拿大魁北克省为例，分析了魁北克为争取成为一个独立民族国家作出的民族主义表述。第11篇关注妇女与民族主义历史的关系，致力于妇女历史研究，从历史书写介入民族主义实践的探讨中。该论文集收录的文章较全面展示了女性主义视野下对性别与民族的研究，为国内学者在本土语境下进行相关的研究提供了较好的借鉴。从以上文献来看，现有的国内著作和论文主要探讨性别权力关系结构基础上的汉族亲属实践、族群认同、城市化和民族冲突等问题，而未涉及性别关系结构中华人汉族社会中的文化变迁和族群交往的问题。

  作为分析范畴的性别，让人们能更全面且客观地认识某些社会文化现象，实践中的性别关系通常会因社会文化的变迁而发生改变。文化变迁基于社会、集体、家庭、个体四个层面，性别结构存在于其中，实践是分析和探讨性别结构的恰当切入点。性别关系因合作关系而具有隐秘性，因等级或对抗关系而具有可显性。男女之间的权力关系在不同的空间中有不同的表现，合作关系与对抗关系在权力的场域中转换和变动。人们的实践因性别而产生的实践差异在某种程度上会深刻地影响着文化变迁。

---

① 陈顺馨、戴锦华编著：《妇女、民族与女性主义》，北京：中央编译出版社，2004，第1页。

二 主要内容

"礼信"是老挝北部贺人社会的民俗口语,是指贺人节日庆典、婚丧嫁娶和日常生活中的各种大小仪式,以及围绕这套仪式体系所产生的仪式规则、行为规范的总称。在有他族的场景或话语中,"礼信"常被用来区别于他族,是一种民族身份象征的词语。追溯迁移历史,贺人最早迁移至丰沙里的时间大概是清朝同治帝乙丑年(1865年),当时贺人的首领傅家老爷被封为"六猛叭雅猛正堂傅公"。时至今日,"礼信"一词经过200多年的传承和重构,早已成为一个最具地方性的话语。如何认识"礼信"?任何一个社会都在发生变化,体现其特征的文化特点也随之变化。研究文化变迁,离不开对结构(文化)与行动(个人)之间关系的探讨[①]。实践是社会体系和个人之间的互通中介,"礼信"在一定意义上来说,是贺人通过实践而生产的"产品"。对它的描述既要注意宏观的文化背景,即中老关系、老挝民族国家构建和东南亚华人之间的相互影响,也要考虑文化内涵和形式受到中国儒家文化、道家文化、老挝南传佛教文化的深刻影响。在这些背景之下,本文从社会性别视角分析实践行动者的文化生产能力,在不同的场域空间中探查"礼信"的文化惯习对男女两性行为实践的影响,以女性为主体,关注女性的经历和体验。基于此,可从以下四个方面论述:

贺人及其"礼信"。贺人族群的形成、贺人与其他族群的关系、贺人社会的"礼信"等方面是本研究需要陈述的背景。"礼信"来源于中国传统文化而在老挝土地上发展和转变,它的形成和发展是一个历史的过程。从20世纪五六十年代,贺人不屑和当地民族交往,到1976年贺人被老挝政府打压,再到1986年中老关系修好,贺人获得公民基本权利,"礼信"与贺人的身份一样,一直处于不断的变迁之中。

---

① 宗晓莲:《布迪厄文化再生产理论对文化变迁研究的意义——以旅游开发背景下的民族文化变迁研究为例》,《广西民族学院学报(哲学社会科学版)》2002年第2期。

"诸神保佑":节日集体空间中妇女的"礼信"实践。"团结饭""二月会"是贺人一年中的两次重要的集体节日,分别在春节期间和农历二月二举办,两个节日有不同的发展和变迁的路径。两次节日组织架构是"老人会""兄弟团"和"姊妹团",他们共同组织,男女分工协作。"团结饭"没有祭祀环节,旨在邀请政府官员和各村代表出席,强调贺人自己的民族身份。"二月会"在汉庙里举办,各家各户都会到汉庙祭拜土地神、山神和从泰国请来的观音和财神。

"随心从信":妇女主导的"礼信"实践。"礼信"具有实用主义品格,贺人社会中仪式专家的地位在中老关系和国家化过程中急剧下降,中老年妇女成为婚丧嫁娶、节日仪式、日常祭拜中的主导者。一些家庭受到妇女个人经历和周围环境的影响,不仅过贺人的节日也过信仰佛教的其他民族的节日,出现"一家两信"的混合宗教信仰模式。一些家宴"礼信"中,既有祖先崇拜仪式元素,也有佛教崇拜仪式元素。选择让人安心的"礼信",是妇女的权力。

"行阴功":跨族际交往中的妇女"礼信"实践。生活在丰沙里的普内、佬和傣等民族都信仰南传佛教,风俗习惯大致相同。参加这些民族的做赕活动,被贺人看作是"行阴功"。贺人的中老年男子一般不参加普内、佬等民族的做赕活动,由妇女代表家庭参加。从现象上看,它颠覆了儒家文化之下"男外女内"的性别分工制度。而从族群历史发展看,这是"汉不变夷"和"男上女下"文化结构的对应置换,有男为中心,女为边缘的文化隐喻。"女主男辅"的跨族际交往中,贺人妇女有更多的空间和机会与普内、佬等民族接触,加深了对他们宗教信仰的了解,这无形中成为改变家庭"礼信"的因素。这样来看,在跨族际交往中的妇女行动是贺人男性主导文化的延续,同时,也是赋权自己的实践。

在节日集体空间、家庭空间和跨族际空间中,丰沙里贺人妇女表现出不同程度的影响力,她们通过各种空间中的"礼信"实践活动,积极经营着自己的社会关系网络，构建更大的自主生活空间。"汉不变夷"的文化惯习和"国家在场"的资源被贺人妇女用来解构和重构贺人的"礼信"文化，从而逐步影响到族群的身份认同。从妇女在"礼信"实践中的主导作用，可以看到被遮蔽的从夫居制度中父权与母权的博弈之图景。

第二章　进入丰沙里

第一节　丰沙里概况
第二节　田野经历
第三节　进出田野之间

第一节　丰沙里概况

老挝属亚热带地区，地势北高南低，北部属于高山多山地区。丰沙里省位于老挝版图的最北边，与中国云南省普洱市和西双版纳州接壤，边境线长为320公里，与越南奠边省比邻，边境线长330公里，海拔在450米—1800米之间，森林覆盖面积为77%，气候受季风影响，5至10月为雨季，11月至翌年4月为旱季，平均气温为25摄氏度。丰沙里山多坝少，主要山脉为普法山，主峰位于丰沙里县城，主要的平坝区有乌德坝、勐乌坝和本讷坝。南武河由北向南贯穿全境，有8条支流交汇，还有锑、铜、锌、铅、煤与岩盐等矿藏，水利和矿产资源丰富。

丰沙里省有7个县，分别是丰沙里县（Phongsaly district）、约乌（乌德）县（Nhot ou district）、本代县（Boontai district）、迈县（May district）、夸县（Khua district）、桑潘县（Samphanh district）、本讷县（Boon neua district）。从2017年开始，丰沙里省省会行政组织单位逐步搬迁至本讷，保留丰沙里县的行政置地，截至2024年9月，80%的组织单位已经搬迁至本讷，少部分的部队和福利单位还在继续搬迁之中。2005年，丰沙里省人口为165947人，村庄为605个，城镇人口12.5%，识字率43%，是老挝少数民族最多的一个省，除佬族以外，有14个少数民族，分别是普内（Phounoy）、贺（Ho）、傣（Tai）、傣泐（Tai Lue）、傣雅（Tai Yang）、傣呐（Tai Neua）、克木（Khmu）、毕（Bit）、苗（Hmong）、路路（Lu Lu）、阿卡（Akha）、西拉（Sila）、哈尼（Hani）、罗罗（Lolo）。[①]2024年，丰沙里省人口增长至约18.3万。丰沙里以农业经济为主，85%—90%的耕地为山坡旱地，种植旱稻杂粮，经济作物有茶叶、咖啡和砂仁等。丰沙里贫困问题比较严峻，贫困人口较多。这里曾经是罂粟的种植和生产区，这一状况直到21世纪初才得到有效的改善。近年来，丰沙里省积

---

① 该数据由丰沙里博物馆的"丰沙里省概况"中获得。

极推广替代种植，利用地域优势大力发展蔗糖、茶叶、咖啡等农产品经济，2022年，经济增长率为8.67%，人均GDP为923美元。

丰沙里县城是老挝的革命老区，20世纪60年代至70年代的中国领事馆曾设在此地。这里是通往中国的重要门户，位于曼丰公路的末端。这里有三条通往中国和一条通往越南的公路，第一条：曼丰公路，全程98公里，路经丰沙里—本讷—巴卡、曼庄边防口岸（勐腊县），这是1962年中国为老挝援建的公路；第二条：丰沙里—本讷—乌德—兰堆、勐康国际口岸（江城县），该路1998年建成，2017年重修，为中国援建的1A公路其中的一段，全程184公里；第三条：丰沙里—本讷—本代—孟夸—孟塞县（乌多姆赛）—南塔磨丁、磨憨国际口岸（勐腊县）；通向越南的路线是：丰沙里—本讷—本代—孟夸—孟迈—越南奠边府。此外，孟塞县是乌多姆赛的省会所在地，北接丰沙里和琅南塔，南接琅勃拉邦，是交通网络交汇点。公路建设促进物资和人员的流动，加快了老挝城镇化的发展。2005年，丰沙里省共有39个贺人村子，共7562人，大约有72.5%的贺人分布于丰沙里。其中，大部分贺人生活在乌德县和丰沙里县的山区，祖辈和父辈多以赶马营生，沿着滇越茶马古道进入丰沙里。21世纪初，老挝北部道路网络基本建成，禁毒政策、替代种植和北部边境县山地移民等一系列国家政策的实施，推进了北部省份城市化的发展，很多农村山区民族向城市迁移，其中包括大批的丰沙里贺人。自1992年开始，丰沙里贺人持续不断地向乌多姆赛、琅南塔和琅勃拉邦等地迁移。人口流动使得贺人最大的聚居地从丰沙里县城变成了孟塞县，截至2018年2月春节期间，孟塞县有550户人家，那莫县有108户人家，[①] 这一数字因不断迁移还在持续增加。

---

① 资料来源：2019年2月，孟塞、那莫县春节"团结饭"参会的户数登记。

第二节 田野经历

人类学是"被制造出来的"①,它"本是活生生的经历,却在询问、观察和体验的过程中被制作成事实"。②在后现代学者反思的思潮下,传统民族志的客观性已经彻底被破除,当代民族志趋向于强调研究与写作从特定的文化和社会情境出发。基于这个立场,需要注意和反思研究方法与过程,整个研究中,我的身份时时刻刻都在形构着我与调查者之间的关系,我的生活背景、受教育程度、性别和国籍等方面始终参与了我和报道人之间的互动。

我的身份为我进入田野带来很多便利。首先,有12年教龄高校教师的身份为我进入田野奠定了基础。云南省普洱市与老挝陆路相连,山脉同川,江河同源,国境线长116公里。普洱市的江城县有勐烈镇、康平镇、整董镇、曲水镇4个乡镇与老挝接壤,有勐康口岸1个国家一类口岸,牛洛河通道、漫滩通道2条边境通道。云南省普洱市与老挝丰沙里省、普洱市思茅区与丰沙里县,于2008年6月3日和2014年9月25日分别共建了两对友好城市。普洱市积极主动融入和服务国家发展战略,加大沿边开发开放力度,加强与老挝的交往与合作,逐步搭建了一系列的合作框架和机制。普洱学院作为国门大学,自2006年开始每年面向老挝招收留学生,2018年9月,普洱学院老挝留学生的数量达到302人,其中有150人来自丰沙里省。作为一名普洱学院的教师,我在工作中与老挝学生有直接或间接地接触和交流。我的田野调查历程大致可分为初识、进入和链接三个阶段,全过程共历时5个半月。

第一阶段:初识之遇,温馨愉快。

踏上田野之途前期,在同事的帮助下,联系了一位我院的老挝女留

---

① [美]林恩·休谟、简·穆拉克编著:《人类学家在田野——参与观察中的案例分析》,龙菲译,上海:上海译文出版社,2010,第1页。
② [美]保罗·拉比诺:《摩洛哥田野作业反思》,高丙中、康敏译,北京:商务印书馆,2008,第145页。

学生作为我的田野同伴和翻译,这位老挝女留学生名叫薄苏丽,是普内人,中文等级考试过5级,精通老挝语、普内话和中文。2018年1月22日,一早从普洱出发,3小时到勐腊汽车站,2点半坐上从勐腊至丰沙里的国际客车,老挝司机载着5位乘客不紧不慢地出发了。乘客们用边民证顺利通过曼庄边防口岸,司机为创收一路上载人载货,124公里的路开了4个多小时,真正让我感受到了老挝的"慢节奏"。客车进入丰沙里时,天几乎全黑。薄苏丽和万沙两位同学早已在车站等待多时。

图 2-1　薄苏丽家人为笔者举行拴线仪式
图片由薄苏丽拍摄于2018年1月26日。

薄苏丽带我到她舅舅家住宿,家里住着苏丽的外婆、舅舅、舅妈、弟弟妹妹和一个已经工作了的哥哥。家人对我客气热情,第六天便为我举办一个令我非常感动的拴线仪式。在薄苏丽、彭沙万、三位普内族同学的帮助下,第一次在丰沙里的调查是轻松愉快的。对丰沙里、本讷、约乌县城的环境、民族、经济等方面进行了大致了解,与乡音相同的贺人村长和老人进行访谈。但是,在这3周的摸底调查过程中,我不时感到因国籍而产生的交往界限，横在我与访谈者之间，很难逾越。这个担心在我第二阶段的调查中几乎让我放弃在老挝的调查。相较于国内的田野调查，海外民族志调查需要更多的勇气和时间去处理研究者在田野调查中自我的身份问题。

图 2-2　笔者与三位普内族学生在普法山上
图片由万松摄于 2018 年 1 月 23 日。

第二阶段：逾越鸿沟，进入田野。

2018 年 8 月中旬，我再次到老挝丰沙里。8 月底，我的三位普内族学生都需返校开学上课，为了更深入了解贺人的日常生活，我坚定地放弃在普内同学家里居住，在一位毕业于普洱学院的克木族公务人员的帮助下，到贺人聚居区的丰沙里宾馆里安置下来。这个宾馆由一位寡居多年的贺人妇女经营，去世的男人曾是丰沙里最厉害的建筑师，为这个家留下了丰沙里最高的四层楼宾馆建筑和一笔可观的财富，我尽全力地想和她亲近，而她凭多年的经商话术，总能客气地避开我问的一些问题，客人还是客人，老板还是老板，不能相处为朋友。顺藤摸瓜，我找到宾馆老板娘的婆婆和母亲等一众老人，找到一些线索,但是,只凭借这些线索很难深入下去,深深地感觉到我还不是他们真正的朋友,宾馆客人的身份非常不利于田野调查,我试图凭借普洱学院高校教师的身份进入一个能接受我的贺人家庭居住,实际的情况比我想象的困难。兜兜转转,在丰沙里小城内混迹一个多月,调查止于浅层次的文化表象和迁移历史,有着小商品经营传统的贺人在与人打交道时总是在热情的背后保持距离,我的调查进入冰川期。山重水复疑无路,柳暗花明又一村!在我孤独、无助、沮丧、痛苦之时,我终于遇到了一个为我破冰的贺人妇女,她是我在丰沙里的第一个真正意义的朋友,也是我的重要报道人之一,她名叫春梅,她的儿子刚刚到普洱学院留学,是东盟学院大一新生。在她的介绍下,我如愿以偿地入住她的小姑子家,并成了9个小孩的家庭教师。我比春梅和她的小姑子梅花年长2岁,都身为母亲、媳妇的我们很快拉近了距离。我中国教师的身份因春梅的出现得以证实,很多贺人因此才放下芥蒂之心。此时,我才感觉我真正进入了田野之中!

图 2-3 黄昏中的丰沙里市场
图片由笔者摄于 2018 年 1 月。

第三阶段:来来往往,建立连接

此后,我反复回到丰沙里,在来来往往中,春梅和梅花待我如姐妹,她们带我去做客，参加朋友聚会和各种仪式，闲聊时也抱怨婆婆和老公的各种不是。我的方言和中年妇女的身份在调查中显现出优势，中老年贺人在日常生活中通常用云南方言对话，而中年妇女们的精彩故事裹在家长里短的言说中，这些就是丰沙里妇女的日常生活与人生故事。她们一代代妇女们或悲苦或欢喜的人生故事，反映的是丰沙里发展历史和文化变迁的轨迹。

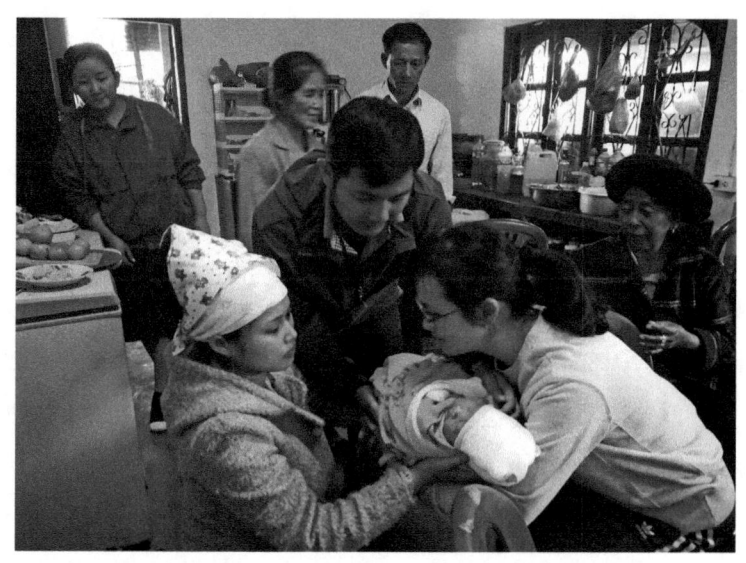

图 2-4　笔者接过新生儿，与孟塞一家庭结为亲家
图片由田丽娟摄于 2019 年 3 月 20 日。

在这期间，我作为家庭教师，大多居住于梅花家，找到合适的时机，也会跟着报道人或独自到本讷、乌德、孟塞和勐兴等地开展调查。2019年1月，在孟塞调查期间，机缘巧合地与当地贺人家庭结为干亲，我成为一个新生儿的干妈，这个意外的收获也为我的调查增色不少。我因此在孟塞找到了一位了解丰沙里历史的关键人物，他的父辈曾是丰沙里贺人族群的头人，1962年，曾代表老挝中立派到昆明工作一年，参加过解放战争，之后一直在丰沙里省政府工作直到退休。他的口述史为我梳理20世纪50年代至今的丰沙里历史提供了重要线索。同时，众多的访谈资料反映出丰沙里被迁移到乌多姆赛和琅南塔的贺人视为"老家"，分散于老挝北部的贺人沿袭着丰沙里贺人的传统习俗。丰沙里贺人一年之中最重要的五个节日，即春节、二月会、清明、七月半、八月十五，我有幸和丰沙里的朋友们一起度过。在她们的带领下也参加了普内、佬和傣族的新米节、祭祖节以及各种生日、婚礼和结亲等仪式。随着调查的推进，繁杂资料带给笔者的更多是对贺人女性的人生历程、角色扮演、性别关系和仪式实践等关于文化变迁的种种思考。

第三节　进出田野之间

因个人原因，我未能一直连续性待在田野点，调查时间段分别为2018年1月，2018年8月底到10月上旬，2019年1月、3月，2019年8到9月，2020年1月。这里可以反思来来往往、进进出出的田野调查给本研究带来了什么？

文献资料的收集贯穿于我写作的全过程，在进退之间材料更为聚焦论题。进入田野之前，广泛地阅读收集老挝民族、老挝北部地区和中老边境的相关材料。第一段田野调查之后，确定研究对象，开始在云南省图书馆、云南大学图书馆查询纸质及电子资源，在知网、万方、谷歌学术等国内外网站收集材料，到普洱档案馆查询中老边境县志、方志等资料，将相关文献进行梳理。带着要确定主题的任务进入第二段田野调查，泡在田野中访谈、观察、参与，同时到老挝万象、琅勃拉邦、乌多姆赛和丰沙里等地博物馆与文化局收集材料。从田野材料中找到研究主题是民族学研究的魅力，也是研究者面临的最大困难和挑战。随着时间一天天流逝，在田野中的我，心情急切，但还是难以在庞杂的文化资料中找到主题。于是，我再次返回国内，在图书馆内整理田野材料，阅读理论文献，与导师、同学探讨，终于在千丝万缕中找到头绪。确定主题后，再次回到老挝丰沙里，开启第三段调查，补充完善材料，最后返回国内，进入写作阶段。

民族志的田野调查方法是我获取一手资料的主要途径。世界是流动和相通的，贺人也在流动之中。我的"田野"调查根据研究对象的流动而有着开阔的社会空间，我虽然以丰沙里县城贺人聚居的达来维来和哇叫村为主要田野点，但调查实践不以空间为局限。进入田野，与报道人建立朋友关系之后，田野空间因手机网络而被延展。田野不再是传统的物理空间，关系连接通过手机网络也跨越物理化的"在场"。这使得调查者可以更加灵活和有效地通过手机网络和关系连接捕捉到田野中的信息。自2018年9月开始，我与春梅、梅花建立了良好的朋友关系，在我离开丰沙里的期间，不时通过手机联系，相互问好，从中也捕捉信息，为再次返回做好准备。按照民族学调查研究的惯例，在田野中我获取信息的主要方法是访谈、参与观察、随意聊天和日常生活实践，并且注意到三方面：第一，重视女性而不忽视男性。几乎所有的"礼信"活动都由男女两性参加，要重视的是其实践中的区别。第二，在研究立场上，主位与客位的转换，在田野长期的生活，给予调查者的是一种进入他者的认知，这种认知是整体性认识族群的基础，当然，也要注意主位和客位的转换与调整。第三，在调查方法上，观察与参与、访谈与深度访谈相结合，以此划分访谈对象。对"礼信"的理解有代际差别，调查可根据年龄、经济地位和政治影响力等划分人群，进行深入访谈。

老挝属于发展较缓慢的发展中国家，国家和当地政府缺少档案编撰资料和历史材料，历史和地方志材料非常有限，族群精英口述史和少数家庭的家谱资料是历史背景材料的主要来源。口述史的首要价值在于，相比绝大多数的原始材料，它可以在更大程度上再造原有的各种立场①。这种方法意味着历史重心的转移，历史学家将目光转向平民。本研究以贺人为研究对象，参考中外学者的历史资料文献，以贺人立场口述丰沙里的历史变迁，实际也是一种历史的真实述说。口述史材料的获得并不是一蹴而就的，田野中，研究者与被研究者在互动中相互观察，彼此慢慢深入了解。丰沙里贺人们处事精明、谨慎，深入访谈、口述史资料的获得非常困难，他们对我身份的怀疑一直到我家人出现之后才得以解除。一个中年妇女进入田野，经常被问到的是："你的老公呢？你的娃娃呢？"为满足田野中人们的好奇之心，我安排老公、孩子和婆婆在接送我之间出现。家人们在恰当的时间出现，让丰沙里贺人彻底打消了对我所有的怀疑。实际上，一些有效且深入的访谈从 2019 年 3 月后才得以真正进入正轨。

民族志并非"写"而是"做"出来的②。民族志是调查对象和研究者共构的成果，田野调查中双方连接关系的好坏直接影响着共构的过程。丰沙里的人们对我的接受程度随着我的一次又一次进入而逐步提升，从外来者、陌生人到朋友和教师的身份，当研究者被田野调查对象接纳时，他们讲述的故事逐步增多，情感流露也越发真诚。此外，手机和互联网的普及，田野调查的空间不仅仅局限于物理空间，因关系而产生的空间在某些时候也代替了田野中的物理空间。由此，在进进出出和来来往往之间，我与"田野"藕断丝连，从中更好地调节因调查产生的无力感和疲惫感，在进退之间，家人的出现，消除了丰沙里贺人们对我的怀疑，每次进入，从中国带给他们的小礼物也为增进情谊添砖加瓦。

---

① [英]保罗·汤普逊（Paul Thompson）:《过去的声音：口述史》，覃方明、渠东、张旅平译，台北：正港咨询文化事业有限公司，1988，第 5 页。
② 谭同学:《人类学方法论的中国视角》，北京：社会科学文献出版社，2022，第 4 页。

第三章　丰沙里贺人及其"礼信"

第一节　丰沙里贺人称谓及其历史

第二节　丰沙里贺人与当地其他族群

第三节　贺人社会中的"礼信"

老挝族群成分复杂，历史上究竟有过多少民族，至今仍然很难做出定论。1975年老挝建立社会主义国家后，在越南和中国的影响下，于各个阶段进行过民族识别。2000年8月，老挝中央建国阵线召开民族识别讨论会，将老挝民族定为49个，共分为四个族群：佬泰族群、孟—高棉族群、汉藏族群和苗瑶族群。①2018年12月5日，老挝国会批准"卜鲁"族成为老挝第50个民族，此后，老挝共有50个民族②。作为少数民族之一的贺人，跨国移民流动和共同的祖籍国是其族群形成的共同渊源，语言是凝结其族群的基础。经历过法国殖民、老挝革命解放战争和民族国家建设之后，贺人已经成为一个较为稳定的族群，客观上贺人有共同的语言、宗教信仰、风俗习惯和相似的移民经历，主观上有相同的自我认同。

第一节 丰沙里贺人称谓及其历史

一 丰沙里贺人的族群称谓

从族群称谓来看，一般有自称和他称来区别我族与他族。老挝贺人的族群称谓是一个逐步形成和发展的历史过程，其中隐含民族学的意义，可从不同角度和层面对贺人族群的民族称谓进行解析。

贺人称谓产生于"云南人"。英国学者安德鲁·D.W.福布斯的《泰国北部的"钦浩"（云南籍华人）穆斯林》③、中国学者姚继德的《泰国北

---

① 黄兴球：《老挝族群论》，北京：民族出版社，2006，第4页。
② 老挝新闻网，2018年12月5日，薄苏丽提供并翻译。
③ 安德鲁·D.W.福布斯：《泰国北部的"钦浩"（云南籍华人）穆斯林》，关学君、郭庆译，《民族译丛》1988年4月。

部的云南穆斯林——秦和人》①、何平教授的《移居东南亚的云南人》②和《历史上迁移老挝的"云南人"》③等文章，论证了"Ho"称谓的来源，何平教授认同谢远章先生在《云南人被称为"贺"的由来》一文中的解释，认为"贺""河"即"Ho""Haw"，原来是唐代中原人对生活在大理西洱河一带的"白蛮"称呼为"河蛮"或"西洱河蛮"的"河"的傣泰语音译。④云南方言中的"河"便是"Ho"，西双版纳附近的傣泐人便沿用以指大理一带的居民，之后，沿用为指元、明时期进入云南的汉人。董咸庆的《中国古代云南人移居泰国北部的背景分析》⑤一文论证了14世纪后有大批的云南人从西双版纳至泰北通道，移居到泰北，当时西双版纳的傣族称汉族为"贺人"。由于语言、族属和地理的客观环境，在西双版纳和泰北都称汉人为"贺"并不是偶合。姚继德强调应注意英国学者福布斯教授最新的考证认为：Ho 是泰国北部对汉语中回族的简称泰语转音，而另一个北部泰语 Ho-Luang 才是云南汉族人的简称"汉"的泰语转音。⑥当前学术界共识性的结论是：泰语中专指今日泰国北部的云南回汉两族人的 Chin（Cin）-Ho 人一词，是泰族人用北部泰语方言对历史上因长途马帮贸易而零星定居和清末迄至20世纪60年代末陆续迁徙进入泰国北部的回汉两族人的一个他称。⑦在老挝，基本沿用 Ho 来指称迁居老挝而说云南方言的"云南人"。

"云南人"只是研究者们对历史上移民于东南亚国家说云南方言群体的他称，在丰沙里，贺人从来不以"云南人"自称，他们的自称随着

---

① 姚继德：《泰国北部的云南穆斯林——秦和人》，《思想战线》2002年第3期。
② 何平：《移居东南亚的云南人》，《云南大学学报（社会科学版）》2005年第3期。
③ 何平、饶睿颖：《历史上迁移老挝的"云南人"》，《思想战线》2009年第4期。
④ 谢远章：《云南人被称为"贺"的由来》，泰国《泰中学刊》华文版1994年10月版。
⑤ 董咸庆：《中国古代云南人移居泰国北部的背景分析》，《思想战线》1991年第1期。
⑥ 姚继德：《泰国北部的云南穆斯林——秦和人》，《思想战线》2002年第3期。
⑦ 姚继德：《泰国北部的云南穆斯林——秦和人》，《思想战线》2002年第3期。

族群的形成而逐步统一为"汉家"或"汉族"。早期移民对母国故乡有眷恋之情，70岁以上的老年贺人在讲述归属时常带出以具体地名为分类依据的群体，主要分为两类，一类为云南境内的县级地名，比如：江城人、墨江人、景东人、以撒人（红河人）、大理人等等；另一类是云南以外的方言区，如客家人、潮州人、广西人等，后者人数较少，多数家户在20世纪80年代中期的排华浪潮之下迁出了丰沙里，逃亡国外。此外，有三四户姓马、姓赵的家户，父辈原是回族，因各种他们不愿提及的原因而改变其信仰，随流归入"汉家"之列。

丰沙里县城集镇的形成大致始于1920年法国军队在此地建立军事基地。政治中心的建立吸引了分散于各地的贺人逐步向丰沙里集镇迁移（详述见下一节）。早期贺人移民与当地原住民普内人成为丰沙里最早的"本地人"。作为他称的"本地人"有两种不同的指称范围，一是贺人对普内人的他称，二是老挝解放战争时期从中国迁入丰沙里的华侨对已入籍老挝同胞的称呼。当然，"本地人"的称呼随着社会的发展而逐渐变化，在贺人华侨全部入籍老挝后，人们已不太用这个词语区分族内群体了。

在泰国，"Ho, Hor, Chin-Ho"的称谓具有一定的贬义色彩，有野蛮、不文明的指称，而在丰沙里，这个词语属中性，并无褒贬之义。老挝人把有老挝国籍的贺人称为"Kun-Hor"，把到老挝做生意的中国商人称为"Kun-Chin"，这一界限是比较明确的。丰沙里的贺人在用老挝语自我介绍时，也比较自然地顺口说出："Kuai Si Kun-Hor（我是贺人）。"当然，这与丰沙里被纳入老挝近现代国家化的发展进程关系密切，老挝语是解放之后才在丰沙里逐步普及的国家通用语言。法国殖民时期直至老挝解放前期，丰沙里集市上通用的语言只有云南方言和普内话。普内人把贺人称为"Hou-ba"，"Hou"与"Hor, Ho"为近似音和同义词，无涉情感色彩。

二 丰沙里贺人族群的迁移历史

老挝贺人没有统一的族源，族人由各种族群成分的人们组成，共同的祖籍国和相同的语言在主观上促成自我认同，客观上被其他群体区分为同一族群。丰沙里贺人移民老挝的时间和原因前后不一，较难追溯。因迁移和战乱等原因，留存至今的贺人家谱屈指可数，其迁移历史也多从口述和少量的家谱记载中整理而出。从总体来看，可根据移民时间先后顺序，大致把贺人分为两个部分，其一，以傅家为代表的清朝时期迁移到丰沙里的贺人；其二，法国人进入丰沙里之后，到丰沙里镇上谋生的中国人，他们曾经是丰沙里华侨帮的成员。

（一）以傅家为代表的丰沙里贺人

1. 从水河村到丰沙里镇

丰沙里傅家曾是唯一一个与老挝王朝中央政权有联系的地方政权组织，也是一个被地方民众公认的权力世袭家族。傅家及其跟随者大致于清朝咸丰帝后期或同治帝前期迁移至丰沙里地区，此时，这一地区并无较明确的国家地域归属，地方势力根据自己的利益归属某一王朝的势力范围，以此来稳定自己的统治地位。傅家为稳固和证明自己的地位，一个有趣的碑刻文字流传了下来，如图3-1。该碑刻所示为："皇清诰封六猛叭雅猛正堂傅公"，受封时间为同治乙丑年（1865年）九月。经过考证："叭雅"是19世纪泰国统治下琅勃拉邦和占巴塞王国封各地贵族赐予爵位时的封号之一。当时，各地的爵位先为毕亚（Pia）某某，然后又晋级为坤（Khun）某某，此后又晋级为銮（Luan）、拍（Phra）、查敏（Chamun）、披耶（Phya），最高爵位是昭披耶（Chao Phya）。[①]"叭雅"与"Phra"的音相似。傅家公曾被老挝王赐名"松浦""叭雅松浦"，这是傅家公的老挝封爵名号。傅家人自称原来有一份泰国文字的委任书，现已丢失。碑

---

① ［泰］姆·耳·马尼奇·琼赛:《老挝史》，厦门大学外文系翻译小组译，福州：福建人民出版社，1974，第217页。

刻是根据该敕封书篆刻而成，该碑还保留在丰沙里本代县的水河村。傅家后人对该碑文的解释为："我们的祖宗来到这里，受到清朝皇帝的敕封，也得到了老挝国王的委任。"一个混合体的碑文说明了法国人进入之前，这一地区并不存在国与国之间的边界，区域归属是模糊和松散的，它既属于中国清政府王朝，也属于当时的琅勃拉邦王国。

图 3-1　傅家封号碑文
图片来源：原图由傅宝金提供。

这一时期，当地的贺人百姓依附于傅家，受到傅家势力的庇护，如遇到事情会说："我们是傅家的百姓。"傅家的势力范围有多大很难考证，不过，跟随傅家居住于本代县水河村的贺人曾经多达200多户，是法国人进入之前贺人最大的寨子。被敕封的"叭雅猛正堂傅公"很可能是移民至丰沙里水河村的第一代贺人，根据碑文所示，傅公原是思茅景东县人士，生于道光乙未年（1835年）六月，封爵时为30岁。他的第四代孙为丰沙里有名的傅家四少爷，便是老人们口中的大少爷、二少爷、三少爷和四少爷。图3-2中的四个男孩便是四位少爷，该照片拍摄地点在水河寨，由一位法国人拍摄，时间大概是20世纪初期。

丰沙里于1893年被泰国划归法属越南，勐乌和乌德在1895年被中国划归法属越南。而法国势力进入丰沙里的时间是20世纪初。在丰沙里省政府编写的资料《党领导下的丰沙里历史和文化》①一书中记述道：1915年，法国人从越南奠边进入老挝，在丰沙里设立军区。在法国军队进入丰沙里过程中，曾受到反法游击队等的小股武装力量的抵抗，由于

---

① 老挝文资料，2003年编写，丰沙里省政府内部资料，由薄苏丽翻译。

力量过于悬殊,并未对法军造成冲击。

丰沙里小镇地处高地,气候凉爽,水源良好,成为法国人驻军生活的地方。殖民者带着越南工人在丰沙里小镇上建房、修路,并雇佣傅家大少爷和二少爷来协助管理和收购鸦片。法国殖民者在此地并无更多的经济来源,鸦片是其政府主要的收入来源之一。由鸦片贩卖构成的经济网络几乎被法国人全部接管和控制,贺人和当地的各民族对此敢怒而不敢言。殖民政府在丰沙里镇上设立小学,经营鸦片生意,市场效应吸引了越来越多的人到此地谋生。20世纪20年代,傅家老爷在一次火灾后生病逝世,30年代初,傅家大少爷和二少爷携妻儿举家从水河搬迁到丰沙里镇。之后,很多水河的贺人效仿傅家陆续搬迁到丰沙里小镇上谋生。丰沙里在20世纪中后期成为贺人最多的小镇。

图 3-2 20世纪初期,傅老爷一家在水河寨

图片来源:原图由丰沙里贺人李贵莹提供,她曾为一位来丰沙里调查的法国学者当翻译,图片由法国学者赠送。

2. 关于迁移的时间和原因

以傅家为代表的贺人何时何因从中国迁移至丰沙里？我们可在家谱和口述中寻找线索。调查中，我们只寻到魏家和毛家的家谱来证明他们进入丰沙里水河村的大概时间。

毛阿生提供的毛氏家谱重新编制于2008年9月9日，由在万象的毛阿胖、毛阿生等重编。毛阿生生于1944年，与两个儿子居住于丰沙里县城。根据毛氏家谱记载：毛氏先祖为湖广人士，清朝道光帝时期，被流放到云南新平。毛氏太祖爷于道光十三年（1833年）出生在新平下谷麻辣接村，太祖爷的子女生在太阳坡、辰河、董棕山等不同的地方，他的重孙毛老撒，即毛阿生的伯父，生于光绪二十六年（1900年），是在丰沙里水河境内出生的第一代毛氏子孙。此后，毛家子孙都是在老挝境内各地出生。①

魏长生是丰沙里贺人族群中德高望重的老人，1941年出生于丰沙里本代县水河村，他提供的魏氏家谱是他自己抄写留存的手稿，大致内容是：魏家开山老祖为魏向山，原籍中国云南省景东府川河大者基，后迁居至老挝丰沙里省本代县水河村，定居后辈字有向、元、之、昌、大、有、慎、成、开、起、学、照、品、祥。魏向山生三子，长子元华，生于光绪壬辰年（1892年）冬月七日。元华生之修，之修生大荣，大荣生大发，大发生有明等三子，有明即是魏长生。魏长生是魏向山的第五代孙，根据家谱推算，魏向山大概是在19世纪中后期迁居至丰沙里。

傅家的家谱在家宅起火时被烧毁，而傅家与魏家祖上均为思茅景东县人士，两家一同迁移至丰沙里水河村寨。2019年2月，魏长生和侄子在聊天时，说起一段魏家和傅家祖先的故事。

> 我们魏家老祖和傅家老祖一起翻山越岭来寻活路，走着走着，

---

① 因为其家谱记录的中文表述不甚清楚，一些记述很难辨别。

前面遇到一条河，傅家老祖身体不好，过不了河，是我们魏家老祖背起傅家老祖，才蹚过大河的。傅家老祖非常感激我们魏家老祖，傅家老祖说："以后有我一碗油吃，也少不了你家的一份。"……后来，我们两家人经常结亲，我娘娘就是他们魏家的媳妇。（魏长生，78岁，丰沙里，2019年2月28日）

根据魏家和傅家的一段渊源以及傅家碑文，大致可推断他们到丰沙里水河村安家的时间是19世纪60年代，清朝咸丰末年或同治初年。这段时期，云南发生了与太平天国运动相呼应的反清大起义，其中规模最大、影响最深远的两支队伍是杜文秀起义军和李文学起义军。1857至1872年，清咸丰七年至同治四年，杜文秀在大理起义，在滇西一带建立政权。1856年四月，彝族李文学领导反清起义，这次起义延续20年，起义活动的中心地区在云南哀牢山脉上段，即今巍山、弥渡、南华、楚雄、双柏、景东、镇沅等七县的大部分或一部分地区。① 从傅家的碑文中可推断出，傅家为首的贺人对清朝政府有一定认同感，迁移到老挝的原因很有可能是逃避战乱。当然，迁移至水河的贺人前后不一，也不排除有少数杜文秀或太平天国部队的逃兵。

泰国学者姆·耳·马尼奇·琼赛撰写的《老挝史》中，记录了一段太平军起义失败后流散的武装力量逃散至中国、越南东京②和老挝北部交界山区的历史。琼赛把这些太平军称为贺人，他们两次入侵琅勃拉邦和泰国。1872年，贺人入侵琅勃拉邦，1874年占领万象，之后被泰军击退，太平军向北边撤退，退至越南领土之内。1885年，贺人第二次入侵，1886年，贺人便逐步被打散，一部分和越南将领刁文池结盟，抵抗法军。1889年，刁文池也被法国人控制。书中提到，刁的后裔逃至老挝。

---

① 蒋中礼：《太平天国革命与云南反清起义》，《云南社会科学》1992年5月。
② 东京（越南语：Đông Kinh）指越南北部大部分地区。

琼赛最后一次遇见他们时，他们住在乌再①。乌再位于老挝乌德县境内。国内学者何平教授的《历史上迁移老挝的云南人》一文指出：杜文秀起义失败后，许多参加起义的（回民）逃到东南亚各地，除了逃亡到缅甸和泰国以外，还有一些人逃到老挝②。与老挝乌德比邻的易武镇目前还有清朝时期的清真寺残破遗址。

水河的贺人们对祖辈迁移到老挝的原因有大致统一的说法，即："我们的老祖宗是赶着马来呢！……我们水河汉家大部分是做生意过来的，逃难来的是少数。""走马帮，做生意"是贺人迁移至丰沙里的主要原因之一。《新纂云南通志》记载道："光绪二十二年，云贵总督崧蕃、云南巡抚黄槐森奏准：于十一月二十九日开关于思茅城，设立正关于东门外，永靖哨设立查卡，易武、勐烈各设分关。"③1922 年，民国十年，茶商新开通易武经老挝丰沙里省的乌德至越南莱州的驿道。④这条滇越茶马古道穿过丰沙里，走向为宁洱、思茅、易武、老挝丰沙里、越南奠边、越南莱州至河内，从越南海防再转向南洋或香港⑤。丰沙里境内的茶马道路纵横交错，许多贺人村落便是这马帮道路上的聚落。

（二）丰沙里镇上的越侨和华侨

1. 越侨

1915 年，跟随法国人从奠边府来到丰沙里的越南工人，可能是最早进入丰沙里镇定居的越南人。他们在法国殖民者的管控之下修路建房，因穿蓝色的粗布衣服，被当地人叫作"蓝兵"。"蓝兵"中大部分人是越

---

① ［泰］姆·耳·马尼奇·琼赛：《老挝史》，厦门大学外文系翻译小组译，福州：福建人民出版社，1974，第 252 页。
② 何平、饶睿颖：《历史上迁移老挝的"云南人"》，《思想战线》2009 年第 4 期。
③ 牛鸿斌、文明元、礼春龙、刘景毛：《新纂云南通志》（七），昆明：云南人民出版社，2007，第 143 页。
④ 李浩、余少剑、刀易学：《易武 普洱茶的易武时代》，《中国文化遗产》2010 年第 4 期。
⑤ 周建新、杨璐：《跨国道路与族群发展——基于老挝贺人的田野调查》，《广西民族研究》2020 年第 4 期。

南华侨，说中国话。20世纪30年代，很多"蓝兵"的家属及一些越侨搬迁至丰沙里镇，在贺人汉庙的旁边建起了一座越侨小庙。据说，越侨最多的时候将近200户，加上本地贺人和华侨，已有400多户人家生活在丰沙里镇上。本地贺人、华侨、越侨语言相通，风俗习惯相似，他们比邻而居，和睦相处。现今，越侨的小庙早已掩埋于三尺黄土之下。1957年，美国支持的老挝右派进入丰沙里，对越侨进行迫害和暗杀，大量越侨撤回了越南，少数滞留在丰沙里的越侨已逐渐融入当地贺人或普内人的族群之中。

伊苏，又名梅梅，1942年出生，父亲是越南人，1938年被法国人抓到老挝修路，母亲为当地普内人。1957年，父亲带着母亲和姐弟三人一起回到奠边府，在越南不到两个月，其中一个弟弟病逝。伊苏的母亲非常伤心，决心回到丰沙里生活，父亲只能带着家人返回丰沙里，以华侨身份安家。

人们关于越侨的记忆逐渐褪去，而一种美味的节庆食物却保留了下来，那便是酥果和嘛蛋。越侨善于做糖果和油炸食物，每逢春节，做一种叫作"酥果""嘛蛋"的小食物，送给左邻右舍。大家都觉得香脆可口，向越侨请教做法，越侨们把这种做法教给了当地的人们。解放后，越侨走了，但是丰沙里流传下了一个风俗，那便是，过节的民族给不过节的其他民族朋友送名叫酥果和嘛蛋的小吃。

2019年1月29日，春节前夕，80岁的杨阿诺大妈跟我讲述嘛蛋和酥果的往事："我们丰沙里以前不产面粉，这些东西要掺着面粉才做得出来。以前，我们小时候没有吃过嘛蛋和酥果，家里不会做，我长大一些，帮我家隔壁的一家越南人做嘛蛋和酥果，后来才学会做的。原来我们汉家过年做的是落地松粑粑，是用糯米粉混着瓜子和芝麻做的粑粑。我们这里的人做嘛蛋和酥果，普内人也不会做那种东西，都是从越南人那里学来的。现在么，家家都会做了。"

图 3-3　酥果
图片由笔者拍摄。

图 3-4　嘛蛋
图片由笔者拍摄。

嘛蛋和酥果的做法：原材料有鸡蛋、面粉、白糖、米浆。把米浆煮熟，放凉后倒入面粉中，再加鸡蛋、白糖搅拌，揉搓成面团，再用擀面杖擀成厚度约 0.5 厘米的面饼，切成条状，放入锅中用油慢炸，做成嘛蛋；酥果的形状像饺子，面皮的制作与嘛蛋相同，把面皮擀成圆形，面皮中放入芝麻、花生和白糖作为芯子，入锅慢火煎炸，变为浅黄色便可出锅，冷却之后装袋保存，可保质 1 个月左右。（如图 3-3、图 3-4）

2. 华侨

19 世纪结束的时候，老挝作为一个国家实体出现[①]。历史学者格兰特·埃文斯认为，使老挝成为一个国家实体的主要推动者是法国人。法国殖民者进入老挝后，用欧洲民族国家的标准推动着领土扩展和确立，其中，边界的划分和国民身份的确立是两件必要的事情。

关于法国殖民时期的户籍登记事件大致能从泰国学者姆·耳·马尼奇·琼赛的《老挝史》中找到线索，根据 1893 年 10 月 3 日法国与泰国签订的条约，法国人占领从泰国取得的湄公河以东的领土。法国人的野心不只是占领老挝领土，吞并泰国也在其殖民计划之内。于是，法国一

---

① ［英］格兰特·埃文斯（Grant Evans）：《老挝史》，郭继光、刘刚、王莹译，上海：东方出版中心，2016，第 1 页。

吞并老挝就宣布居住在泰国的所有老挝人都是法国籍民。[①] 为达到殖民泰国目的，法国虚化泰国政府政权，法国的籍民登记制度为登记法国籍民提供特别权力，不受泰国法律约束，几乎没有准入规则，只要愿意便可以登记成为法籍公民。这一制度在安南人、柬埔寨人和中国人当中推广[②]。这样户籍登记从1893年开始到1907年结束，持续14年。实际上，这样宽松的户籍登记政策一直在丰沙里农村地区执行，直到法国人离开。

> 我们家在一个小山村，20多家人的小村子，离中老边界不远。我是1945年生的，我爸爸生于1925年。……法国在的时候，法国人不问你是怎么来到老挝的，村长管我们，他把名字登记上去，我们就成了老挝人。法国人1953年走的，我们是1951年到的老挝，他们来登记，我们就成了老挝人，也没有给我们什么登记的证明。（熊宝荣，74岁，孟塞，2019年1月24日）

与丰沙里农村地区不同，丰沙里镇上的人口管理制度较为严格，法国殖民者把一些从中国、越南等地进入丰沙里定居的华侨划入华侨帮。这些华侨包括云南人、广西人、广东人、海南人和潮州人等，他们精明能干，识文断字，因政治避难和生意经营来到丰沙里谋生。法国殖民者撤出丰沙里之前，华侨由帮长管理，非本地居民，本地的贺人由乡长和村长管理，属于有当地户籍的居民。1953年，老挝革命军在越南部队的帮助下打败法国殖民军，越南干部带领老挝干部治理丰沙里，他们认为华侨和当地贺人都应该归为"华侨"，丰沙里镇上的贺人与华侨合并，统一管理。1957年，美国支持下的老挝右派政权进入丰沙里，越南干部

---

① [泰]姆·耳·马尼奇·琼赛：《老挝史》，厦门大学外文系翻译小组译，福州：福建人民出版社，1974，第360页。

② [泰]姆·耳·马尼奇·琼赛：《老挝史》，厦门大学外文系翻译小组译，福州：福建人民出版社，1974，第263页。

被暗杀，越侨被驱逐。右派政府上位，把当地贺人和华侨分而管之，恢复法国统治之前的划分。1958年，丰沙里华侨理事会成立，直到1976年，老挝解放后宣布解散。1975年，丰沙里县城的贺人大概有200多户人家，包括42户华侨。实际上，在分分合合、战乱纷争中，贺人与华侨已经水乳交融，不分彼此了。

> 我父亲是广西樊城人，15岁到越南谋生，1935年，我父亲30岁，他从越南奠边到老挝丰沙里，在丰沙里娶到我妈妈，之后，在这里生活。我们以前生活很苦，平时耕田种地，农闲时候，父亲带着我们到乌德的磨扫驮盐。从丰沙里到磨扫要走四天的路。从丰沙里到本奴一天，本奴到勐哎一天，勐哎到勐松，勐松到乌德一天。……我父亲名叫谭正成，1958年，丰沙里华侨理事会成立，我父亲被选为副会长，正会长是一个姓林的海南人，80年代去美国，现在已经去世了。还有另外一个副会长也是海南人。1975年，老挝解放后，我、何玉华、陈德伦等接班，继续办着华侨理事会，但是，1976年后理事会就宣布解散了。那时候，我任职还不到两年，登记在名册上的华侨人数是42户。我1979年开始申请加入老挝籍，但是由于原来的身份影响我加入老挝籍。我的申请要老挝大使馆批准，我曾经多次到万象办理入籍的事情，经过5年的审批和申请，最终，才得加入老挝籍。（谭光华，1937年出生，82岁，丰沙里家中，2018年9月11日和2019年1月28日）

三 政权更迭下丰沙里贺人的生活

法国殖民者离开之后，丰沙里与老挝国内政局一样动荡不安，左派、右派和中立派势力轮番上场。丰沙里老百姓的生活环境在动荡的政权斗争中变得非常脆弱，正常的生活时常被战争和混乱的政局扰乱，炸弹、出逃和一些老挝共产党红色教育的记忆是大多数老百姓的记忆。要理解丰沙里贺人的"礼信"文化，理清这一段历史背景是必要的。

1953年，老挝革命军在越盟军队的帮助下，把法国殖民者赶出了丰沙里。然而，老挝政局是不明朗的。1954年，代表老挝王国政府政权的首相卡代写出了名为《老挝：东南亚反共产主义斗争中的完美基石》的小册子，显然直接迎合了美国的心意与思想。[①] 老挝亲美的形象使中老边境关系一度紧张。1954年至1961年间，中国政府封锁中老边界，老百姓的生活受到极大影响，日用物品和布匹等商品非常缺乏。贺人马帮停止从江城进货到丰沙里售卖的经营活动，改为到本奴县购买私人飞机运来的泰国货，转而零售。由于货物的数量较少，价格较高，一般的百姓较难承受，一些马帮经营也受到影响。出生于20世纪30、40年代的老人们在这一段时期正是青春年少之时，他们关于青春的回忆停留在这个时空之中。以下一段关于何老太的青春往事，从一个侧面反映当时丰沙里贺人的日常生活状况。

何玉华，女，1936年出生于江城县。何家曾是江城县的地主，也经营一些马帮生意。何父在江城有一妻三妾，何玉华已经记不得自己是哪个妈妈生的了。何玉华在江城读过三四年书，80多岁的她还能书写一些中文。何父命中少子，养活的只有何玉华和她的姐姐。1948年，中国革命风起云涌，何父为形势所迫，只带着12岁的何玉华来到丰沙里，以华侨身份定居于丰沙里，又在此地娶妻过活，继续经营马帮生意，偶尔到边境探听消息。1949年，中国解放，断了何父回家的念头，何父又在丰沙里娶了三个老婆。

---

① ［英］格兰特·埃文斯（Grant Evans）：《老挝史》，郭继光、刘刚、王莹译，上海：东方出版中心，2016，第88页。

20世纪50年代，玉华出落得亭亭玉立、落落大方，是贺人村落里的一枝花。她能说会道、勤快能干，是家里的一等帮手，会种菜、做酱、做酒，会养鸡养猪，还会杀猪。她也是各种活动中的积极分子，唱歌跳舞不在话下。喜欢她的，想和她结亲的人家很多。何父是一个精明的人，他想为自己在老挝的唯一女儿挑一个持家的好女婿，不给他女儿受气。

李长有是墨江人，十一二岁跟马帮赶马。一次，马帮在丰沙里地界休息时被法国人发现，法国人把马帮人员枪杀。李长有因去拿马草便逃过一劫，法国人见他年纪尚小，人还聪明伶俐，便把他抓到兵营中当仆人。李长有当了几年仆人后，为自己谋到了一个在法国人开的大烟馆打杂的差事。大烟渣还可以再次提炼出一些鸦片，为了给自己积攒一点财富，他悄悄地把人们抽过的烟渣收集起来，把收集好的烟渣一次又一次地送给何父，何父内心慢慢重视起了这个小伙子。独身一人无父无母，聪明持家，勤快能干，何父认为他是一个可以让女儿托付终身的人，便把女儿许给了他。李长有的长相并不出众，玉华并不太喜欢他。对于这桩婚事，她非常抗拒，她心里可能有喜欢的人。李长有向何家提亲之后，一天，玉华拿着一根绳子跑到小学校的后山，幸好被一位罗姓老师看到。罗老师会中文、老文和法文，也是镇上的年轻俊杰。罗老师看到玉华表情和举止奇怪，便赶紧追上她，问她缘故。玉华跟他道出了自己对婚事的不满，想一死了之。罗老师也是一个能说会道之人，在罗的劝说下，玉华放弃了寻死，回到家中，遵循父意，嫁给了李长有。玉华婚礼的第二天早上，长有家的门口放了一堆牛屎，上面插着一支鲜花。

结婚后，李长有对何家一心一意，跟着岳父走马帮。法国人走了以后，1953年至1960年间，中老边境封锁了。他们只能改变路线，从本奴买些货物零售，然后，又从勐乌拉些盐巴回来卖。生意清淡，勉强能养家糊口。

能干的何玉华曾任华侨理事会的妇女主任,1964年,作为华侨代表,被中国政府邀请到北京,参加国庆观礼仪式。在返回丰沙里的路上,她在政府的帮助下,到墨江帮丈夫找到了失联多年的亲戚,到江城找到了自己的姐姐。此后,他们一直保持着联系。

(上述故事经过多次访谈收集资料,主要根据何玉华和伊苏两位老太太的讲述整理而成。)

1957年,老挝左派和右派协商达成妥协,在丰沙里组织联合政府,共同管理丰沙里省。当时的联合政府一共有14个部门,左派占4个,其余都为右派,省长是老挝人民革命党(左派),军区司令为国王政府(右派),亲美的右派势力掌握着实权。1960年8月,一个名叫贡勒的伞兵营长在万象搞政变,向世界宣布老挝中立,这就是著名的贡勒政变。以此为契机,北部的省份宣布中立。在丰沙里,以砍温普法将军为首的爱国阵线宣布丰沙里中立。砍温将军先到勐腊,联合中国共产党势力,然后,到中国昆明谈判,请中国支持老挝革命党。他在谈判中强调:"丰沙里的中立派是联共反美的!"1961年,中国在丰沙里建立外交理事馆,主要负责中方援助老挝的项目。此后,中国在物资方面给予丰沙里大力支持,比如:在中国工程兵的帮助下修建了从勐腊到丰沙里的公路,以及丰沙里城区中主要的两条街道等。

丰沙里贺人积极地参与到老挝革命运动中,积极支持中立派的工作。傅宝金是为笔者提供重要历史线索的访谈对象,他是傅家三少爷的儿子,1939年出生于丰沙里本代县水河村,曾任丰沙里对外办事处主任,革命时期跟随中立派工作组到昆明工作。

以前,我们丰沙里人读书都是断断续续的,不像现在可以连续读出来。我1952年之前读法文,1953年战乱没有读书。1954年,丰沙里建起华侨学校,1954年至1956年读中文。1957年,右派回来后,又转回去读法文,读法文时候的课程有法文的语法、作文、地理、自然,老挝文一个礼拜只上三节课。那时候上学天天要背书,晚上不得出去玩。

丰沙里1960年政变,丰沙里政党宣布中立,没有政府了。我们小学毕业没有组织考试,所以当时没有毕业证。1961年,我20岁出头,会汉语、法语和老挝话,参加工作,跟着工作队到昆明,与中国人谈援助事宜。1962年,我在昆明工作了一年,1963年从昆明回到丰沙里。回来的这一年,我才参加了小学毕业考试,当时毕业证要到万象拿,所以丰沙里给做一个证明(见图3-5),这个证明还是法文做的,因为,1961年之前,老挝政府公文都用法文。初小毕业和高小毕业的毕业证书,各有一份。(傅宝金,1939年出生,80岁,孟塞,2019年3月)

图3-5 傅宝金的法文小学毕业证书
图片由笔者拍摄。

老挝中立派争取到中国政府帮助的同时，也获得了越南共产党的帮助。1961年，越南在丰沙里设立办事基地，即"经济文化代表团"。

我的爸爸是越侨，妈妈是丰沙里普内人。我的老公是教书先生，叫罗曙容，会中文、法文、老挝文和越南文。因为我会越南话，越南人来这里搞越南领事馆（实际上是经济文化代表团）时候，领导安排我去给越南人煮饭。他们大概在了七八年。他们走后，我被调到缝衣组工作。（梅梅，又名依苏，1941年出生，77岁，丰沙里，2018年9月13日）

1961年至1975年间，砍温将军在丰沙里的影响力很大，他思想进步，会读法语版的《毛泽东文选》，他学习毛泽东思想，在丰沙里搞破除迷信运动。有一段时间，丰沙里各族人民不能搞迷信活动。贺人们停止了所有"礼信"活动，不准拜神桌，不能上坟，丧葬一律从简，不请先生，不挑日子，死人在家里只停留一天，次日便送上山掩埋。所有的节日被取消，结婚仪式上也不杀猪，只是吃点瓜子、花生等简单的食物，大家一心一意搞劳动生产。此外，在当权政府和中国大使馆的支持下，华侨理事会在不定期组织学习毛主席语录，人们可以自愿参加。中国外交领事馆的工作人员免费给人们发放中文书籍，包括毛主席语录和小学课本。出生在20世纪50年代现年60多岁的老人们，在青少年时期曾经参加过中国大使馆协同丰沙里华侨理事会共同办的夜校，由大使馆的工作人员教授汉字，咏读老三篇和毛主席语录。

1967至1968年间，在丰沙里乌德县的境内发生了一次以贺人为首的叛乱，称石膏河叛乱。马梨头、五宝寨等山区的贺人百姓受到美国势力的挑拨，反抗丰沙里的巴特寮部队。美国人给这些地方的老百姓空投枪支、弹药和钱物，用无线电广播联系关键人物，让其组织人员，反抗丰沙里政权。傅宝金作为民运工作队长参与了叛乱的平定活动，在他的努力下，四五十个贺人叛乱头子放下武器，向丰沙里巴特寮军队投诚，叛乱得以平定。美国想在老挝的后院烧一把火，但是阴谋落空。其间，美国在老挝进行了疯狂的轰炸。丰沙里被炮火摧残，原来的达来维来市场被炸毁，百姓们经常逃到山里避难。

> 傅宝金的妈妈以前是煮酒熬酱卖，他妈妈做的酱油最好吃。何玉华家也是煮酒熬酱的，她爹以前在外寨，一个叫会苏的地方在着呢。以前，我们逃难的时候也去过那个地方。美国来打的时候，去那里躲难，在了几个月，又回丰沙里。逃难回来后，发现现在打球的那里（原达来维来的市场）被炸出一个大坑，球场台阶下也被炸出一个大坑坑。我家就在旁边。我还记得，美国人来炸的那天刚刚是越南干部搞联欢晚会，他们还没有开始搞，下午的时候，美国飞机便来炸了。我爹我妈领着我就跑到山里躲起来了。越南干部被炸死了几个。（傅宝金妻子，李老太，1940年出生，79岁，孟塞，2019年1月27日）

1975年，解放之前的丰沙里得到中国政府的大力帮扶，浸润在中国共产党红色政权氛围中的贺人们，感受到的是自己族群文化与中国文化相似而体现出的一系列优越性。而这一优越性在解放之后的短暂时间内，因老挝采取向苏联、越南"一边倒"的外交政策而急转直下消失殆尽。

第二节　丰沙里贺人与当地其他族群

丰沙里省博物馆的英文图表资料中显示，2005年，丰沙里省的民族村落和人口数为：瑶（Mun/Yao）27个村庄，5964人；苗（Hmong）15

个村庄，4638 人；罗罗（Lolo）5 个村庄，1514 人；毕（Bit）7 个村庄，970 人；傣泐（Tai Lue）76 个村庄，14315 人；傣当（Tai Dam）22 个村庄，4666 人；傣灯（Tai Deng）9 个村庄，1999 人；傣杨（Tai Yang）12 个村庄，2762 人；傣呐（Tai Neua）3 个村庄，726 人；普内族（Phounoy）113 个村庄，25312 人；贺（Ho）39 个村庄，7562 人；克木族 178 个村庄，35612 人；佬族 35 个村庄，2568 人；阿卡分为 7 个支系，93 个村庄，共 23730 人；哈尼（Hani）2 个村庄，717 人……其中，克木和阿卡主要分布于孟迈县（May district）、孟夸县（Khua district）和桑潘县（Samphanh district），傣族主要分布于乌德县和本奴县，贺和普内主要分布于丰沙里和乌德县。

老挝地方行政管理分三级，省（市）、县、村。丰沙里县共有 69 个行政村，4654 个家庭，人口为 22917 人，女性人口为 11350 人。2017 年开始，丰沙里省府的行政办公区逐步向本奴县迁移，目前大部分行政办公区已搬迁完毕，还有部分军队部门和福利单位未搬迁。丰沙里县城的人口数量减少，目前大约有 7000 城镇人口。该城区由丰沙里（Phongsaly）、达来维来（Talartvilai）、哇叫（Vatkeo）、普法（Pufa）、森沙里（Sensaly）、久勐（Jommuang）、棚给而（Phonekeo）、丰沙安（Phonesaart）、洪沙万（Homsavang）9 个连成片的行政村组成，村与村之间以政府行政划分为界，其边界隐形于道路和各个民族的交往之中。法国殖民者进入之前，丰沙里村是县城的第一个村庄，法国第五军事区的设立催生了城镇的发展，随后，在行政中心到哇叫寺庙周围人口逐步增多，随之在丰沙里村周围出现了达来维来村（Talartvilai）、哇叫村（Vatkeo）、普法村（Pufa）、森沙里村（Sensaly）。这五个村落的城镇规模直到 20 世纪 90 年代末才因老挝农村发展政策的实施而得到发展，在政策的推动下很多普内人从山区搬迁到集贸市场到汽车站这一段的新城区，即久勐（Jommuang）、棚给而（Phonekeo）、丰沙安（Phonesaart）、洪沙万（Homsavang）四个村庄。

从城镇的发展史来看，普内、贺是居住最久的民族，也是人口数量最多的两个民族，其次为克木、阿卡、佬、傣等民族。这些民族交错杂居在城镇的各个村落之中，平等交往，和睦相处，关系融洽。

一　丰沙里的贺人

（一）居住环境

丰沙里，又名兴西里（Singxily），该名源于这里的原住民族普内人的又一族名，兴西里族。1915年，法国殖民者到丰沙里县城设立第五军事基地之前，这里只有一个普内人居住的村子，即丰沙里村或兴西里村，包括现今省政府办公楼至丰沙里宾馆一带。丰沙里的老人们说，法国人喜欢这里凉爽的气候和甘甜的水质，因而在此驻军。丰沙里县城，位于普法山（Phou Fa）主峰西南坡上，周围群山环抱，属高海拔低纬度地区，年平均气温20℃，冬无严寒，夏无酷暑，气候凉爽宜人，可谓是热带凉都。丰沙里县城的街道、房屋依山而建，顺山延伸的道路高低不平，红黄色屋顶铺在斜坡上，层层叠叠，错落有致。城区街道最高处是五条道路交会的圆形街心地标，旁边包围着丰沙里中学、警察局和省政府办公楼等单位楼房，这里是丰沙里的行政中心区。以圆形街心为地标，县城规模向东南和西南呈扇形扩开，西边的街道穿过贺人较为集中的哇叫村，与通向哈撒水库的公路连接，向东的街道与曼丰公路相连，通向本奴县，沿着出城的曼丰公路从行政中心区到县城边的汽车站大约是3公里路程，这里属于新城区，包括了新建的丰沙里集贸市场、简易机场改建的足球场和棚给而缅寺。从圆形地标向北走的一条路通向普法山顶公园，山顶有建成于1999年的一座白塔和一尊菩萨造像，站在山顶，丰沙里小城尽收眼底（见图3-6）。"普法"（Phou Fa）是山中大山，海拔1625米，山名源于普内话，"普"为山，"法"为天，即"天山"，山高入天，因此而得名。

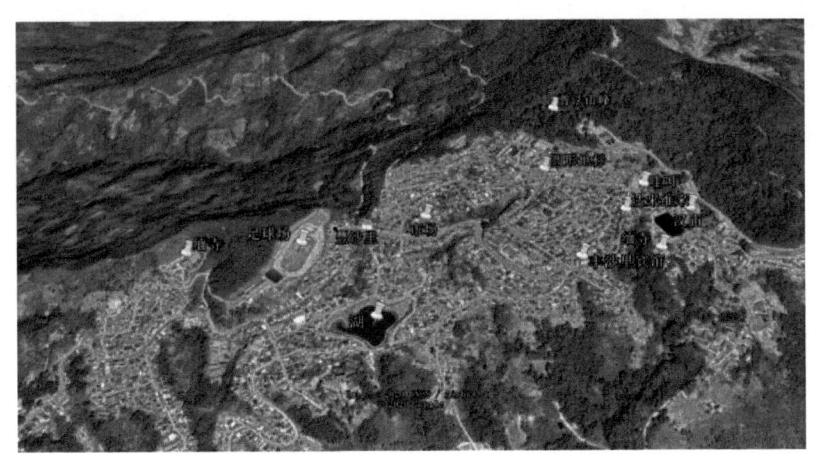

图 3-6　丰沙里县城位置示意图
图片来源于 Google Earth APP，作者根据丰沙里县城位置标识地标。

普法山中泉水常年涌流，形成奔流而下的两条小溪，一条穿过哇叫村和达来维来村，是汉庙和缅寺之间的人工鱼塘的水源；另一条穿过普法村和丰沙里村，是小湖的水源。普法山似有神性，贺人把它叫作"竜山"，一些老年人认为山中有龙脉通向 13 公里外的龙井村。龙井村是一个普内人的村子，因有 400 多年的古树茶园而闻名。高山云雾出好茶，丰沙里的气候和土壤非常适合种植大叶种茶，茶叶品质优良。丰富的茶叶资源培育了当地茶叶企业的发展，同时也吸引了中国、马来西亚等国家企业资本的流入。1999 年，中国民营企业开始在丰沙里投资建厂，2005 年马来西亚茶厂与丰沙里政府签订合同，建厂立寨。截至 2015 年，丰沙里县有 35 家制茶单位，包括茶厂、初制所和家庭作坊三类①。

2019 年，丰沙里县城内有 116 户贺人②，500 人左右，约有 70% 居住于达来维来和哇叫村。"达来维来"意思是"热闹集市"，达来维来村的篮球场原是丰沙里县的市场中心，解放之后，迁移到丰沙里大酒店前

---

① 郭静伟：《多形式资本的交织与茶的跨国流动》，博士学位论文，云南大学，2016 年。
② 该数字是 2019 年为"团结饭"凑钱的丰沙里贺人家户人数。

面的空地上，2006年搬迁到位于洪沙万村的集贸市场，这里现在是连接老城与新城的中心地带。丰沙里宾馆至达来维来小篮球场的街道两边矗立着贺人传统的房屋，这里目前是丰沙里省旅游局用来宣传的一条特色街道。这条街也被贺人叫作"毛主席路"。1964年，中国工程兵第一次把这条街道从泥土路变成了柏油路。贺人传统的房屋以木头为梁为墙，以石棉瓦或土瓦片盖顶，一般为二层小楼。"毛主席路"从西到东横穿普法山腰，路面平缓，而普法山的坡度留在了贺人的小楼里，房屋顺山坡而建，充分利用了大山的坡度，靠普法山顶的一方为路上方，路上方的房子，一楼为临街铺面和厨房，二楼为卧室。路下方房子的二楼与道路平齐，为铺面和卧室，一楼为坡下方，一般建为厨房。贺人房子的空间格局适合于居家经营，未改建过的老房子都有售卖窗口，或者是可移动的落地木板墙面，做生意时可把木板移开，里面便敞敞亮亮。现在，很多家庭临街的铺面都改造成了自家的客厅，继续留在这里经营店铺生意的人家不到十家，包括三家杂货铺、四家米干店、一家蛋糕点和一家缝纫店。传统的房屋并没有主、客卧室的区分，每家必须供奉的神台位置也因自家的方便而设置于不同的位置，有的设置于客厅，有的设置于卧室外的楼道上。房屋的格局把生活空间和经营空间混为一体，人们一边可以照看家庭，一边可以营商赚钱，很符合小商品经营者的需求。随着社会的发展，贺人老街上旧式的老房子逐步被翻修、重建，街道的面貌在不知不觉中慢慢改变。

（二）社会组织和经济状况

丰沙里县行政村与族群的管理是交织在一起的，村内的社会组织一般分为正式组织和非正式组织，正式组织的设置即为1位村长、2位副村长、7位小组长、1位妇女主任；非正式组织是"老人会"。"老人会"由县级统战部门直接领导，不定期召开会议，各族群代表参加会议，它是跨村寨的族群组织，按照族别设置，丰沙里有普内、克木和贺人共三个"老人会",一般由政府退休的公职人员担任其领导,辅助村长的工作,主要负责搞好民族关系,以及在节庆时组织族内的集体庆祝活动。丰沙里的贺人有罗、傅、魏、廖、李、张、赵、毛、杨、马、胡、刘、谭、艾等21个姓氏,族内并没有较大的占人口数量优势的姓氏家族。杂合姓氏的贺人社会以拟亲属关系为基础维持较紧密的社会关系,同龄群体组成的"兄弟团"和"姊妹团"类似于中国乡村社会中的宗族组织。(详述见第四章第三节)

老挝经济发展落后,城市化水平比较低,丰沙里没有工业,居民从事商业和农业。贺人的祖辈是赶马营生之人,大多数人善于经商,老人和村长们介绍,这里80%的贺人都在做生意,生意的规模从小摊贩到开办茶厂或建筑公司不等。茶叶是丰沙里经济发展的主要支撑,目前丰沙里有40个茶厂,其中有15个由贺人开办。1988年,中老恢复正常外交关系之后,贺人利用地缘和语言优势,很快占领丰沙里小商品百货市场,在低买高卖中赚取利润。丰沙里集贸市场中,60%的小商店都由贺人经营。日常生活中,人们的职业较为灵活,很难用单纯的某一职业名称去定义某个人,如果利用调查问卷把他们的职业进行归类,必定会出现很大偏差。贺人的话语中可以用"做(发音为'zu')活计"囊括所有谋生的劳动或职业,"做活计的人"大致可以分为"公家人""公司人"和"自家做活计的人","公家人"指为政府工作的公务员、银行职员、教师、警察等;"公司人"是指服务员、翻译、建筑工人等打工者;"自家做活计的人"包括自家经营茶厂、建筑公司、做各种小买卖和各种农业劳动的劳动者。时而工作,时而做生意,时而去"沿铺",是贺人日常的生计常态。大多数丰沙里贺人拥有自己的土地,他们把自家可种植树木的土地称作"沿铺"。"沿铺"一般在城边或城外,主要种植茶叶、玉米、砂仁、柿子等经济作物。"农村"和"农民"两个词语很少出现在他们的话语中,因为,不管是在自家的"沿铺"从事农业劳动,还是在政府上班，都被称为"做活计"。"做活计"衡量的主要标准就是"做得吃"或"做不得吃"。

谋生的环境决定了人们的谋生手段。老挝城镇化水平较低，经济落后，缺乏工业产业，大到汽车，小到一个塑料袋和一张纸都需要进口。丰沙里属于较为贫困的地区，政府的行政能力和水平也受到经济发展的牵制。丰沙里普通公务员、教师和警察等公共单位的工资水平较低，平均水平在12万至35万基普①之间，折合人民币1000至3000元。贺人们并不羡慕一般的"公家人"，他们认为"会做活计"才是"做得吃"的人，换而言之，在法律法规允许的范围内，勤快、会算计、能吃苦的人才会赚得到钱，"公家人"只是选择之一。做生意的贺人中，大约有20%的人既是生意人，也是"公家人"。当地最大的茶叶企业康潘公司的老板，还有另外一个职业是政府发改委的公务员。公务人员兼职做生意是一件普遍的事情，一些有职业的贺人妇女们也在其行列中，例如：在医院上班的护士在下午4点半下班后到市场卖豆腐，银行的职员空余时间也在市场里摆摊卖衣服，教师下课之后在市场里卖杂货……

从总体上讲，老挝人不太喜欢单调乏味、纪律太严格和比较辛苦的工作，比如工厂职工、公司职员等。2018年1月，达来维来的一位贺人妇女与中国普洱市的男子结婚，新娘的哥哥是翻译，在新郎的哥哥开的煤矿公司打工。新郎哥哥与我聊天时说："老挝人很懒，他们一发工资就去买酒喝了，等到工资用完才会回来。我只雇佣中国人，帮我做的多数是四川人！""那你的翻译也是老挝人呀！""哈哈！他不一样，他会说中国话，原来也是中国人！"言谈中反映出他们之间的关系，以及这位翻译在工作中的积极表现。可以说，贺人介于一些中国老板评判懒人与勤快人之间。虽然，丰沙里是一个较为偏僻的小城镇，但是，在贺人的心目中它作为家乡充满着温暖和自由，并非大城市的繁华和快速能替

---

① 2018年至2019年平均汇率，1元人民币=1250元基普。

代的。我认识一个曾在万象中国银行工作的贺人男子，毕业于四川大学金融管理专业，中文过六级（中文考试的最高级），33岁的他在万象工作5年，薪资丰厚。我问他回丰沙里的原因，他说："当时，我要回来，经理不想我回来。他说再过一年就给我提拔，加薪。我觉得不是这个问题，主要是在那里上班太辛苦，老是要加班，没有太多的休闲时间！这样的生活不自由啊！……还不如回来自己做点生意。"一位普洱学院的丰沙里贺人同学，他的学习成绩一般，当我用"你好好学习，就能到大城市找到薪资更高的工作啊！"激励他时，他的回答让我印象深刻，他回答我说："老师，谢谢您！但是，我以后并不想到大城市工作呀！我只想在这里找到一个工作呢！"或许，自由、安逸和富足，小富即安的生活状态，才是大多数老挝贺人的追求。

（三）日常生活空间

早晨5点半，县城的广播站开始用老挝语播放广播，内容主要是国家的时事和党的政策，时而会播报节日信息、安全信息和某家人的白事信息等，其中穿插着老挝的民族歌曲。6点半，寺庙里的钟声响起，四五个和尚排着队从寺庙里出来，迎着晨光开始沿街化缘。小城的人们在广播声中苏醒，来来往往的摩托车声让县城街道热闹起来。街上，中青年们主要用老挝语交谈和打招呼，而老年人们却习惯性地用夹杂着普内语、汉族方言的老挝话交流信息。达来维来村里最早起床的是两家做米粉块的老板，凌晨两三点开始磨米浆，米浆铺在平底大锅上，3分钟蒸出一块圆形的米粉块，十个做一摞用芭蕉叶捆起来，6点半之后陆续把米粉块送到县城的各个米粉铺子。7点半到10点，春梅的米粉铺子人来人往，不管是穿着规整的"公家人"，还是自家做活计的大老板或小老板，看起来都面色温和，不紧不慢，每一个人都能耐心地等着一碗热腾腾的早点出锅。等到米粉端到桌子上，他们往自己的米粉中加入作料和各种生吃蔬菜，悠悠地吃着米粉，熟人之间相互寒暄、聊天、交换信息，最后还经常争着为对方付钱，以一碗1.2万至1.8万基普的早餐开启一天的日常生活。

丰沙里集贸市场是平日里最热闹的地方，居民们可以在这里买到所有生活中所需的物品。市场外围三层是店铺，40多家商铺，包括越南人经营的2家干货店，中国人经营的2家五金店和8家服装店，普内人经营的1家缝衣店、3家服装店和2家杂货店，其余的杂货铺、服装店、鞋子店、文具店、美妆店等都由贺人经营。此外，这里有60多个固定摊位售卖蔬菜和水果，一些临时来赶集的农户们也可以在空地摆地摊。相比中国商人在附近开的丰沙里最大超市，居民们更喜欢或是更习惯来这里购物，干净规整的超市经常是冷冷清清，老板只是勉强维持经营。除周末外，上午10点半到12点半和下午4点到6点是一天中人最多的两个时间段。妇女掌管后厨，也是店铺生意的主要经营者。集贸市场是大多数贺人主妇每天必到之地，这里是贺人主妇们日常交往的空间。作为购物者的她们时常能在市场上遇见自己的朋友，偶尔吹吹牛（聊天），一天数次往市场跑是主妇们的乐趣之一。作为老板的妇女们，早上开门之后，一直营业到晚上六七点，午饭由家人送来，或者在附近买点食物随便对付，晚上回家忙完家务，一天已过。市场里做生意的几乎是清一色的女性，普内妇女是定点售卖蔬菜和肉类的主力军，克木和阿卡妇女有一定的流动性，以地摊售卖为主。

年长的贺人认为，卖东西和家务劳动是"轻活计"，"重活计"是耕地和外出赚钱，需要男人去做。昔日，街子就在达来维来村，贺人铺子和家的空间混合，女人在家边带娃边做些小买卖，男人的活计主要是耕种作物和赶马营生。现在，家庭经济主要来源已经不再依靠"重活计"，到自家的"沿铺"干活成为一种非必要的劳动，空置的土地或转卖或变为茶地、茶厂。男人们的谋生方式也越来越多样化，有的男人加入妇女各种商品铺子的经营中，主要负责到中国或万象采购商品；有的利用自家的土地经营茶厂，有的为中国人打工做翻译或做工程……相较妇女，男性的工作场所更多样化，休闲的时间也更多一些。下午，城里两个一大一小的鱼塘旁聚集着一些垂钓的男人们，4点一过，运动场吸引着爱好运动的男子们，在足球、篮球和羽毛球场上挥洒汗水。晚上，喜欢喝酒的男人们三三两两聚在某家的酒桌旁，谈天说地，自由畅快。

老人们的活动场所主要是家与家之间，串门是最好的社交活动。当最后一个子女成家之后，父母通常被认为到了可以"享福"的年纪，子女需要开始供养父母。而大多数人50多岁就到了"享福"年龄，不过，身体康健的他们仍然做活挣钱，或忙于帮子女带小孩。在达来维来和哇叫村，70多岁的老年人们可以脱离家事，自由安排串门社交的时间。他们是20世纪60和70年代被中国援助经常惠及的一代，他们习惯说"云南话"，喜欢看中国电视剧。调查期间，老人们经常收看北京卫视和江苏卫视播放的电视剧《娘道》，该剧以民国初年的山西为背景，围绕孝兴大户人家隆家，讲述了瑛娘和她五个孩子的故事。相较于老年男子，老年妇女们的生活更加丰富，她们比老年男子更喜欢串门子，经常聚在一起打扑克，偶尔也唱唱中国的红歌。

平日里，学校是孩子们活动的主要场所。丰沙里城里有一个普法中学，包括初中部和高中部，四个小学分布在棚给而（Phonekeo）、久勐（Jommuang）、森沙里（Sensaly）、洪沙万（Homsavang）4个村，以4个村的村名命名。丰沙里小学的上课时间是上午7:30至11:00，下午1:30至3:30，中学的上课时间一样，下课时间比小学晚半个小时。2015年，丰沙里高中部第一次开设汉语课，此后的第三年即2018年，汉语课成为常设课程在初中和高中教授，一周两节课。一直以来，贺人家长都很重视孩子的汉语教育，为孩子创造各种学习机会。有的家长在平日里给孩子们请中文家教。有的人家在三个月暑假期间，把孩子送到勐腊、普洱和景洪等地的私人教育机构学习汉语。少部分经济条件好的家庭，把孩子送到普洱市的私立小学就读，中学时再返回丰沙里读书，在课余请家教补习老挝语，这些孩子现在都考上了中国的各个大学。

对于拥有私家车的贺人家庭而言，勐腊县、景洪市是他们的日常生活空间之一。通过巴卡和曼庄边防站，丰沙里和勐腊县间隔91公里，不到两个小时的车程。跨国学习、跨国购物、跨国就医等就是日常生活中的一部分。但是，对于需要乘坐跨国客车的居民而言，他们需要有足够的时间和耐心。丰沙里一天有两班客车发往勐腊，早上7点半，下午2点。由于现在省会所在地正在往本奴县搬迁，从2019年开始，下午开的班车改在30公里以外的本奴县启程。根据笔者来来回回的6次乘车经历，一般来说，这个跨国班车的车程不定，大约在3个半小时到5个小时之间，因为它基本属于客货两用车，客车老板的带货能力堪比一个小型快递公司，车速快慢要由客货多少决定，人多货多，老板开心，乘客伤心，反之亦然。

二　丰沙里的普内族

普内族主要分布于丰沙里、琅南塔、乌多姆赛、波乔等老挝北部省份。普内族属汉藏语系，丰沙里博物馆的英文展示图中把他们划分为5个支系，即普内人（Phounoy）、普内法（Phounoy Phay）、Phoumone、Phonysek 和 Phonykhou，前两个支系的人口数量分别为20084人和3754人，后三个支系总人口数量为11474人，总人口约为35612人，分布于178个村庄。丰沙里县城中，普内族人口约占总人口的80%。有关普内族的国内外资料极为少见。郭静伟的博士论文《多形式资本的交织与茶的跨国流动》中引用了德国学者乔西姆（Joachim Schliesinger）和亨瑞·荣斯（Henri Roux）对普内族的记载，文献中认为，普内族很可能是从青藏高原南麓迁徙到云南南部的西双版纳，然后16世纪向南到Viang

Phouka——当时属于缅甸，现在是老挝南塔的一个县①。调查中，一些普内人认为，他们是古代蒙古军队打到老挝后留在老挝生活的一部分蒙古人的后裔。从外形上看，普内人大多身材较克木、阿卡高，与贺人相当。

贺人称普内人为"卡佬"，"卡，是指杀，佬，指以前的佬族。"称呼源自对古代普内人的传说，"古时候，卡佬打仗勇猛，杀人就是咔咔咔的"。带有野蛮的意涵，在面对普内人时，一般不能称呼"卡佬"，有鄙视之意。普内人善武的精神传承到现在，很多贺人对普内人的评价是："他们（比汉家）更听话，喜欢当兵，以前法国佬在的时候就喜欢当了，现在普内的年轻人也喜欢当。"同样，普内人也因贺人善于做豆腐和精明的生意头脑，给贺人一个别称："臭豆腐、烂豆腐。"

普内人没有自己的文字，历史文化口口相传，在老挝国家化进程中，普内人逐步被佬族化。在谈到民族文化时，我的普内学生们感叹道："老师，我们普内，除了语言，什么都和佬族一样了。……现在很多人也不会讲普内话了。"黄兴球在2006年出版的《老挝族群论》一书中的一个小节记录了普内族的宗教信仰、生活习惯和传统风俗。学生们表示，这些风俗习惯是爷爷奶奶那一辈人的生活，很多已经消失。文化变迁是一个复杂的转变过程，丰沙里普内人的文化在现代化背景下呈现出自己的特色。

1.饮食和生计。普内人是最早居住于丰沙里县城区域的族群，他们的村寨主要分布于群山之间，以山地轮耕种植旱稻、玉米和木薯等作物为主，辅之采集和打猎补充食物。从菜市场和饭桌上可看到，松鼠、青蛙、蛇、鸟类等依旧是普内人餐桌上的肉类美食，蒸、煮、烤是传统烹饪食物的方法，少油少脂配上各种佐料的餐食是普内的特色食物。20世纪90年代初，大多数原居住于大山中的普内人，在老挝政府的农村发展政策的鼓励和协调之下，移居坝区和城镇，成为农业和手工业的主要

---

① 郭静伟：《多形式资本的交织与茶的跨国流动》，博士学位论文，云南大学，2016。

人力资源。21世纪初，丰沙里政府鼓励定居的山地农民发展农业经济，茶叶、甘蔗、咖啡等农作物种植得到推广。中国农产品投资公司的进入，刺激和推动了农民种植农作物的积极性，丰沙里县城成为老挝国内有名的茶叶生产区，本奴县因甘蔗产量丰富，成为中国勐腊县糖厂的主要供应地之一……在老挝改革发展中，普内人改变了粗放性轮耕为主采集狩猎为辅的传统生计方式。

2. 节日。丰沙里普内人的节日与佬族的大致相同，一年中主要的节日有泼水节、开门节、关门节、8月份的新米节（巴达比）和9月底10月初的祭祖节（孟萨拉）。新米节和祭祖节都是到寺庙祭祀逝去的父母和亲人，差异在于，新米节是家人为逝去的亲人献上煮熟的新米和一些食物，祭献的东西较祭祖节简单。祭祖节更为隆重，家人们需要准备更多的东西，去寺庙祭献，同时，寺庙和尚和村寨代表会一起做一个集体仪式。两个节日在第三章中会有较详细的描述。

3. 服装。普内妇女的传统服装是黑色粗布缝制，以红色花边滚边点缀，配上有红色线球的黑色包头小帽，下装为黑色粗布筒裙，男子衣服上下装都是黑色粗布缝制的对襟衣服和长裤。（见图3-7）老挝重视发展和传承国家的传统文化，佬族服饰被视为传统文化的重要表现之一，社会重视推崇妇女在各种场合穿着传统筒裙。当代的普内人在日常生活和节日中，更偏好穿着传统老挝服装，婚丧嫁娶、做赕拜佛、送礼访友等场合中女子都穿着老挝筒裙，男子穿着现代的衬衫长裤或西服。普内人本民族的服饰更多的只出现在政府举办的民族文化展示会和官方的宣传画册中。

图 3-7　普内人

图片来源于2015年的《老挝旅游年宣传手册》。

4. 亲属称谓。普内人的语言正在消失，记录其亲属称谓有一定的意义和价值。爸爸：mō（摸），妈妈：bā（吧），爷爷：hú（胡），奶奶：mä（嘛儿），外公：hú（胡），外婆：pî（皮），哥哥：hugebiya（呼呀各皮呀），姐姐：yiyagebiya（各比呀），弟弟：nuya（怒呀），妹妹：nuya（怒呀），叔叔：wang（王厄），娘娘：kor（扩若），大伯（大爹）：eng（嗯厄），大妈：enba（嗯吧），舅舅：qier（切厄），舅妈：me'en（么厄），姑姑：kuoya（阔呀），姑爹：kor（阔），姨妈：meya/me（么呀/么厄），姨爹：wangya（王厄呀）。

5. 性别关系。在传统的普内社会中，男性在家庭、宗教、教育等方面均有支配权，女性处于较弱势的地位。由农耕文化基础上发展而来的男强女弱的观念和男主女辅的家庭文化制度，在文化变迁过程中，保持着文化惯性的同时也在不断重构。

男性是宗教生活的掌权者和中心人物。普内人从万物有灵的多神信仰逐步转变为佛教信仰，几乎每一个村寨都有寺庙，村寨级别的寺庙一般没有和尚，安章代替和尚的角色负责主持各种仪式，这角色一般由懂得佛经的年长男性担任。每个普内人家里都有一个佛台，佛台上供奉着佛像，普内人根据日历上的佛日，由男主人代表家人礼佛。男主人早起，沐浴更衣，右肩上披上"佩编"①，为佛更换上次佛日祭献的水果和糯米饭，点燃一根细长的黄蜡烛，双手合十跪在佛台下祈福，磕头跪拜之后，把黄蜡烛点于佛台之上，再次跪拜三叩首，礼毕。

"男主女辅，男上女下"是普内族群传统的性别观念。传统的普内人社会秉持的是父系家传的制度，一般由最大的儿子或最小的儿子赡养双亲并守护双亲亡灵，男子为家中第一传承人。普内族群在佛教影响下，在与佬族、傣族等妇女的家庭地位较高的族群交往中，逐步转变重男轻女的观念，他们重构了自己的文化，崇尚从夫居，也接受从妻居。传统文化在时空中变迁，可贵之处在于它的韧性和坚持。薄苏丽讲述了爷爷去世后的大伯的灵异经历，反映了普内人的灵魂观和对从妻居的接纳程度。

图 3-8　在家礼佛的普内男性
图片由笔者于 2018 年 1 月 24 日，薄苏丽舅舅家拍摄。

---

① 礼佛时必须佩戴于右肩上的长条布巾，颜色各异，刺绣精美。

去世父母的灵魂必须由儿子来养。我爷爷有三个儿子，我爸爸是老二，我大伯和叔叔成年后都到南塔工作了，爸爸和爷爷在老家。我的家乡是离丰沙里有18公里的八嘎乱村，村里大概有70户人家，爸爸是这个村子的村长。2017年1月，我爷爷去世，他走得太仓促了，我们还没有为他准备好丧礼的东西，他就走了。他病逝后，我们这边没有和尚，安章主持葬礼仪式，我们这里不烧，和汉家一样，把他的尸体用棺材装起来，抬到山上埋起来。我们所有亲人都可以送他到山上，到了山上，他被埋了起来，埋他的那里土地要搞平整，不会有任何标记，以后我们想他就到寺庙里面，不会去那里了。爸爸把一个用黑色布做的普内包拿给大伯，大伯认认真真地把它收好。后来，我听妈妈说，那个包里面包着蜡烛、毛巾和钱，装着爷爷的灵魂……大伯把爷爷的灵魂包带回南塔的家里，供奉在佛台上，可是，一两天后，大伯生病了，他呼吸困难，好像有人掐他的脖子。一天，躺在病床上的大伯梦见爷爷来找他，告诉他："阿大，你家我进不来，我不得吃，我饿了！"后来，我大伯才想起来，他和大妈订婚的时候说要养的是大妈家的父母。妈妈说："你大妈家父母的灵魂占着家，你爷爷进不去，你大伯才会生病的！"……我大妈是傣族，我大伯在订婚的时候同意养她家父母的灵魂。后面，我爸爸赶紧到南塔把爷爷的灵魂包接了回来，现在，爷爷的灵魂回来了，大伯的病也好了。（讲述人：薄苏丽，21岁，普内人，家在八嘎乱村，常住丰沙里的舅舅家，2020年9月20日，微信视频访谈。）

佛教在老挝有主体宗教的地位，信奉佛教的佬、傣等族群的男子一生要进寺庙当一次和尚，诵经礼佛。在普内族群中，男子进佛寺修行并不是必要的社会要求，更多的偏向于自己的选择。一般有两种情况，普内男子会主动去寺庙进行短期修行，一是父母双亲去世，自己内心感觉非常难过，想为父母上天的亡灵祈福，这样的修行一般为7天；二是男子感觉自己内心不安，似乎是与某个亡灵生前有一些纠结的事情没有了结，他希望通过去寺庙修行，与亡灵达成和解。

  我爸爸2016年10月去世，我刚刚到普洱学院读书，我请假回去一个星期后就回来学校读书了。我爸爸当过县长，他对我们很好，我很难过，但是我心里没有感觉不安。2017年7月假期我去哇叫寺庙当了9天的和尚，这不只是因为我爸爸，还有另外的原因……就是，为了给死去的人，在上辈子有什么恩怨也一笔勾销。还希望以后再也不用有什么互相仇恨了，然后希望他们也能得到祈福。我这次去寺庙里当了和尚，也就是为了我以后的生活里没有什么恩怨，平平安安，做什么事都心想事成万事如意。这是我们老挝的一种信仰，因为老人们从以前到现在都是这种信仰。（讲述人：彭沙万，21岁，普内族，家在丰沙里普法村，2020年9月22日，微信视频访谈）

在宗教生活中，普内女性较男性的自由度低，她们因生理因素被认为不洁，不能像男子一样到寺庙进行修行。女性修行权力的缺失，形塑了普内族群社会中"男性中心，女性边缘"的宗教生活结构。这一结构在贺人的族际交往中表现出有趣的结构性形态，笔者在第六章中有详细论述。

三　佬、克木和阿卡

（一）佬族

丰沙里的佬族人口数量较少，他们大多在老挝解放之后迁入丰沙里县城。佬族一般来自下寮地区，多因工作调动进入丰沙里，零星分布于县城区域的九个村庄中，大部分佬族是国家公务员和教师。佬族为老挝主体民族，信奉小乘佛教，其风俗习惯和普内人相似，性别观念较为平等。

（二）克木族

克木族有178个村，35612人；丰沙里县城内有300多克木人，他们中的大多数自20世纪90年代之后，在政府鼓励下迁入县城，主要居住于新城区，即久勐（Jommuang）、棚给而（Phonekeo）、丰沙安（Phonesaart）、洪沙万（Homsavang）4个村庄。克木人，被贺人称为"插满"，被普内人称为"老藤"。因为居住格局的关系，他们与生活在老城区的贺人交往较少。生活在棚给而村的克木人大多数是军人家庭，房屋为石棉瓦建盖的简易房，他们有多子多福的观念，一个家庭中一般会有5到10个子女，生活状况远不如普内人。

克木人有万物有灵和祖先崇拜的信仰，一年中最隆重的节日是在一月或二月的玛格勒节，也称红花节。克木人家里供着自己的祖先，他们的传统房屋一般分为里屋和外屋，里屋是主人和家庭成员睡觉之所，外屋是接待客人的，外来的客人不能进入里屋，留宿也只能在外屋。克木人是父系制度家庭，父母由儿子赡养，男传家，女外嫁，普遍为从夫居家庭。

图3-9 克木人

图片来源于2015年的《老挝旅游年宣传手册》。

（三）阿卡

丰沙里省有7个阿卡支系，93个村庄，51089人，主要生活在比较偏远的山区。因居住于高山、缺水的环境中，阿卡人的卫生习惯常常被其他民族所不理解。离丰沙里18公里的普内人八嘎乱村附近有一个阿卡寨子。两个族群交往中，发生了一个有趣的故事。一个阿卡人想与普内人做朋友，跟普内人说："我们做朋友，做亲戚吧！"普内人说："好的！"阿卡人邀请普内人到家里吃饭，普内人说："你先来我家吃饭吧！"阿卡人赴宴吃饭。过几日，阿卡人再次邀请普内人，普内人再次拒绝。普内人拒绝了阿卡人的好几次邀请。一天，普内人又收到阿卡朋友的请帖，心想，如果再不去的话就不好了。于是，普内人向阿卡人提出一个要求说："我们更会做菜，肉和菜你们提供，我们来做！"普内人约着朋友们一起赴宴，把阿卡人家里的碗、筷、锅等炊具全部洗干净，然后自己杀猪，洗菜做饭，全部都由普内人做。作为主人的阿卡人就在旁边看着，没有做什么事情。做出来以后，大家一起开心地享用。因为卫生习惯的关系，一些普内人的小孩在拜佛的时候会默默许愿说："下辈子不要成为阿卡！"

20世纪末，老挝严禁种植大烟，部分阿卡人向城镇转移，目前，丰沙里县城旁边有三个寨子是从山上搬迁下来的阿卡人，他们靠着为茶厂打工为生。阿卡家庭中女性地位低下，妇

图3-10　在分拣茶叶的阿卡妇女
图片由笔者拍摄，2019年9月20日，丰沙里。

女承担家庭中的主要经济生产活动，主要为茶厂打工。她们分拣一公斤茶叶，得三四千基普，采摘一公斤鲜叶，得5000至8000基普。一些茶叶种植园也会雇佣能干勤快的阿卡家庭帮助管理茶厂，每人每月约有100万基普左右的收入。阿卡人受教育水平低，老挝话普及率较低，故而，从整体上说，阿卡人的经济地位和社会地位较低，处于社会的边缘。

第三节 贺人社会中的"礼信"

华人在过去1000多年中，在东南亚的某些地区都曾有过不同经历的同化过程[①]。老挝贺人在丰沙里与其他族群相互交往、相互融合，经过200多年的发展仍然没有被完全混合和全盘同化，其根源在于文化，而最能概括其文化特点的一个词语便是"礼信"。

一 何为"礼信"

贺人的"礼信"源于中国礼文化，却不同于中国儒家之"礼"。瞿同祖在《中国法律与中国社会》一书中指出，礼既是富于差异性，因人而异的，所以贵有贵之礼，贱有贱之礼，尊有尊之礼，卑有卑之礼，长有长之礼，礼仪三百，复杂万分，不是可以茫然随意运用的[②]。早期的贺人移民大多为贫穷的百姓，没有受过正统的儒家思想教育，但是，在日常生活中，他们却实行儒家的道德教义，这些知识都是从父辈和亲人那里学来的、水平比较低的文化或民间风俗。"言"以载道，贺人用"礼信"这一民俗口语概括族群文化的特点，并在实践中身体力行教育子女，传承文化，延续着母国的文化特征，同时也融合了当地文化元素。贺人认

---

① 李恩涵：《东南亚华人史》，上海：东方出版社，2015，第484页。
② 瞿同祖：《中国法律与中国社会》，北京：中华书局，2003，第275–276页。

为:"汉家人丢了'礼信',就不是汉家人了!"它有着结构性的象征意义,是透视族群生活逻辑和生存策略的一面镜子。我们可从以下三个维度对"礼信"进行分析。

第一,身份性向度。一位贺族老人说:"烧纸烧钱么一堆灰,献祖献神么一碗水,说倒是这种说,但是,汉家的礼信不做不行,礼信丢了么就不是汉家了!""礼信"一词多次出现于介绍仪式和区别身份的场合之中,这是一个像身份一样具有情景性的词语,表现的是一种身份认同,就像是美国学者Frank Proschan 在"'We Are All Kmhmu, Just the Same':Ethnonyms, Ethnic Identities, and Ethnic Groups"①一文中指出的:在特定的对话场景中,一些简单的词,通常是社会关系方面的索引词,而不是简单地说,就是事件外部存在的语言,而是反映了稳定的实体。"礼信"是贺人日常生活中司空见惯的词语,似乎平淡无奇,但又时常出现。总结这个词出现的场合,大致有两种情况:其一,介绍某种仪式或节日时;其二,区别他族时。在深入询问"'礼信'在老挝语中怎么说"时,一些贺人的反应是先想一会儿,另一些贺人会用不太确定的口气回答,"'礼信'么就是'Hekong'"。他们的停顿思索和不确定的口气说明这个词在之前没有人这样询问过他们,老挝语中的"Hekong"(风俗)和"礼信"一词是否能完全相互对应?这里还是一个问题。而可以确定的是,"礼信"为高频率出现的一个词语,它常常与贺人的族群身份相联系,也是构建身份符号和群体认同的基础。

第二,宗教性向度。"礼信"是贺人宗教信仰概括词与核心词,在贺人的话语系统中,"礼信"的本义就是日常生活中的各种仪式,包括祭祀仪式、节日仪式和拴线仪式等。作为老挝华裔的贺人,其信仰体系中有仙逝的祖先、呵护家园的天地神、看管伙食的灶神、管理土地的土

---

① Frank Proschan, "We Are All Kmhmu, Just the Same": Ethnonyms, Ethnic Identities, and Ethnic Groups. *American Ethnologist*, Vol. 24, No. 1 (Feb., 1997), pp. 91–113.

地神、统领大山的山神，以及庙房里的各位神仙。他们多神崇拜的传统与中国农村汉族的民间信仰极为相似，每一户贺人家里都供奉着"天地国亲师"的牌位和上辈已逝世父母的遗像和牌位，每月初一、十五及节庆日子给神龛上香、祭献糕点和食物。不同的是，作为老挝的少数民族，贺人的信仰正在逐步转变，其"礼信"的内涵因此而改变，它涵盖的内容因时代的发展有代际差异。1961年至1975年，中立派的砍温将军在丰沙里推行破除迷信活动，居民不能搞任何形式的祭祖、拜神和拴线的活动。虽然老挝内战不断，该活动未能持续推行，但是，受到当时思潮的影响，贺人把"礼信"完全等同于搞迷信活动。故而，在一些60岁以上的贺人的观念中"礼信"常常与鬼神相联系，"真的礼信"都属于迷信活动；而另一些贺人认为，一些节日典礼也算"礼信"，比如春节时的"团结饭"，他们对"礼信"的理解更为宽泛，是世俗与神圣的结合体。在不同社会阶层的贺人也会赋予"礼信"不同的内涵，精英阶层的贺人对本族群的文化传统极力推崇和维护，而中下层贫困者或一些有着特殊经历的人们在佛教普度和贺人信仰传统中权衡和摇摆。就现实中贺人对"礼信"的解释与操弄来看，它就是一种基本的生存策略。

第三，规则性向度。语言是社会现象的反映，它处于不断的变化之中，语义变化尤为显著。[①]"礼信"的本义为各种仪式及仪式中的规则，隐喻是规则。很多有着隐喻的叙述留在了老一辈贺人的言语中，比如70多岁的老人们在讲述青春岁月的时候说："以前，我们年轻时候不兴[②]嫁卡佬，老人们说：'水牛黄牛不拌拢，他们不懂我们的礼信！'"在妇女们讲述他族媳妇不守妇道时会说："她们不像我们汉家，她们认不得汉

---

① 吕晓丽:《从隐喻认知角度分析"水"的语义演变》,《安徽文学》（下半月）2009年第11期。

② 意为：时兴，可以或能。

家'礼信'";……忠诚、孝顺等品质是"礼信"具体的行为表现。然而,"礼信"的语义在代际传递中有着较明显的变化,其隐喻的表达在老挝民族国家建设的过程中逐渐消融。作为老挝的少数民族,贺人族群语言(云南方言)的运用频率和能力逐年下降,现在的 90 后、00 后的年轻人主要语言已经是老挝语,很多孩子失去了族群语言的表达能力。在调查中,很多贺人只把"礼信"解释止于宗教信仰及其相关的活动,不解释其隐喻,其语义只可意会不可言传,笔者只能在他们的对话中捕捉到以上一些含有规则隐喻的语料。

二 "礼信"中的秩序

"礼信"话语内涵中的身份性、宗教性和规则性向度,总结起来可以归于贺人思想观念中的内外秩序和等级秩序。

(一)内外秩序

"礼信"意涵中的家庭内外秩序,指家里家外和族内族外的秩序,兼有宗教性和伦理性面向。宗教信仰方面,贺人认为,家庭空间中的神主要是天地神、灶王神和父系的祖先神,山神、菩萨、佛爷和从夫居的女性血缘关系亲属先辈祖先们被排除在家庭空间之外,祭奠节日中有明显的表现,七月半时已婚妇女们只能在家门口献祭亲生父母。伦理方面强调女性的从属地位和外来身份。贺人通常以"她出家了"来表述出嫁之意,"出家"之后身份转变为夫家人的身份。而妇女的从属身份在家庭的"礼信"实践中逐步淡化,主家人的身份因主持家中的"礼信"活动开始确立。家户中男主人在"礼信"活动中的辅助性地位与时代变迁的大背景息息相关,他的主动或被动的让权中,是家庭性别关系与民族关系的一种隐喻。

贺人族群内部认为判断我族与他族的最简单有效的方法为:是否信"汉家礼信",而"信"的判断标准是不断变化的。殖民时期,殖民政府自上而下地在老挝实行民族区隔政策。从上文中可知，相较于丰沙里的其他民族，殖民时期的贺人在政治上有亲政府性、贸易中有主导性地位、文化上有先进性，因而，贺人与他族交往时形成了"汉不变夷，夷可变汉。汉可娶夷，汉不嫁夷。……"一些具有民族歧视性的观念。在族群交往中，贺人认为他族不懂"礼信"，把自己的礼仪规则和信仰文化视为先进文化，轻视他族的文化，并把佛教视为非我族类的一种信仰，进入佛寺被视为"要变夷人"的行为而被禁止。20世纪70年代，老挝内战爆发，丰沙里成为中立派和左派占据的革命根据地，政府宣传民族团结思想，民族矛盾有所调和。1976年，中老关系恶化，贺人原有的民族优越感急转直下，观念转变。1989年，中老关系正常化，老挝强调民族团结政策。贺人与时俱进，"礼信"在时代发展的推动之下具有更多内容和更大的外延。目前，就个人来说，外族和我族的边界模糊，但基于家庭单位的族别属性仍然较为明显可辨。在自认为是贺人家庭的人们通常把参加普内、佬等民族的做赕活动称为"行阴功"（详述见第四章）。一些具有文化属性象征意义的物品成了辨别是否是贺、普内、克木等家庭的符号。从家门的装饰物上来看，贺人家庭的大门上一般会有门神画像和对联，而其他民族的门头上都挂有"达寮"。"达寮"用竹子篾片编制而成，形状为圆、椭圆或方形，是普内、佬、傣、克木等民族辟邪的象征器物。一般在进新房的时候由安占把"达寮"挂在大门上，以视为辟邪护家的宗教性器物。

（二）等级秩序

"礼信"中的内外秩序囊括于等级秩序思想之中，内为贵，外为贱。宗教和伦理思想同构，家庭空间受到天地祖先的庇佑，神圣性通过祖先传递到下一代，后代们，对祖先应是遵从，避免受到祖先的怪罪，这是上为天，下为人的秩序。同理，贺人社会中尊老的思想也从中而来，"那个人老了害怕了，不能顶（顶撞）他，不敢随便逗他呢！"这一表述不是指对外形的惧怕，而是心理的畏惧。它表达了贺人对老人们的尊和怕，他们认为越老的人越接近"天"，老人的话更容易被祖先天地听见。如果人们对老人不尊敬，他们死后会来怪罪，怪罪的结果是让人生病。故而，老为尊则上，幼为贱则下。此外，"礼信"之神圣性一般从男系祖先传递，男为内则上，女为外则下，内外关系是贺人性别制度的基础。在家庭内外思想的基础上，形成了我族为内则贵、外族为外则贱的思想，外族被看作非我族类的"夷"，曾是不懂和没有"礼信"的族群，上下关系一眼可见。

"礼信"贯穿于人们生活的全过程，从出生、成长、结婚、生子、立业、教子到养老、送终等生命的各个环节，通过仪式上的话语，对家人表示亲情关怀、人生指导、未来期望等等，其中反映的是天地祖先的信仰秩序、差序格局的人伦关系、父系继承的性别制度和重视家庭的家庭本位思想等等。总结来说，"礼信"是指丰沙里贺人节日庆典、婚丧嫁娶和日常生活中各种大小仪式，以及围绕这套仪式体系所产生的仪式规则、行为规范的总称，本义指各种仪式，隐喻包括围绕仪式衍生出的规则和秩序。

老挝贺人在传承着中国汉族传统文化的同时，在走另一种发展礼文化的道路，即逐渐淡化"礼信"中行为规范的内涵，让其回归于宗教仪式。"礼"是人类精神文明的产物，是人类在社会生活中相互交往的一种行为规范。① 在中国，"礼"经过数千年的发展和变迁，成了现代影响全世界的礼文化。"礼"的初始本义是宗教祭祀活动，之后，周公"援德入礼"确立保障国家政治立场的宗法之礼；孔子"援仁入礼"创设对人的思想行为有约束力的人伦之礼；孟子"援义入礼"，将礼内化于心，发展为道德之礼；荀子"援法入礼"，礼的本义发生了根本性转变，成了法治之礼。"德""仁""义""法"等观念和价值原则被纳入礼文化之

---

① 王杰、顾建军：《早期儒家"礼"文化内涵的嬗变》，《哲学动态》2008年第5期。

中，大大充实和丰富了礼的内涵和实用性，奠定了我国古代以礼治国的基础。陈来教授指出："礼的原始意涵中本来包含有礼俗之义，即风俗、习惯的意义，以后转变为一套规范体系、准则体系、仪节体系。"① 在韩国、日本、新加坡等国家都出现以"秩序"为首的儒家礼文化模式，可以看到礼文化的强烈特色和影响。然而，就老挝贺人社会而言，"礼"的转变处于一种弱势地位，礼文化逐步退化为原初之意，同时也结合着当地资源有在地化发展的特点。"礼信"在代际转化中，贺人重视宗教意义的构建，淡化思想行为规范外显话语，尽量呈现老挝国民身份。

三 "礼信"的实用主义品格

贺人信仰文化源于中国汉族宗教信仰，具有中国农村汉族民间信仰的特征，与汉族宗教信仰一样具有较强的实用主义倾向。汉族尤其是普通民众崇拜神灵，往往不是为了个人的精神解脱和对彼岸世界的超越性精神追求，而是为了世俗的功利性期许。② 在儒家传统中，"天人关系"可以转化为世俗生活中的君臣关系、父子关系和夫妻关系。与西方的上帝相比较，汉族观念中的"天"是主宰之神，而非创世之神，其神圣地位具有不确定性和世俗化的特点。汉族的宗教观是在孔子儒家学说的基础之上塑造而成的。"儒家对宗教持有一种温和、理性和中庸的态度。"③ 孔子持的是一种远神论的宗教观念，子曰："务民之义，敬鬼神而远之，可谓知也。"④ 梁漱溟指出："在中国代替宗教者，实是周孔之'礼'。不过其归趣，则在使人走上道德之路，恰有别于宗教，因此我们说，中国

---

① 陈来：《儒家"礼"的观念与现代世界》，《孔子研究》2001年1月。
② 杜鹏：《汉族宗教信仰的实用主义倾向及其后世影响——以西方宗教传统为镜》，《云南社会科学》2019年第2期。
③ 杜鹏：《为宗教和谐提供可资借鉴的"东方模式"与"中国经验"》，《中国民族报》2017年3月7日。
④ 《论语·雍也》。

以道德代替宗教。"①自孔子之后，在儒家文化的影响之下，汉族将宗教信仰与世俗生活相结合，不迷信鬼神，而是重视现实。日本学者渡边欣雄认为，汉族宗教的基础及核心是民俗宗教，它既非道教，也不是儒教。所谓民俗宗教，乃是沿着人们的生活脉络来编成，并被利用于生活之中的宗教。它服务于生活总体的目的，这种宗教的构成要素即使来源于正规的宗教，也是被摄取到了人们的生活体系之中。所谓的民俗宗教构成了人们的惯例行为和生活信条，而不是基于教主的教导，也没有教理、教典和教义的规定。其组织不是具有单一的宗教目的团体，而是以家庭、宗族、亲族和地域社会等既存的生活组织为母体才形成的；其信条根据生活禁忌、传说、神话等上述共同体所共有的规范、观念而形成并得到维持。民俗宗教是通过上述组织而得以传承和创造的极具地方性和乡土性的宗教。②

同样，中国著名人类学家杨庆堃和李亦园认为，中国民间宗教特色是"弥散式宗教"或"普化宗教"的形态，与渡边欣雄提出的"民俗宗教"，都强调了中国民间宗教生活化的特点，与民众的日常生活密切相关，充满生活气息。为什么不论是中国民间宗教还是华人社会中的宗教信仰都能与人民的生存活动紧密结合，并具有实用主义品格呢？

从历史渊源上来看，此源于儒家文化。李泽厚先生曾认为中国传统儒家文化乃"乐感文化"，其着重点是情感，而非理智，即孔子之儒家"实际是以'情'作为人性和人生的基础、实体和本源"，再进而言之，李先生以为"'情本体'才是儒学的要点所在"③。人之生存而生发于经历之事，经历之事生发情感，情感有疏通的渠道，礼由此而生。正如荀子所言："礼起于何也？曰：人生而有欲，欲而不得，则不能无求。求而无

---

① 梁漱溟：《中国文化要义》，上海：上海人民出版社，2011，第106页。
② [日]渡边欣雄：《汉族的民俗宗教——社会人类学的研究》，周星译，天津：天津人民出版社，1998，第3页。
③ 李泽厚：《论语今读》，北京：生活·读书·新知三联书店，2004，第18、79页。

度量分界，则不能不争；争则乱，乱则穷。先王恶其乱也，故制礼义以分之，以养人之欲，给人之求。使欲必不穷乎物，物必不屈于欲。两者相持而长，是礼之所起也。"①华军的《性情与礼教——先秦儒学立人思想研究》一书认为，传统儒学思想中有情礼互证的生存内涵，即人的存在是一个情、礼互证的生存活动，其本质是寻求质文的动态统一。②

海外生活的贺人在族群发展的过程中，在日常生活中实践着情与礼的互构，概括为"礼信"之言。"礼"是前辈传承下来的宗教信仰，及其生发而出的行为规范，重视"天"与"人"的维度，它与"情"紧密相关。"情"为世间之情，上连祖先、天地、鬼神，下连家庭、邻里、朋友及各社会成员，自我之情有喜怒哀乐，于家庭有亲情、于朋友有友情、于国家和社会有诚敬之情，于上天有恻隐之情。族群、家庭和个体在"礼"与"情"之间协调关系，寻找平衡，在社会变迁中重构"礼信"，顺应发展。

贺人在社会发展中调节"礼信"，其变迁有明与暗两条线交织在一起，贺人的表述中"礼信"就是宗教信仰和各种仪式，而在实际生活中的"礼信"实践是某些规则秩序的隐喻。"礼信"是理解贺人文化的核心概念，它观照现世生活，也存续传统价值，其变迁既受到国际关系、国家权力和族群关系的影响，也受到贺人族群自我身份构建的影响。"礼信"的变迁，可以呈现的是"情礼互构"的图景，以礼为矩，从宏观到微观，从社会结构到个体能动，以情入礼，从微观反作用于宏观，从个体情感能量到身份调节，再到社会结构。

综上所述，本章梳理了老挝丰沙里贺人的族群称谓和迁移历史，从历史变迁的角度说明了贺人身份的多元性。在经历了法国殖民、美国入

---

① 《荀子·礼论》。
② 华军：《性情与礼教——先秦儒学立人思想研究》，北京：中国社会科学出版社，2016，绪论第20页。

侵、老挝国内战争、中老关系转变，以及现代民族国家建设，他们的身份逐步确立为老挝贺人。居住在丰沙里县城内的贺人是本书的研究对象，主要介绍他们目前的居住情况、社会组织、经济状况和日常生活空间，简要介绍共同生活在县城之内的普内、佬和阿卡三种少数民族的习俗、信仰和性别制度，以此为后续论述贺人与他族的族际交往进行铺垫。最后一个小节主要陈述"礼信"内容、秩序内涵和实用主义品格，以及变迁的逻辑路径。

第四章 "诸神保佑":节日集体空间中妇女的"礼信"实践

第一节 "二月会":"真礼信"的传承
第二节 "团结饭":新兴的"礼信"
第三节 族群文化展演中的妇女

"礼信"是贺人社会历史过程的重要透镜之一。"时空"不仅是纯内生变量，而且还是我们理解社会结构和历史变迁的关键所在①。在空间中理解时间，从时间和空间维度理解和分析文化的"变"与"不变"，空间已不再单纯的是物理空间而是人们在实践中的"文化空间"。② 在历史过程中贺人形塑着各种形式的"文化空间"，族群内部把"文化空间"中具有族群性符号特征的实践活动称为"礼信"。人的数量、活动、人与人之间的社会关系是决定空间特征的最重要的也是最微妙的因素。③ 以人群行动特征划分空间单位，大致可以把贺人的"文化空间"分为集体空间、家庭空间和跨族际空间。当然，这一划分并不意味着三个空间的完全割裂，客观上，它们通过人的实践活动完全结合在一起，各为贺人社会结构中的有机组成部分。基于吉登斯的结构化理论来看，"结构可以在实践中表现出来，但不是具体实践的外显模式，而是一些记忆中的原则。"④ 在社会结构中，性别是最普遍的差别。到现在为止，人类还没有造出过一个社会结构不把男女的性别作为社会分工的基础⑤。社会结构系统中的性别因素是最明显也是最容易被忽视的部分，作为原则的性别结构时时刻刻影响着"礼信"实践，同时，人们的"礼信"实践在历史过程中吸取资源，也调整着性别关系。

　　一年之中，贺人族群中具有集体性的"礼信"活动有春节时期的"团结饭"和农历二月二的"二月会"。"团结饭"和"二月会"是最具族群

---

① 景天魁、朱红文：《社会关系与空间结构》总序，载[英]格利高里（Derek Gregory）、厄里（John Urry）编著《社会关系与空间结构》，谢礼圣、吕增奎等译，北京：北京师范大学出版社，2011。
② 赵世瑜：《在空间中理解时间——从区域社会史到历史人类学》，北京：北京大学出版社，2018，第11页。
③ 童强：《空间哲学》，北京：北京大学出版社，2011，第11页。
④ 周怡：《社会结构：由"形构"到"解构"——结构功能主义、结构主义和后结构主义理论之走向》，《社会学研究》2000年3月。
⑤ 费孝通：《乡土中国 生育制度》，北京：北京大学出版社，1998，第121页。

身份属性的集体仪式，是展演贺人族群身份的两个最重要的平台，除此之外，贺人族群内部再无常规化的族群集体活动或聚会，因此，本文把这两个平台称作贺人族群的节日集体空间。相对于公共空间的开放性、包容性，集体空间（Collective Space）具有边界性、排他性，它是一群人通过交流、沟通、斗争和妥协，形构一个具有约束力的共同利益之场域。族群集体空间有制度性、组织性的边界，强调的是身份及其围绕个体身份构建的社会关系空间，它通过人们的集体实践活动呈现出具体的形态。贺人观念中具有"礼信"指向的集体实践活动只是"团结饭"和"二月会"。"团结饭"搭建的是与国家、与他族交流交融的平台，主要扮演国家公民和少数民族身份；"二月会"是族内的集体宗教活动，强调"我族"的集体身份。在族群的节日集体空间中，贺人探寻自我的定位，进行身份实践。"礼信"在实践中构建，由此而生发意义。在集体空间中，在性别结构上理解"礼信"实践变迁的过程，是以下章节叙述和分析的方法。

第一节 "二月会"："真礼信"的传承

一 丰沙里汉庙的历史

汉庙位于哇叫村，与丰沙里城内的佛寺隔空相望，贺人把这两个庙都叫作"庙房"，他们通常的表达是："这边是我们汉家的庙房，那边是老爪和卡佬（佬族和普内族）的庙房。"丰沙里贺人社会中流传着一句这样的话："一山一神，一庙一人"，意思是："有山的地方就有山神，有人的地方要有庙房。山有山神管，人由庙来管。"汉庙无疑是丰沙里贺人族群共同体的精神象征，庙里供奉的各位神仙是族群宗教信仰的具体表达。

与丰沙里的佛寺相比，汉庙稍显简陋，由一间300平方米左右的砖瓦结构房屋、一块半个篮球场大小的水泥平地和一个5平方米大小供奉山神牌位亭子组成。汉庙建于山坡上，一条有坡度的台阶连接着汉庙和哇叫村的街道。台阶中间立着一个牌坊门，牌坊门于2010年2月由毛宣荣、罗美凤、付美能、张兰芬及家人捐建，牌坊门的正反面都有对联，正面为横批：清风鉴古今；上联：蓬莱胜迹，有些诚意自可游；下联：福地名山，无点真心难到此。后面亦有对联，即横批：学海无涯；上联：著书传道，函关初度五千言；下联：立教开宗，紫气东来三万里。（见图4-1、图4-2）

图4-1　汉庙牌坊门正面　　　　　图4-2　汉庙牌坊门背面
　　　由笔者拍摄。　　　　　　　　　　　由笔者拍摄。

汉庙的两个白色石狮蹲守在深红色大门两侧，一个约60厘米的铁钟挂在大门右侧。大门正上方有一块双龙戏金珠牌匾，深红的大门正反面分别有四个金色的汉字，关门时呈现正面："精诚、亲爱"，开门时呈现反面："建国、教育"。汉庙里的神龛是5米多长1米多宽的正方体水泥台，靠墙建造，正对大门。神龛上有6尊神，从左到右依次排开，它们依次是土主牌位（土地神）、三位财神、一尊观音和一尊释迦牟尼佛。土地神是一个约40厘米长30厘米宽的深红色木质牌位，牌位上用金色字写着："本方土主神位"，下方的水泥台上刻着更换新牌位的时间：

1991年2月9日。一大两小的三位财神，大财神与土主牌位一般高，两个小财神为大的一半高。观音和佛像约30厘米高，下方水泥台上刻着"1999.2.9"，两尊神都是在这一时间从泰国请来的。

汉庙另一重要的组成部分是山神牌位，山神牌位在庙房的左侧山坡上，顺着阶梯一直往上大概200多米，便是供奉山神的凉亭。凉亭四面通风，靠山一面有一个弧形半墙围着水泥台，半墙约有2米高，水泥台有2.5米长，纵深大约有1.5米。台子上供着一个长方形的深红色牌位，写着"本方山神"，正前方是香炉。台子前两侧有两个小石狮，面向佛寺，静静地竖立着。

现在的汉庙是1999年在当地政府的批准和支持下，贺人族群内部捐款捐物，集体出资出力，在原来老汉庙的基础上重新修建而成的。当时，丰沙里大部分贺人都自愿捐了款，而捐款贡献较多的大约有25人，他们的姓名用汉字刻在汉庙神龛旁边的一块青石碑上，以示后人。1920年，自第一批贺人从水河寨搬迁至此，已经有100年的历史。老人们已经说不清楚，第一座汉庙到底是在华侨帮，还是傅家为首的本地贺人的带领下修建起来的。但是，贺人老人们关于汉庙最初的共同记忆是：汉庙与学堂是混融一体的。泥土砖和茅草顶的汉庙里供奉着土主牌位。大概在1940年间，中国来了两位国民党人，他们暂住在汉庙里，为本地孩子们义务地教授中文。他们两位是国民党的情报人员，每个月的工资是由马王宝的爸爸赶马到江城县为他们领取。20世纪70年代，当时的政府在汉庙后建起两间房子，作为当时小学一、二年级的校址。三、四、五年级在其他的地方。老汉庙的形态已经不见了踪影，而汉庙大门上的"建国、教育、精诚、亲爱"流传了下来，其文化精神影响着后代的贺人。原华侨理事会副会长谭光华讲述了这八个字的故事。

抗日战争时期，黄埔军校的学生，当时爱国分子到东南亚地区动员抗日,成立学校。一个叫卓老师一个叫许老师,来丰沙里教书。他们暂住在庙房里,给这里的小孩和大人们免费上课,教写中国字。庙房上面的八个字"建国、教育、精诚、亲爱"就是卓老师写的。1943年日本人来,卓老师他们跑到水河,1945年,日本人走了,法国人回来,把卓老师打死在水河。这个故事是我爸爸他们讲给我们听的。……我想:建国么就是要我们爱国了,教育么就是要我们重视教育,精诚么就是要我们诚实做人,亲爱么就是要我们相亲相爱,团结互助。(谭光华,82岁,1937年出生,丰沙里,2019年3月9日)

图4-3 汉庙

图片由笔者拍摄,2018年1月22日。

二 "二月会"的仪式过程

"二月会"于每年的农历二月初二在汉庙举办,贺人在这一天集体祭拜土主神、山神、财神、观音和佛陀。这被一些老人认为是由祖先们传下来的"真礼信",在水河老家也有汉庙和"二月会",迁移到丰沙里以后只在战乱期间中断过这些"礼信"活动。"二月会"是族内的集会活动,不邀请外族人员参加。2019年3月8日,我参加了这一天丰沙里贺人的"二月会",当天的聚餐活动在汉庙前举办,餐食和音乐都由贺人自己准备,有20桌宴席,8人一桌,杀两头猪,有80户人家自愿捐钱并参加聚餐活动。"二月会"的整个过程大致可以分为三个阶段:早上,由两位男性族群代表和各家各户代表自行祭拜汉庙里的诸神;中午,每一户人家出1—2人参加聚餐,由族长通知族群的重大事务;最后是聚餐、喝酒、聊天。每一年的族群代表人并不固定,一般由两位中年男性组成,一位是仪式主持者,另一位是族群代表人,代表人一般由当年为二月会活动捐赠最多的中年男性担任。为全族祈福的仪式过程比较零散、简单、随意,缺乏神圣的氛围,整个过程主要有两位男性代表人参加,在他们进行祭拜活动的同时,庙堂里的其他人也在为自己家庭跪拜、祈福。有点"各拜各的神,各为各的家"的意思。

早上7点,我来到汉庙,男人们已经把今天要献祭的两头猪放到了庙房门口,来祭拜的老妇人三三两两地走进了汉庙,开始祭拜诸神。50多岁的艾阿宝是管理庙房的男人,他是这里的叫魂先生,平时由他管理汉庙,保持庙堂卫生,在节日时打开庙的大门,当天他是仪式主持者,由他为贺人全族念祈福词。另一位代表人是为当年二月会捐赠一头猪的毛家大儿子,他也是一位50岁左右的男子。7点多,为族群祈福的仪式开始,由艾阿宝主持全程,毛家大儿子代表全族人跪在土地神面前磕头。艾阿宝站在他旁边,念着祈福词,他念道:"今天是二月会了,大家来献饭,请你来保举给!保佑我们全寨子!大家遇到事么,请你来帮解交,帮解围。我们敬茶敬酒,今年2019年猪年了,请来保平安!来烧香的那些给他1月到12月都平安!老老小小的无病无灾的!顺顺趟趟的!"这时,外面开始杀猪,毛家大儿子拿着纸阔①等着新鲜的猪血,屠夫一刀下去,猪血喷涌而出,接猪血的盆里满起了暗红。毛家大儿子

---

① 纸阔:长方形纸张,中间有金色或银色,叠折成金元宝的形状,祭献时烧给祖先和各位神仙。

用纸阔蘸了蘸猪血，进到庙房里，把纸阔分为两份，一份放在土地爷牌位前，另一份放在观音前。然后，两位代表人一起跪在土主牌位前，艾大哥双手捧着鸡，毛家大儿子双手合十，两人作揖磕头，三次起身，三次跪拜。艾阿宝念道："今天二月会，给土主老爷敬茶敬酒，保举给他，平平安安，顺顺趟趟，无病无灾，发财展望的！"毛家老父亲，毛阿生站在一旁插嘴，帮着艾阿宝念祝福语，嘴里同样说着祈福语，两人重重复复，唱唱和和，像是二重念。接着，艾阿宝到外面换另外一只鸡，用两个小酒杯倒上一杯酒和一杯水，一只手拿起这两个杯子，另一只手拿着鸡，腋下夹着纸阔，大步走出庙房，快速向山神牌位走去。到山神牌位前，把酒和水摆于牌位前，同样三起身三跪拜，起身后把酒和水洒于牌位前。此时，口中说着："今天是二月初二，来献饭给你，你给大家一年12月都保举着，给大家四平八稳的，你请茶请酒啦！"然后，给山神续点一支蜡烛。他突然转身说："没有带刀，要得下去杀鸡了。"拿起纸阔，提着鸡，下去找刀杀鸡。他把鸡血沾到纸阔上，把纸阔拿到山神牌位前。艾阿宝介绍说："这个山神管地基，管山了嘛，管谷米，我们山里去的事，他管了嘛！"第一阶段的祭拜完毕，要等牺牲的猪和鸡煮熟了再来祭拜。等待的时间里，艾阿宝拿起沾着猪血的纸钱（神阔纸）折成神阔，其形状像金元宝。来祭拜的人逐渐多了起来，外面的大音箱放起了华语歌曲，庙房里面越来越热闹了。每家每户从土地神开始烧香跪拜，每一尊神像前面插满香，摆满了一些饮料和水果。饭菜煮熟，两个猪头、八只猪脚、两个猪尾巴、一个猪肝、一只鸡和两碗白米饭被摆放在一个小桌子上，摆献在土地神面前。艾阿宝和毛大哥烧香、磕头、烧纸，他念着祝福全族的祈福语。山神之处，同样有一只鸡、小份的猪肉和米饭，一样的祈福语和跪拜由艾阿宝执行完毕。至此，祈福全族的仪式完毕。整个为全族祈福的仪式过程显得零散和随意，与其他来上香的家户一样地跪拜行礼，艾阿宝只是把口中的祈福词中"我家"换成了"我们全寨子"。

一场人与神之间的互惠活动在一首首20世纪80年代的华语歌曲中显得无比热闹，各家各户来祭拜的人们在神像面前恭恭敬敬，烧香、磕头、烧纸、祭献小食品，口里念叨着，为今年祈祷。猪肉祭献过半个小时后被抬回到庙房右侧做饭的地方。毛大哥拿起献过的鸡头、鸡脚和鸡腿，去肉取骨放入一个碗中，这是鸡卦，要看贺人来年的运势。鸡卦放在男性老人们的桌子上，由毛阿生开始看鸡卦。看好后，说这个卦是好卦。然后，艾阿宝和另一位老头拿来山神的鸡卦，看好后说是好卦。他们把两个鸡卦放在桌子上，一些中老年男子围过来，一个个拿起鸡卦看。

毛阿生看过鸡卦后说："人边、神边。人边，有进有出，意思是今年要出去找吃，才会找得吃；神边，坐着不动，等得吃；是好卦。"贺人在看鸡卦的时候是鼓励"走出去的！"他们不会等着，坐吃山空。移动的人，社会网络也是移动的，贺人在移动中寻找更多的社会资本。

当天，庙房右边的空地成了厨房，妇女们在这里忙着洗菜、切菜、炒菜……准备今天中午的饭食，中年男人负责搭起大棚子、摆放桌椅板凳、放音乐和做一些搬东西的杂事。10点左右，一些老年妇女们聚在桌子旁开始打起扑克牌，老年男子们围坐在一起，边聊天边来看看今年的鸡卦，议论着今年的运势。

11点半，饭菜上齐，大家入席就座。今天的集会由达来维来村的罗村长主持，他说道："今天，劳累大家了，大家来拥护着，来献土主老爷。第一个，我们这个汉庙的地点要围起来了，不能给他们占着我们的地了，我们今年打算要在庙后面再盖一个新庙。第二个，艾大哥么来付出好几年了（管理汉庙），他提议，要加一点钱给他，去年前年是150万，现在么给他200万，你们大家说瞧，合理不合理？同意不同意？"大家回道："拥护拥护！同意同意！"并鼓掌庆贺。"第三个么，给明华来读给大家听以前用掉的钱。"傅明华说："2018年到现在我们用掉一些，现在我说给大家听一下,泰马还有 4500 马,美金 200 元,人民币 3400 元,老挝币 9544500。谢谢大家!"罗村长接着说:"今年的猪,一个是万象的傅二给的,一个是毛大给的,二年,你们想给么,我们一次吃三个也得,不怕。"接下来发言的是德高望重的魏长生,他说道:"今天是二月会节气,也是三八妇女节!今天阿明华、阿罗他们安排得好,我们高兴。祝在座的男女老少身体健康!万事如意!发财展望的!一下呢长命百岁呢!我们今天吃好了么,她们妇女想唱歌、想跳舞么,随便妇女。等到我们男人节的时候么,我们又请你们,哈哈哈!你们等着啦!"何玉华一直以来都是丰沙里妇女的代表,她拿着话筒,大声说道:"亲爱的老人们,亲爱的年轻人们,今天是二月会,也是三八妇女节,今天我们妇女人做得最多,菜饭做得最合口,谢谢你们啦!祝你们身体健康!生活愉快!你们要吃好喝好!谢谢!"在祝福声中,大家围坐在饭桌旁,吃饭、喝酒、聊天,热热闹闹。

在吃饭聊天中集会转入最后的娱乐阶段,便是有老挝特色的音乐伴餐加喝酒聊天的活动。今天没有乐队,喝到高兴的时候,有几位老人站到宴席前面自由发挥,唱了几首云南的山调子和中国红歌。震天响的音乐声把宴席的气氛烘托得无比热闹,加上老挝啤酒的助力,人们在吃喝中似乎可以忘记日子的平淡和乏味,感觉到高兴和畅快。二月会的音乐伴着狂饮和聊天一直持续到下午 3 点。下午 4 点,小庙恢复了原来的肃穆和冷清。

三 "二月会":变动中的"真礼信"

相对于"团结饭","二月会"被六七十岁以上的贺人们认为是"真礼信",所谓"真"是指祖辈们传承下来的观念和做事方法。当然,"真礼信"也并非一成不变,随着社会文化的变动,它既保持仪式象征意义上的不变,也在仪式符号的形式和内容上有所改变。

"二月会"中"不变"主要是指对族群的象征意义和组织功能没有改变,表现为三个方面:(1)时间和场地的不变,时间为农历"二月二",地点为汉庙;(2)仪式环节不变,即祭拜、议事和聚餐;(3)参与人员不变,都是主观上自我认同为贺人的成员。老挝奉行的民族政策是把所有的民族融合为"佬族",即佬族化。虽然,老挝进行过民族识别,但他们的公民身份证上并未标识个人的民族身份,对自我民族的归属问题主要在于个人的主观意愿。

"二月会"中改变的因子可以从时间的纵向和空间的横向来看。从历时性的时间维度看,丰沙里"二月会"的物质条件和象征符号越发丰富,主要反映在两个方面,一是汉庙外观的改变,从原来的茅草房到现在的砖瓦房,2019年12月再次集资扩建汉庙。二是宗教信仰符号的改变,神堂上供奉的神像从原来的一个土地爷发展到后来的三尊财神,再到一尊观音和一尊释迦牟尼佛。这些宗教信仰符号已经打破了原来"真礼信"中"汉不变夷"的所指。在民族融合进程中,象征符号也逐渐变化,对于观音和佛陀的造像不同的人有不同的认知。访谈中问道:"这个观音和佛像是否跟缅寺里的一样噶?"有的人说:"不一样呢,这个是我们从泰国请来的,是汉庙的,保佑我们的!"有的人说:"一样了,那个献么对那个好!"人们对"佛"的态度比较多样,是"汉不变夷"文化惯性在民族交融过程中的一种变动样态。从横向的空间来看,其他贺人聚居地方的"二月会"陷入了传承的危机之中。"一山一神,一庙一人"意思是山有山神来管,寨子里的人由汉庙里的土地爷来管,土地爷和山神掌管了家户之外的公共领域,"二月会"是一年一度祭祀土地爷和山神的节日,必须在汉庙举办。调查期间我曾走访过乌多姆赛省的孟塞和那莫、丰沙里的乌德和琅南塔的勐兴,得知居住在这些县城里的贺人们大多都有建汉庙的意愿,但是他们的建庙计划一次次地受到阻碍。

我们是想盖一个汉庙呢,你看在那边山腰上,我们地都平整了,我们的钱是有呢,去年大家都凑齐来了。后面,县政府里来人说,我们盖的地方不对,汉庙比缅寺高,压着傣族的龙脉了说!……说不给盖是就不给盖了,你看看,我们的地砖都要打了!(CS 的爷爷,68 岁,乌德县县城 CS 的家中,2018 年 9 月 2 日)

我们孟塞是汉家最多的,我们是想盖一座汉庙呢!我们老家在乌德县的马梨头村,那边有汉庙,一到二月二,我们家家拿着鸡去杀,去献了。来到这边,不得过二月会了,没有汉庙呐!我们跟政府商量了,他们说给我们盖,但是,他们给我们的地方不好,太远了,还有风水不好,我们要的地方,他们不给我们。就这种扯来扯去,扯了五六年啦!没有说清楚,汉庙一直都没有盖!(ZJ,49 岁,孟塞县县城 ZJ 家中,2019 年 2 月 8 日)

"二月会"在传承中呈现一枝独秀的发展状态,除丰沙里县城之外,其他地方的传承都遇到了障碍,这与"团结饭"在各地兴盛发展形成较强烈的对比。两者所呈现出的状态反映了国家对贺人的态度和关系,也是老挝少数民族在文化传承中遇到的问题。

第二节 "团结饭":新兴的"礼信"

一 从家庭"团结饭"到族群"团结饭"

作为移民群体,历史随着前辈人的去世而逐步消失,人们只能在口述的故事中寻找到成为一个族群共同体的历史。他们如何形成一个族群?如何建构具有族群性的集体空间?族群的凝聚力以什么样的制度得以维持和延续?"团结饭"是追溯其历史过程的重要线索之一。

"团结饭"是丰沙里贺人一年中最盛大的节日庆典仪式，每年的春节农历初一举办，全族的人都会参加。最初的"团结饭"与中国人的年夜饭大致无二，是指大年三十的年夜饭，家庭成员聚在一起祭拜祖先、祝福子孙和团聚吃饭。李老太出生于水河，10 岁左右（1950 年）时跟着父母搬迁到丰沙里。她的口述道出了"团结饭"最初的形态。

以前，团结饭是养的娃娃那些家在年三十的时候，一起拢来，他们有什么就拿什么来吃，那时候，没有卖（东西）的，他们有的东西就拿来。肠子吧、腊肉吧、苦菜吧，拿拢来煮吃，这种呢就叫团结饭。那天（年三十）呢白日 9 点，拴线给娃娃，拴团结的那种线了嘛。线是红、白、黑。以前是阿爹阿妈拴线给娃娃，现在么兴娃娃也拴给阿爹阿妈，意思就是给红包的啦。……以前的跟现在的不一样了，不是现在他们这种有本事、有钱了，叫人吃饭的。我家原来是在水河那边，在那边时候么，不吃这种团结饭，来到丰沙里以后，也好像吃过几次，那时候穷，社会乱，不得好过。后面，解放后了，我的娃娃都大些了，么村长领着我们搞，年年搞，在球场（达来维来村的球场）上搞了么，……这种么不是真正的礼信了。（李老太，1940 年出生，79 岁，丰沙里家中，2019 年 8 月 14 日）

"团结饭"脱离祖先庇佑之后，"礼信"实践重视"国"的在场。以"国"代"家"的认知对于贺人并不困难，且符合他们的生存之道。世俗化的信仰观念使得人们很快适应并接受了"礼信"实践的转向，那么，"团结饭"是何时从家庭空间转向了集体空间的呢？何老太的讲述和经历是难得的口述历史，她 1937 年出生在江城县，12 岁时跟着父亲到丰沙里。何父是赶马商人，法国人统治时期，父亲和她的身份是华侨，当时由华侨帮管理在丰沙里的华侨。1953 年，法国殖民者撤出丰沙里后，华侨帮与本地贺人合并统一由村长管理。1957年，亲美的老挝右派掌权，右派政府上位，把当地贺人和华侨分而管之，恢复法国统治之前的划分。1958年，丰沙里华侨理事会成立，1976年，理事会宣布解散。

> 我没有结婚时候我们就开始吃团结饭了，我19岁结婚，那时候，法国人还在呢，我们还分着，我们一些是华侨帮，一些是本地汉家。团结饭开始只是我们华侨帮的一起在春节时候吃的。法国人走掉么，我们搞好团结，就合起来了，合起来后面我们就一起吃团结饭。阿暂（以前），吃的艰难，才能做麻蛋和米花糖，没有什么菜吃。没有电，晚上就烧起火堆跳。阿暂（以前）我们当领导的时候，拿的（管得）严格么，老老小小的去吃团结饭。……我们丰沙里人，人穷么心雄！这个团结饭解放之前吃，解放以后就更吃了。现在，我们汉人一起吃，还请当地的那些民族吃。（何玉华，1937年出生，83岁，丰沙里何玉华女儿家，2020年1月20日）

贺人的"团结饭"从法国殖民时期的华侨帮春节聚餐开始，在革命时期的政治力量推动下，本地"汉家"和华侨合二为一，这不仅符合当时行政管理之便利，也符合当时贺人的意愿。贺人逐步把"团结饭"从家庭为单位的仪式转变为集体形态和制度化的节日庆典仪式，可以说，"团结饭"制度化、常规化的过程本身就是族群身份构建的过程。祖辈为云南人、客家人、潮州人、海南人等中国人在异国土地相遇，文化中的普同性和共通性让他们逐步凝聚成为一个族群共同体。当一个社会群体与其他群体相对时，会各自建构一个集体自我①。相对于老挝其他民族，祖籍国为中国的贺人有着共通的语言、相同的宗教信仰、相似的生

---

① ［美］大贯惠美子：《作为自我的稻米：日本人穿越时间的身份认同》，石峰译，杭州：浙江大学出版社，2015，第120页。

活习俗和饮食习惯，来自不同历史阶段和中国五湖四海的人们，从他者的眼光和自我主观的认同中构建出集体自我，在"团结饭"的表演平台上展演扮演身为贺人的集体角色。

二 "团结饭"的仪式过程

构建民族节日是贺人集体成为老挝族群所搭建的平台。在这一周期性的集体节日空间中，贺人以集体姿态展示于人，合作关系为主，性别差异、代际差异、阶层差异等融于集体空间，成为隐性的存在。节日展演的过程中男女两性的权力关系主要为贺人族群与国家政府之间关系而存在，等级关系并不凸显，更多的是合作关系之结构呈现，即"姊妹团"和"兄弟团"的合作。（详述见本章第三节）在混融交流的时空背景之下，贺人扮演的是老挝少数民族角色，他们需要凸显的是"国家在场"和"团结拥护"的节日主题。因此，丰沙里贺人有着别样的春节民俗安排，节日中每天的主题是：三十，会友；初一，表演；初二，祭祖；初三，游玩。具体表现如下：（1）年三十，上午，贴春联，下午准备水果、饼干、干果、干巴等休闲食品和酒水饮料，晚饭为简单食物，家里的老人们给小孩拴线，成家的晚辈们给老人拴线，互赠红包，说祝福的话语。大概7点之后，各家各户的门口开始点起灯笼，堂屋里放起音乐，门户大开，迎接其他民族的亲朋好友来访，朋友们在堂屋里，畅饮聊天直到凌晨，跨年的鞭炮、烟花放过之后，达来维来和哇叫村才慢慢恢复平静。（2）大年初一，"团结饭"庆典活动从10点半左右开始，一直持续至下午5点多。晚上是朋友们聚会狂饮的时间。（3）大年初二，祭祀家里的天地、祖先、灶神和土地爷，午餐是春节的年饭，这顿饭才是贺人一家人真正团聚的家庭团结饭，与中国春节的"年夜饭"相媲美。（4）大年初三，以同辈群体为行动单位，大家成群结队地到山上去踏青游山。初四，恢复日常生活。

老人们在暗暗感叹节日中的"礼信"已经"今时不同往日"之时，也欣喜地接受了"新礼信"带来的热闹和快乐。贺人每年的"团结饭"在达来维来的篮球场上举行，全过程可以分为四个阶段。

第一阶段：总结和感谢。2020年1月25日星期六，大年初一，早上，达来维来村球场上的棚子和花台已经搭好，78个简易长方形饭桌整整齐齐地摆放在球场上，每个桌子可以坐8—10人。大概从2010年开始，"团结饭"的餐食和场地布置已经完全外包给了当地的饭店，过年的人们不用自己准备食物，便有了更多表演节目和狂欢的时间。按照惯例，庆典活动10点半开始，人们穿着新衣，打扮整齐，入席坐下。今天的主持人是德高望重的前丰沙里省副省长廖安福，65岁的廖安福是贺人族群中威望极高的人，他退休不退职，仍在万象的某部门继续工作。今天，他穿着西装，打着领带站在舞台中间，开始发言。他全程用老挝语发言，偶尔穿插两句汉语。他讲道："今天，是我们汉家的春节，祝大家新年快乐！身体健康！万事如意！我作为汉家的代表先讲几句话。首先，要感谢省政府领导、县政府领导的光临，各个兄弟民族村长的出席，谢谢你们啦！大家欢迎他们！还有，今年还要特别欢迎我们在国外生活的各位朋友、兄弟姐妹的回归，他们四年一次地回来看我们，我们感谢他们，谢谢！这里过来的一年中，我们汉家在老挝党和国家的领导下，在丰沙里省政府和县政府的关怀领导下，在各个兄弟民族的帮助支持下，生产搞得好，生意做得旺！我们要继续努力好好搞生产，好好做生意，为国家贡献税钱，我们还要好好教育好下一代，叫他们继续搞好团结！我们是老挝的人民，我们汉家是听党和国家的，一直把团结搞好！团结饭团结饭，就是要搞好团结么才吃呢！大家说是不是？……谢谢！"

图 4-4 归国日侨为丰沙里贺人捐献现金
图片由笔者拍摄，2020 年 1 月 25 日，丰沙里。

第二阶段：接受赠送。廖安福发言完毕之后，他拿着话筒站在台上，逐个邀请各团体代表上台讲话。今年出席"团结饭"的代表是丰沙里副省长、丰沙里县的副县长、6 个村的村长和普内族、克木族、佬族的族人代表。他们一一上台和廖握手，用简短的话语祝贺人们新年快乐，并赠送花篮和红包。廖安福和傅明华①两位代表在场上接受赠送的花篮和红包，其金额在 500 人民币到 2000 人民币不等。今年最大的红包来自海外归来的贺人团体，以及他们中的日本国籍的夫妇俩，赠送的金额分别是 2 万美金和 100 万日元。傅明华说："他们赠送的钱将用于新汉庙的建盖。"

第三阶段：吃饭和表演。赠送环节之后，人们开始用餐，节目表演正式拉开帷幕。例行惯例，每年的第一个节目都由老年妇女们的小合唱开始，8 位老人平均年龄在 78 岁，她们唱了两首红歌《北京的金山上》和《南泥湾》，大家欢呼和鼓掌声此起彼伏。接下来，妇女们的节目开

---

① 傅明华为傅宝金之子，经营工程队，是族里的会计。

始上演,《采茶姑娘》《扇子舞》《快乐山姑娘》《外婆的澎湖湾》等16个舞蹈逐一上演。一阵一阵的音乐伴奏笼罩着吃饭的宴席,把台下人们的谈笑声完全盖住了。12点多,台上有序舞蹈表演结束,丰沙里当地的伴餐演奏队开始上场,一首接着一首的老挝民歌和流行歌曲继续烘托宴席的热闹场面。吃饱喝足的老人和小孩子们慢慢退场,剩下的是继续谈笑狂饮的中年人。

第四阶段:集体欢腾。1点多,场上原有的餐桌格局被改变,不同的朋友群凑在一起,把五六个或三四个桌子合起来,形成8个"长桌宴",男人女人分而聚之。老挝啤酒是欢乐的催化剂,在场的中年人都变得非常的随意和放松,跳过柔和的老挝传统圆圈舞之后,舞蹈的节奏越来越欢快,各种集体舞蹈轮番上演。跳累了喝酒休息,休息片刻又开始唱和跳。这种"团结饭"的热度一直持续至下午5点左右才慢慢退去。大集体营造出的欢乐感让在场的每一位贺人感觉到无比愉悦,我的一位报道人贵英凑在我的耳朵边说:"你瞧,我们这里是不是比你们中国更好玩!前几年,我妈领我去江城过春节,一点都不好玩。哪里有我们丰沙里好玩呢!"

"团结饭"的整个过程与宗教信仰相分离,一些贺族的老人们因此认为"团结饭"不是"礼信",但是,这种认识已经随着贺人社会的发展而逐渐消失了。在大多数贺人眼里春节的"团结饭"就是"礼信",它的意义重大。

三 "团结饭":新兴的"礼信"

"团结饭"被打造为贺人族群的传统,囊括于"礼信"概念中,反映的是贺人文化"现代的成长与传统的(被)发明"的历史[①]。"团结饭"从家庭空间到集体空间,从节日族内的聚餐活动到具有符号性质的"礼

---

① 郑杭生:《论"传统"的现代性变迁——一种社会学视野》,《学习与实践》2012年第1期。

信",其变迁过程是一个"国家符号"的植入过程,可谓是新兴的"礼信"。它的"新"在于完全世俗化的仪式中没有宗教信仰的符号,在一些老年人的认知中它不属于"礼信";所谓"兴",是指与其他节日仪式相比,各地贺人的"团结饭"仪式都能得到当地政府积极的支持,它是目前老挝贺人最隆重、最盛大和最热闹的节日仪式。

在国家政权的管理之下,一个族群集体仪式兴起和发展需要取得政治合法性。作为族群身份表达的集体平台,"团结饭"符合老挝民族国家建设进程中的民族融合政策,具有政治立场的合理性。《老挝人民民主共和国宪法》规定:"国家执行民族团结和民族平等政策,各民族都有维护和发展本民族和全体老挝民族良好的风俗习惯和文化艺术的权利,禁止一切分裂民族统一和民族歧视的行为。"①"团结"一词在国家意识形态的打造下,成为一种具有政治正确性的国家符号。老挝人民革命党强调民族平等,强调民族团结的重要性。老挝小学和初中的教育中,重视礼仪教育、爱国教育和团结行为的养成,小学一年级至初中四年级开设有《礼仪课》,其课程中有关"团结"的教育内容较为丰富。小学一年级的礼仪课程中包括爱朋友,尊重长辈,讲礼貌;小学二年级课程中包括朋友间相互帮助,同情他人;小学三年级课程中包括爱家庭,爱邻居,尊重老挝风俗,团结其他国家的儿童,对客人有礼貌;小学四年级课程中包括团结每一个民族。②贺人将春节期间的聚会聚餐仪式中植入国家符号,以"团结"的名称统合族群传统与国家治理,其目的和价值指向不在于宗教信仰,而在于国族的制造,表达贺人族群在老挝民族国家建设体系中的地位。

相对于普内、克木和阿卡,贺人曾经的华人和华侨身份使得身份表达更为迫切和必要。贺人借助国家文化发展契机,打造民族身份展演的

---

① 马树洪:《老挝的民族、宗教及其政策》,《东南亚》1998年第3期。
② 从老挝小学礼仪课本中获得,薄苏丽翻译。

平台，在"团结饭"仪式中充分展示自我的国族身份。20世纪90年代，中老关系回暖，老挝的改革开放政策带动各项产业不断发展。1990年，老挝开始正式开放部分国内旅游，1998年，老挝全面开放旅游业，从此，老挝旅游业步入正轨。老挝拥有1000多个自然景点，500多个文化景点，大约300个历史遗迹，主要分布在万象省、甘蒙省、丰沙里省、占巴塞省、沙耶武里省和琅勃拉邦省。① 老挝于1999年、2015年、2018年举办老挝旅游年，在全国18个省市举办各省独具特色的文化活动。2018年2月，老挝丰沙里省、乌多姆赛省和琅南塔省的贺人族群，响应中央号召在各地搞旅游年活动，贺人作为当地少数民族之一，在省政府的支持下，于春节期间在丰沙里、孟塞、那莫、勐兴等县举办民族文化展示会，与"团结饭"同步进行。2019年3月，笔者在乌多姆赛调查时得到的影像资料中就有"团结饭"相关的材料。

图4-5 贺人妇女

图片来源于2015年的《老挝旅游年宣传册》。

---

① 伍坦义：《老挝旅游业发展研究》，硕士学位论文，云南大学，2018年。

2018年2月，乌多姆赛那莫县贺人的"团结饭"仪式上，贺人代表在发言中说道："我们汉族得到党和国家的优待，组织过年，我们请各方面的代表来参加，各村的民族来，我们请着苗族、傣族、克木的代表。我们汉族从丰沙里搬来到孟塞，来依靠你们政府和村寨。得到你们领导和各个民族帮助我们汉族，给我们汉族一年比一年的生活调得好，在团结方面搞得好。我们汉族嫁其他民族，其他民族嫁我们汉族，疾病方面，人死方面，互相帮助！……我们汉族，每年给国家是不少的数字！说到人员，帮助国防或者建设方面，我们的年轻人参加部队，参加公安保护安全。说到教师方面，我们得学老文、中文、英文。说到医病，我们有医生，病痛可以找他们。我们要得团结，我们不能分裂民族。我们不能做违法的生意。"……（杨阿四，2018年2月，在乌多姆赛省那莫县贺人"团结饭"上的讲话。）

"团结饭"仪式较好地符合了"国家符号"植入的需求，在称呼上具有政治正确性，在仪式内容上具有很强的教化作用，在传统上与"礼信"一词相统合。"团结饭"在形式和内容上不断凸显民族团结和国家在场的主题，其仪式脱离宗教信仰的象征符号，以老挝的国家符号为主，在仪式前半段的内容主要为"感谢国家""接受国家和各民族的赠送""表达成为国民的自豪"等等。整个仪式从舞台布置、仪式环节到语言表达都在重复和强调国家在场的重要性与必要性，可以说，国家符号在族群精英和大众的联合之下，创造出新兴的"礼信"，与传统宗教信仰相统合，"国家"也成了"诸神"之一。

个人在社会中，在国家中；社会在个人中，在国家中；国家在个人中，在社会中。①人们的生活永远不可能脱离社会和国家。贺人在"礼信"实践中始终重视国家符号，每家每户的神龛上供奉"天地国亲师"的牌位，可以说，在贺人的信仰中"国"为其中之一。贺人的宗教信仰是世俗化的，在他们的认知里，"国"并非现代社会带入仪式的符号，而是一直以来的传统，可以用"礼信"概而化之。

第三节　族群文化展演中的妇女

"团结饭"和"二月会"是贺人族群形成过程中不断建构而成的集体空间，前者以人与人之间交流为主的世俗化仪式，是对外交流和身份表演的重要平台，后者以人神之间交流为主的宗教性仪式，是族群强化集体记忆、情感联结和宗教文化认同的主要场域。一个是创造的新兴"礼信"，一个是传承传统的"真礼信"，两者混搭是族群应对社会环境变化而呈现出的态度，表达了乐于融入的开放性，也隐含有不放弃本族传统的文化心理。这两个仪式是理解丰沙里贺人族群的一个主流维度，是理解其族群性的基础，而妇女们的实践是完整认识或理解贺人族群的另外一个重要维度。

民族性的建构一般跟"男性"和"女性"的特定观念有关。②沈海梅指出："我们在讨论作为主位或作为客位的族群/民族的认同实践时，必须将其落实到有性别区别的活生生的社会人群上，绝不能再像传统学术那样把人视为一个个超越性别区分的抽象物，或者用男人来概括所有

---

① 高丙中：《民间的仪式与国家的在场》，《北京大学学报（哲学社会科学版）》2001年第1期。
② 尹瓦·戴维斯（Yuval-Davis, Nira）：《发展是指明民族的理论》，秦立彦译，载陈顺馨、戴锦华编著：《妇女、民族与女性主义》，北京：中央编译出版社，2004，第1页。

人。"① 因此，本节关注的是在族群文化建构和展演中，男人和女人分别扮演了什么样的角色？社会性别结构又如何反作用于族群文化和族群认同？本节从社会性别视角，探究族群集体文化展演中妇女的"礼信"实践。

一 集体"礼信"实践的基础

族群的仪式实践实际上是族群组织形态在特定情境下的秩序呈现，人们参与活动，承认并接受组织中的象征和规范，其行为受到具体情境的约束。贺人的族群身份常常隐于村民身份和国民身份之后，族群内部的结构和秩序隐于日常生活之中，只有在"团结饭"和"二月会"这些具体的节日情境中才有机会一一呈现。实际上，族群内部的结构秩序是"礼信"运行和传承的基础。"结构指的是一种各种关系脱离了时空所构成的虚拟秩序。只有在处于具体情境中的人类主体运用各种知识完成的活动中获得了具体体现，结构才能得以存在。正是通过这些活动，结构被再生产为根植在时空跨度中的社会系统的结构性特征。"②

（一）"搭兄弟"与"搭姊妹"

费孝通说，在中国的乡土社会里，家并没有团体界限。社群里的分子可以依需要，沿亲属差序向外扩大。而扩大的途径是以父系为原则，中国人所谓的宗族、氏族就是由家的扩大或延伸而来的，社群是一切有组织的人群③。贺人的组织方式受到移民经历和身份的深刻影响，他们传承了家的文化传统的同时，在缺少血缘亲戚的地方社会中以拟亲属关系替代家庭关系的延伸，以父系为主的同时，也接纳母系关系的进入，

---

① 沈海梅：《中间地带——西南中国的社会性别、族性与认同》，北京：商务印书馆，2012，第95页。
② [英]安东尼·吉登斯：《社会的结构》，李康、李猛译，北京：生活·读书·新知三联书店，1998，第436页。
③ 彭兆荣、张进：《"社区"的维度与限度》，《思想战线》2019年第1期。

通过仪式结拜形成朋辈小团体，创造共享的"礼信"文化，以区别我族和他族。贺人的朋辈小团体在生活中并没有相应的称呼，他们因年龄分层形成类似朋友群的非正式组织，为叙述方便本文把他们称作"兄弟团"和"姊妹团"。贺人族群内部的"兄弟团"和"姊妹团"类似于中国汉族乡村社会中的宗族组织，是文化传承和社会控制的主要团体。这种拟血缘关系的结群机制被当地人称作"搭姊妹""搭兄弟"或是"搭老表"，以同性、同龄结群为主，人数在五六人到10多人不等，通过"搭"的机制形成较紧密的拟亲属关系小团体，在红白喜事、节庆仪式和一些要紧事务中相互支持提供帮助。这样结群的机制和方式在丰沙里贺人社会中有较明显的代际差异。

1. 老辈人的"搭姊妹"和"搭兄弟"

重视血缘关系，建立可依赖的亲属网络是贺人安居乐业的基础。贺人社会中有一句俗语道："三亲六戚多，好过豹子老虎多！"20世纪50、60年代，贺人家庭的父母鼓励自己的子女结交同龄朋友，与性格脾气相投的朋友结拜为兄弟、姊妹。在贺人族群中，70岁以上的老年人大多有过仪式结拜的同性兄弟或姐妹。

　　何老太讲道："我跟着我爸爸来到丰沙里，我大妈妈、我妈妈和我姐姐他们都留在江城了。我们来这里独家独门，无亲无戚，么我爸爸猴（厉害，有能力）呢！在丰沙里赶马，讨得三个小妈妈给我，他说：'一个好男，九个婆！'他一共讨过7个婆娘。……我们这边丰沙里人好，我跟5个姊妹玩得最好，我们一天玩在一起。我们大人就说，我们玩得好么，可以拜一下天地，意思就是叫我们几个搭姊妹了嘛！我们这里丰沙里老辈子人兴搞这种，叫作拜把子，搭老表，男的男的搭，女的女的搭，要喝鸡血酒，拜神桌。我们都属鼠的，一年生的，单单大姐是属狗的。我们姊妹几个，玩得好，10多岁的时候，我们凑钱请老人帮我们搞礼信，拜神桌，相互作揖。现在，她们年轻的不兴搞了，我们6个姊妹，现在只有我和万象的一个在着了（活着）。"（何玉华，1937年出生，82岁，丰沙里，2019年3月7日）

毛老太讲述说："我家原来在水河，7岁搬来丰沙里，小时候，大人们说："加亲添戚么，日子好过！"我们一般大的小伙伴多呢，我14岁时候，我们一起拜姊妹，我们有12个，有四个属相，我们是根据身高来排的，最高的那个是大姐，哈哈哈！好玩呐！我们拜的时候，跟我们一般大的12个小伙子也搭老表了。那时候兴（时兴）这种，现在不兴了。"（毛老太，1940年出生，78岁，丰沙里，2018年9月20日）

罗宝弟，现年65岁，出生在丰沙里乌德县的作嘎村作嘎寨，她与附近老刁寨的刘翠莲关系很好。罗宝弟比刘翠莲大四岁。双方各有5个兄弟姊妹。罗宝弟妈妈知道她们俩是好朋友，便对女儿说："你跟翠莲很好么，你跟她搭个姊妹，以后你们两个好好的，一个瞄着（关照）一个一点！"罗宝弟17岁时，在双方母亲的安排下，她们俩找老人帮她们看日子，选定日子后，请一位70多岁的老太太帮忙主持，做了结拜仪式。罗宝弟讲道："我们的结拜礼信就是：跪在神桌前面，杀一只鸡，拿点鸡血和我俩的血，滴进一碗酒中，每人喝一半，老人说，以后你们俩就是一母所生的亲姊妹了，不能有反心，如果有反心便会有报应，报应在自己的身体上。……后来，我们俩都嫁来了丰沙里，在这里我们俩还是好的！"（罗宝弟，1954年出生，丰沙里，2019年9月22日）

老挝丰沙里贺人族群中的女性结拜关系和男性结拜关系一样，也是天地为证、歃血为盟的仪式实践，关系实践的目标同样是"同甘共苦，互帮互助，情同姐妹"，他们的关系使家庭团体得到扩展，亲属网络在关系实践中延伸，是老一辈人们的"礼信"实践，及晚辈群体结群机制中惯习的反映。

2. 现代妇女们的结群

"搭姊妹"是老一辈妇女们主要的结群方式，她们的情谊有世俗之间的礼尚往来，也有天地神灵的照看。现代化进程中，当下中年妇女们摒弃"礼信"为证的神谕仪式，保留了有选择性的聚会和活动之传统。一般来说，妇女们在传统文化生活中应该是隐于家庭的，在中国农村汉族村落中，从夫居和父系继承制决定了妇女的从属地位，她们的归属是父亲、丈夫和儿子，她们的权力被忽视。然而，妇女一直在为自己的权力而努力，在《娘家与婆家》一书中，作者揭示了已婚妇女是如何在以男性为中心的父系亲属制度的体系内部，以建构核心小家庭为奋斗目标而实践性地发展了女性自己的亲属关系空间的[①]。丰沙里贺人妇女们有和男性相仿的休闲时间和空间，在"搭姊妹"风俗的影响下，女性聚会活动的时间和空间，很少有男性参加，已婚未婚妇女的小聚会活动都有其合理性。选择恰当的时间聚餐是丰沙里妇女们联系姊妹情谊的主要方式。而对于贺人妇女来说，安排家人的饭食是她们天生的责任，对只有不到十家饭店的丰沙里小镇来说，一家人到外面吃饭是一件不符合常规和需要正当理由的事情。

（1）节日聚餐。2019年3月8日，贺人的"二月会"，也是三八节，"二月会"活动下午4点已经完全结束，男女老少各回各家。下午6点多，我所寄宿的家户女主人梅花把家里的事情安顿好，叫我一起出去吃饭。她带我到了一家吃鱼的老挝火锅店，她笑眯眯地跟我说："今天是三八节不是，出来吃点好的！"和梅花一起吃饭的有11个妇女朋友，算上

---

① 麻国庆：《娘家与婆家》序，载李霞：《娘家与婆家》，北京：社会科学出版社，2010。

小孩们有 16 个人。在我们旁边，还有另外的一伙老太太，她们是今天在汉庙门口秀姐妹情的 8 个人。（如图 4-6）两群妇女在火锅店里吃得热火朝天，没有她们的丈夫参加。2019 年 10 月 1 日，星期二，50 多岁的廖太邀请 8 位同龄的妇女和 6 位 70 多岁的老太太到她家吃饭，当我问请客的原因时，廖太说："今天是国庆节，请她们来家玩一下！"早上 9 点多，廖太的 3 位朋友来到家中帮忙杀鸡、做饭，6 位老太太来到家中开始打牌娱乐。11 点多，廖太的其他 5 位朋友刚刚来到，廖太问："他们的饭煮好了嗄？"朋友们答："煮好了，煮好了！"同时，70 多岁的谭老太和廖太说："我回去一下，去搞点菜给老乖（老公）。"20 多分钟后，谭老太返回来。12 点，廖太的女儿和女婿下班回家，廖太老公去万象不在家，廖太叫大家吃饭，吃饭过程中，没有一个朋友的丈夫参加。

图 4-6　二月会上的"姊妹团"
图片由笔者于 2019 年 3 月 8 日 "二月会" 时拍摄。

（2）妇女们日常的聚会。除了两个重大的节日外，妇女们日常的聚会主要是在朋友的家聚餐。妇女们并不会排除她们的丈夫或男性朋友参加聚餐活动，但是，中国汉族文化中男女有别文化使得人们趋向于同性结群，贺人同样如此。贺人已婚的妇女们聚会的时间一般在晚上 7 点以后，妇女们把家里的饭食做好，赶到做东的朋友家。大家围在一起吃吃喝喝，聊聊家常，偶尔分享一些小视频。在我第三次参加这样的小聚会时，才觉察到这种在都市社会中不足为奇的朋友聚会，在没有完全退去农耕传统文化的贺人社会中的有趣一面，贺人妇女们的闲暇时间和空间是传统文化中的一部分，并不是现代社会的专属现象。

3. 中青年人的结群

丰沙里年青一代的贺人群体，或者是出生于 1975 年前后的中年群体和青年群体，在结群的方式上放弃了结拜仪式，通常用"吹得来""讲得来""玩得拢"等松散而富有弹性的方式结成朋友群，而在情谊关系的处理上，受到市场经济的影响，趋向经济理性关系的建构，比如在《跨国茶叶贸易与亲属关系实践——对老挝丰沙里"搭老表"现象的人类学解读》一文中，郭静伟诠释了"搭老表"中经济理性在亲属关系实践中的表达。但不可否认的是，经济理性的关系实践只是其中一个方面，贺人在拟亲属关系实践中仍效仿父母辈经验，重视互帮互助，礼尚往来，以及我族身份。族群身份往往会成为一部分贺人在交友或结群机制中需要考虑的因素之一。

> 小鬼是我的好朋友，他是从乌德农村来的汉家，和我一般大。他明天请客，因为他去年去万象大学学习中文，拿得毕业证回来。他这边亲戚不多，我送他一头猪（大约 1300 元人民币，相当于丰沙里普通公务员一个月工资），教他请领导、同事和朋友吃饭，给他信心。我们警察中有普内、老爪、哈尼等民族，但是汉家最少。我要得帮他一下。（毛四，男，37 岁，边防海关公务员，丰沙里，2019 年 3 月 10 日）

在丰沙里青年人的观念里,"经常搭伙一起玩"是维持朋友关系的一种重要方式,玩的内容有一起吃饭、喝酒、跑山等,在玩的过程中也形成了他们的互惠网络。节日是朋友聚会最好的日子,节日在人们的实践中不断变迁,丰沙里的贺人将大年三十调整为一个家庭接待其他民族朋友们的日子,初一的"团结饭"中很少有未婚的青年和青少年参加,因为他们在家庭接待自己外族和本族的朋友,当大人们去参加团结饭时,家里便成了青少年们自己娱乐的空间。贺人父母们支持孩子们利用节日接待自己的朋友,他们给予孩子们充分的交友空间。对此,何老太感叹道:"现在吃团结饭么像干革命样呢,年纪大呢去守着,年纪小的去各家跳玩了,不像以前样的个个都来参加。"她嘲讽的口气中带着些许无奈。

(二)组织

长幼尊卑、男女有别和亲政府的政治导向性是建构贺人族群内部秩序和分配权力的基础。1975年之前,丰沙里中华理事会是管理当地华人华侨的正式组织,1976年,丰沙里中华理事会解体,"老人会"成为继替的贺人族群的组织团体,主要负责族群中一年两次的节日和汉庙的管理事务。"老人会"中的统领人物是退休的副省长廖安福和退休的县长魏长生,两位族群代表受县级统战部的直接管理,是族群组织与政府组织之间上传下达的信息联络和政策宣传的桥梁人物,此外,罗光宝村长和傅明华老板分别担任出纳和会计,他们四人是"老人会"的核心成员,较为稳定。而四人所属的"兄弟团"中的朋友和较年轻的男性是"老人会"的下属成员,自愿参与协助"老人会"的工作。在老挝行政管理体系中由统战部负责联系少数民族,统战部的少数民族代表由退休的公务员代表承担,一般老挝各地的统战部不定期召开民族代表会议,宣讲国家的民族政策和相关法律法规。贺人民族代表通过朋辈的小团体聚餐聊天把相关信息传播出去。老挝各地贺人民族代表只有男性,父权制社会的影响仍然是根深蒂固的,文化传承中的权力仍由男性团体掌控。贺人族群内部一年举行两次的正式会议,时间安排在"团结饭"和"二月会"前期举行,开会的地点分别是博物馆后面的广场和汉庙前的小广场,每一户人家至少来一位家庭成员参加会议,听取会计为大家通报一年中族内的开销,商议两个节日需要安排的事务。以两个退休干部为核心的"兄弟团"自然成为族内的核心人物,他们具有领导者的地位,负责指导工作;以会计和出纳为核心的中年人是主要执行团队,他们俩的帮手就是他们所属的"兄弟团",负责族内捐款凑钱、各项开销事务以及外联事宜等。而"姊妹团"在"团结饭"中是主要的表演者,在"二月会"中是后厨的掌控者。这些朋辈团体之间并没有边界,他们因各种亲缘、血缘、业缘、地缘等关系形成一个可以延伸至老挝各地,甚至是世界各地的熟人网络。

（三）资金

文化传承需要物质基础的支持。汉庙建设、维护以及两个集体仪式资金主要来自族群内部的自愿捐款。每年两个集体仪式之前,贺人们都自觉捐资,多少随意。贺人每一户的家主仍是男性,捐款名单上大多数是男性的名字,包括上门的同族女婿,上门的外族女婿依照情况而定。实际上,男性们的荣耀主要来自差别化的捐赠,捐资捐物最多的人会得到族群精英们在仪式上公开的表扬和族群集体的称赞,比如:在"二月会"上捐资最多或是捐一头猪的人,可以代表族群在汉庙里磕头祭祀。一般来说,二月会捐赠猪的是经济条件比较好的家庭,他们之间会有默契,相互商量着轮流捐赠。普通的人家每户最少捐资10万基普,相当于80元人民币,这已经是近十年来的惯例了。当然,一部分捐资来自那些离开丰沙里,但仍然与丰沙里有着亲缘关系或拟亲缘关系的贺人。他们通过网络联系亲友,实现跨时空的参与,表达对家乡和亲友的感恩之情。家住万象的谭永柱说:"我20多岁离开丰沙里到万象工作,每年过年和二月会我都会尽量赶回来过。我爹妈和我二哥都在丰沙里,我的兄弟们也在，这边过节热闹、好玩。我不来的那年，我也会叫他们帮我给，多给的多得好了嘛，少给的也得好呐！只要贡献都会得好！"

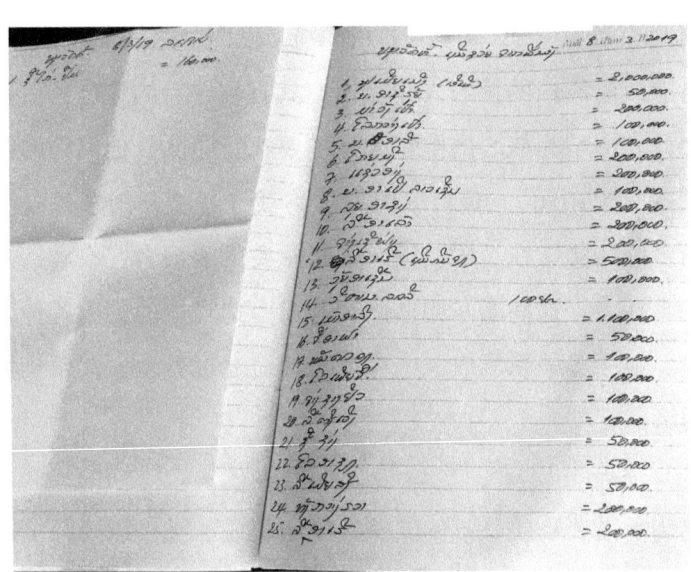

图 4-7　贺人的捐钱名单
图片由笔者于 2019 年 3 月 8 日"二月会"上拍摄。

二　差别化的"礼信"实践：不同社会阶层中的妇女

人类社会中，仪式属于某个群体，它具有凝聚和整合群体的正向作用，同时，也有分化和区隔群体的反向作用。彭兆荣指出："仪式经常成为分开和分离社会群体的一种区隔形式，而这一形式又与某一个特定社会的价值体系和概念分类联系在一起，以'裁决'什么群体、什么性别、什么人可以或不可以出现在某一个仪式现场。"① 丰沙里贺人基于"团结饭"和"二月会"构建的节日集体空间抑或仪式空间，区别于无边界的公共空间，它的边界在特定的时空中呈现，区别出我族与他族，勾勒出族群内部的精英阶层和普通民众，划分出仪式的参与者和非参与者。

---

① 彭兆荣:《人类学仪式的理论与实践》，北京：民族出版社，2007，第 83 页。

田野中妇女们的生活境遇,以及应对仪式时的所述所为,给我展现了一幅生动的、差异化的"礼信"实践之图景。

(一)"姊妹团"的"礼信"表演

丰沙里贺人族群集体在各个公开交流的平台上,通常以"男人搭台,女人演戏"的方式展演本族的社会文化特征,当然,"团结饭"是最具代表性和规律性的仪式平台。根据上述"团结饭"的仪式过程可知,贺人男性扮演代表,接受国家、外族的赠礼,已婚妇女们的"姊妹团"组成10个表演组,用16个舞蹈展演本族的文化。舞曲的选择、舞蹈的编排完全由妇女们决定,伴舞的歌曲大多为节奏感较好的华文歌曲。此外,"姊妹团"会利用所有节日聚会之机展示姊妹情谊,她们一起上台表演,围坐在饭桌前,一起吃饭喝酒,穿着统一的服装,传达"我们是姐妹"的信息。贺人妇女们说:"我们的节日么,我们要穿自己的服装了,好朋友一起穿么才好不是!"2020年1月25日,"团结饭"中没有一个贺人穿老挝的传统服装——隆基,各种颜色鲜艳的旗袍成了贺人的传统服装,占据了主场。服饰的外显特征是节日仪式族群文化特征的重要表达。

图4-8 2020年1月25日,"团结饭"上"姊妹团"合影
图片由笔者拍摄。

妇女们在仪式中的责任感和表现力都不亚于男性，在塑造贺人族群形象和表达族群认同中，主位身份更加的凸出。这似乎应验了麦切拉斯所说"在维系少数民族身份上，妇女起着比男性更重要的作用"。①

图4-9 2010年1月25日，台上表演的贺人妇女
图片由笔者拍摄。

（二）参与者的"门槛"

一个族群在发展过程中，受到自然、经济、文化和社会结构变迁等复杂因素的影响，出现分化或分层现象。丰沙里贺人的家庭大致可以分为四个等级，第一等级的家庭，家里有产业、会经营，经营宾馆、饭店、茶厂、建筑工程公司，雇佣工人，家庭成员中有"公家人"，这样的家庭一般比较富裕，可以从家庭住宅的建筑上看出来。二等家庭是家里没有产业，妇女开店铺，男主人是"公家人"，兼职做点小生意，或外出打工，日子过得去，只是不宽裕。三等家庭，没有店面或铺子，只能做点小生意，比如：在市场卖粑粑、豆腐等，他们不善于打理家里的土地，

---

① 沈海梅：《中间地带——西南中国的社会性别、族性与认同》，北京：商务印书馆，2012，第96页。

自家的土地面积小，没有较好的经济作物，男人们老老实实，规规矩矩，但也没有能力外出打工，这些家庭能维持生活，经济不宽裕。最后一类家庭处于社会边缘，他们受困于家庭成员的疾病、毒品成瘾和意外灾难等问题之中，经济穷困，生活潦倒。人们通过仪式希望消除社会差别，凝聚社会团结，强化集体力量，贺人族群精英们对下层民众的态度是宽容和接纳的，他们说："想贡献多少都可以，多少不怕，困难的可以不出，贡献在心意，大家都可以来参加我们的节日。"2019年3月8日，有81户人家为"二月会"捐款（不包括捐物的6个家户）。2020年1月25日，为"团结饭"捐钱的本地家户数约为120户。并不是所有自称为"汉家"的家户都参加这两个集体活动，两个仪式对于不同的社会阶层的人有不同的意义，参加的"门槛"不仅仅在于家户的经济能力，也在于某些社会关系联结或是人生经历。以下妇女们的人生境遇勾画出隐藏于集体"礼信"实践的另一面。

1. "姊妹团"服装文化下的"门槛"

服装是社会身份的象征性物品。在避免同一的现代社会中，女性们通常用服装诠释自己的审美、个性，"撞衫"一词成为一种可以解读的事件。在丰沙里老挝贺人族群中，妇女们在"礼信"实践的场域中，以同衣同装的方式，展演小群体之间的社会关系联结。"姊妹团"的同衣同装既可以视作一种文化符号，也可以是一种消费符号。

2020年1月初，贺人代表召集各家户代表在汉庙前开会，主要通知大家"团结饭"的时间、准备的内容、分配的任务等。在贺人们的观念中，上台唱歌跳舞只属于已婚女性，男人上台跳舞是一件好笑的事情。老婆们上台表演是另外一种为家增光的事情，老公们在时间和金钱上都会支持老婆们参加表演活动。未婚的女性参与表演的意愿很低，她们说："我们想参加也可以，只是，我们想自己先多玩一些，我妈妈、我嫂子她们参加就可以了。"未婚女性的参加与不参加之间，似乎是随意的，而随着调查的深入发现，这一随意的行为之下是家庭观念和表演消费产生的必然现象。未嫁女依附于父亲和兄弟的关系之中，她们完成学业后，大部分人在家帮助家里经营自家的营生，经济未独立和将要外嫁的身份让其在家中很难成为一家之代表。

已婚的妇女们承担起表演任务，从七八十岁的老奶奶到二三十岁的小媳妇，各个不同年龄层的"姊妹团"都会参加表演。在临近春节的每天晚饭后，家庭主妇们有合理的理由离开家庭琐事，进入姊妹小团体里排练节目、谈天说地，乐在其中。"姊妹团"一般由年龄相仿的血亲姊妹、堂表姊妹、妯娌、姑嫂和一起长大的好朋友组成，其关系网络囊括了大部分贺人家庭。妇女们自觉地为"礼信"表演准备，负担起因表演所产生的所有费用，包括服装、编舞、化妆等。同时，她们的情谊关系也需要通过统一的服饰来包装。

同衣同装的结构之基础在于消费，而消费水平的不同必然产生分化和区隔。春梅因生活拮据，有点跟不上"姊妹团"的统一步调。她现年38岁，19岁跟着丈夫从孟塞来到丰沙里，养育了两子一女，继承婆婆的手艺，经营米干店，丈夫为中国人打工，经常在外。这两年，她的娘家遭遇变故、丈夫打工赚不到钱等经济原因加剧了婆媳间的矛盾。2019年上半年，她搬家离开婆家，住到了租来的米干店内。对于她来说，今年的年，有点不好过。春梅说："每年我们都要跳两三个舞，服装的钱要自己出，还有编舞、化妆，样样都要花钱。……这回，跳一个，要买两套服装，要出20多万！（100多人民币）唉，这种服装平时又不穿！还有，还要买一套过节服。"过节服是旗袍，没有包含在表演服装中，生活拮据的她不得不在表演服和过节服上做出取舍。2020年1月25日的"团结饭"上，她穿着去年的过节服到场，成为20个姐妹中唯一与众不同的一个。"姊妹团"邀约照相时，她刻意地把头转向另外一边，直到朋友们来拉她入伙。

被拉入伙形成"姊妹团"的表演小组是参加"团结饭"另一条被隐藏的线索。每一户贺人家庭对"团结饭"的贡献不仅仅是以男性户主名字登记在册的那一笔钱，相匹配的是每一个家户妇女们对这个仪式做出的贡献，主要是上台表演。有意思的是，"团结饭"中妇女们表演的节目除 70 岁以上的老太太团表演两首小合唱之外，其余的全是群体舞蹈节目。从编排和表演中看出，外貌的胖瘦美丑和动作的协调性不是贺人妇女们考虑的因素，而在于个人是否想来参加。一位妇女说："我们年年都跳，我们年年都叫喊这些伴，原来阿花阿诺不会跳，跳着跳着就会了，只要想跳都来跳得，人越多么越好，大家一起么热闹，好玩！"在某种程度上，姊妹之间的关系展演超越表演节目本身。有些家庭富裕的"姊妹团"会在过年时备着三套过节服，每天换一套，从初一到初三，同衣同装过节三天。

2. 集体之外的妇女

2020 年 1 月 18 日，距离春节还有 6 天，每个贺人家庭都在忙着准备过年的食物，我常住的毛家，因要迎接亲戚的回归，怀着歉意拒绝我的入住。我又住到了丰沙里大酒店，第一次入住是 2018 年 9 月份，酒店是一位贺人大姐在经营，后来她成了我的一位主要的报道人，她邀请的一位贺人保洁员不经意间进入了我的视野中。这位身材瘦小的酒店保洁员每天都来为我打扫卫生，她的头上经常包着一块红白相间格子花纹的巾帕，40 岁左右的样子，穿着破旧的筒裙，见到我毕恭毕敬地微笑着，从来不主动和我打招呼。我知道她是贺人后有些高兴，主动跟她聊天，不过她似乎不想和我聊，直到住店的第 5 天，她才开始和我聊天。她名叫阿茶，没有读过书，流利的云南方言表达，会说老挝语，但算不上流利。三次不超过十分钟的谈话，她都在打扫卫生，用断断续续不很连贯的语句表达她的意思。和她的谈话让我感觉到底层妇女的无助和卑微，只能选择用力地活着，她们还能选择族群归属和生活方式吗？

阿茶说："我老家不在这里，在外寨，我姊姊妹妹都搬出来了，老家没有亲戚了，不会在了，不是么，我们山头还做得吃些。我跟老公六年前来到这里，四个娃娃都是在外寨那边生的，来这里是老艰难啦，我老公吃马药（鸦片），不会做活计了，没有法，我自己一个做工，老挝钱100万一个月（800元人民币），房子盖不起，我忍耐了，我想跑呢。我家妹子有一个在勐腊，我想跟她去，她不领我去，不是么，我跟她去得了。我有一个侄姑娘嫁到江城，那边男人多噶？老师，你领我走嘛，我不想在这里了。……他们过年，我们不去，害羞呐！穿的没有，给他们的没有……"

没有人知道阿茶具体住在哪里，认识她的人只知道她回家的方向。另外一个素未谋面的阿白，和阿茶有着相似的生活境遇。2019年9月29日，结束丰沙里阶段性的调查，在返回中国勐腊的大巴车上遇到一个墨江老乡，他姓陈，是墨江县坝溜乡人，38岁。陈有一位丰沙里的老挝媳妇，名叫阿白的贺人妇女，会说云南方言。陈在中老边境一带做电焊工和建筑工，在中国找不到媳妇，8年前，到勐腊表舅家玩，表舅在丰沙里承包工程，他跟着表舅到丰沙里建简易房，在工地上认识了阿白，靠打零工生活。阿白和前夫育有三个子女，大的孩子有16岁，白和陈育有两子。白的前夫是大烟鬼，白和前夫分手后，前夫经常趁着陈不在家，借看孩子的名义到白家留宿，陈为此非常生气，但是也无可奈何，说到底，他们俩也只是同居关系。他和阿白一直因结婚证难办而没能领结婚证，办跨国结婚证第一步，先要到老挝当地政府领相关证明，然后，把证明带到万象外事办，外事办把资料发到云南昆明，昆明发到墨江县级，这一系列的事务按正常程序走可能需要花费1万多元人民币，并且，阿白不会写老挝字，陈不会老挝话，办证对他们来说，困难重重。对于办证，陈在讲述中语气平淡，在他看来，不值得为结婚证付出那么多，他说："我一天的跑过来，女人么，舍不得呢不是，主要是舍不得娃娃呢！我过来么都会给她们一些钱，我这边没有活计的时候，差不多一两个月来一次，不来的时候就用微信联系了。"在陈的描述中得知阿白就住在哇叫村的附近，但我因对她前夫的恐惧，一直不敢到她的住所采访她，只是从其他贺人妇女那里打听一二，一些知道她的贺人妇女对她也不甚了解，只是说："他们怕是从外寨来的，是倒是汉家了，她么，我们不熟了，她老公吃马药呢！"当我问一些贺人妇女，阿茶、阿白为什么不来参加"团结饭"时，她们回答是一致的，即"她们怕是害羞吧！"

在日常生活中，两位妇女因语言和地缘关系，自我和他者的身份认同是贺人，然而，在集体的"礼信"实践中却没有她们的空间。仪式是表演的平台，表演者的出演需要财物的支持，表演的门槛存在于社会阶层之间，族群身份在展示中掩盖了不光彩的一面，贫穷和药瘾者被排除在集体空间之外。

综上，本章通过描述"团结饭""二月会"的历史变迁和仪式发展过程中呈现的权力关系，说明贺人在身份构建中，如何利用传统，顺应历史发展。"团结饭"从家庭空间到集体空间，被认为是新兴的"礼信"，受到国家的支持。"二月会"被贺人认为是"真礼信"，举办需要依托汉庙进行，除丰沙里外，老挝北部各地的贺人在建庙过程中受到阻碍。两个贺人的节日能够在丰沙里县城内顺利维续和发展，主要缘由在于两方面，一方面，丰沙里县城原是华人、华侨的聚居区，有较强的文化底蕴；另一方面，丰沙里贺人族群内部有较强的凝聚力，以年龄组划分呈现的"兄弟团"和"姊妹团"发挥着类似中国农村宗族组织的功能，男性负责外联工作，收集资金，搭建交流的平台，女性负责内务的后厨工作和展现贺人族群文化的表演工作。男性和女性建构"礼信"的集体空间时，体现的是共同协作，"男子搭台，女子唱戏"的关系。

国家、族群和个人依托"礼信"仪式进行互动，关注妇女的"礼信"实践，从微观的互动中洞察贺人营造"礼信"集体空间的特征。处于不同社会阶层的妇女有着差异性的"礼信"实践，这是族群内部的社会阶层分化的结构性差异。集体空间中,个体身份是一种建立在经济等级化基础上的身份差别,即精英人群、普通人群和集体之外的边缘人群。

第五章 "随心从信":家庭空间中妇女主导的"礼信"实践

第一节　仪式专家
第二节　"混合礼信":仪式专家的女性化
第三节　家庭中的"祖先"与"佛"

人们的养生送死，几千年来主要是在家庭这个社会细胞里进行的。称家庭为社会细胞，就是因为它是人类社会里最基本的生活单位[①]。家庭是社会中重要的社会组织，组织中的男女老少、祖先凡人和天地神灵是建构贺人家庭的要素，贺人的家庭空间是神俗一体的，婚丧嫁娶、节日仪式、日常祭拜等仪式都需要在家里进行，与神灵相关的所有仪式都被称为"礼信"。梁漱溟、钱穆等认为中国人的家庭与西方的教堂相似，贺人的家庭同样如此。在信仰文化具有实用主义品格和马帮生计的环境之下，贺人主妇们逐步获得主导"礼信"的权力，成为家庭仪式专家。她们在"礼信"实践中融入自己的生命经验，个人的情感和经历被悄悄地带入全家人的信仰体系之中，人生经历中让她们安心的情感正在成为改变传统"礼信"的重要动因。贺人妇女如何成为家庭中"礼信"实践的主导者，她们如何选择"礼信"活动？在从夫居制度之下，她们是否能真正做到"随心从信"？她们在日常生活中如何操弄原被看作是异族之信仰的佛教实践？

第一节　仪式专家

如果仪式是表演，那么不应忽视其导演的地位。仪式专家在仪式过程中扮演导演的角色，负责策划、筹备和表演。贺人的"礼信"具有实用主义品格，家庭是"礼信"实践的主要空间。神俗一体化的家庭空间中，人们更重视的是老幼秩序和孝行实践的呈现，不迷信神灵感应或亡灵世界。仪式专家在族群中的地位逐渐降低。

一　消失的"先生"

丰沙里贺族老人们认为："好些礼信都灭了，现在，没有先生了！"老

---

① 费孝通：《家与中国社会》代序，载麻国庆《家与中国社会》，北京：文物出版社，1999。

人口中的"先生"必须是男性,是以前的"礼信"仪式专家,基本的技能是:会看通书,会"拣日子",会叫魂,会看卦,会主持各种仪式。20 世纪 50 年代,达来维来和哇叫村最出名的"先生"有两个,一个是马王宝的父亲——马智能,一个是李大妈的大叔——李贵五。1943 年,14 岁的马智能在云南省墨江县小学读完四年级,高小毕业。1949 年 7 月底,人民解放军攻打墨江,打了七天七夜才攻下了墨江,8 月 3 日在墨江建立共产党政权机构。马智能同家人逃到江城县,顺着马帮道路逃亡至丰沙里。他在丰沙里娶妻生子,育有三男四女,现年 62 岁的马王宝排行老二,因年幼时身体多病,拜王家为干亲,给他取名王宝。王宝用平和的语气讲起他爸爸:"阿爸和我阿公阿奶一起来到这边,无亲无戚,他和阿妈结婚,我阿妈一辈子不会讲老挝话,只会说我们这种话。我阿爸倒是读过中国书,他识文断字,会看'通书',他会做的事情有:定八字,红事白事,看卦算命,叫魂驱鬼……我阿爸是 50 多岁死的。1978 年,我兄弟跑出去了,后来去了瑞士。……我家兄弟三个都不学,没有意思,现在那些礼信丢的多,不兴了!"同样,李家的男子也没有继承父业。

图 5-1　马智能的高小毕业证书
原图由马王宝提供,笔者拍摄。

20世纪60年代初至80年代末,是贺人"礼信"文化剧烈转型的时期,就对"先生"这一职业冲击来说,可以从以下三点来看:(1)1961年,中国政府在丰沙里设领事馆。在中国政府的支持下,丰沙里华侨理事会举办夜校、扫盲班等活动,组织当地民众学习"老三篇"和毛主席语录。之后,在中立派的组织下,丰沙里各民族曾进行过破除迷信的活动,很多烦琐的仪式活动基本已经被取缔。(2)1975年至1986年,中老关系恶化,丰沙里贺人在政治上被排挤,国家行政事业体系中的职位不接受贺人青年。在经济上被压榨,一些商店、作坊和工程队被收编为国有,贺人只能以农耕为生;在文化上被侵蚀,青少年不得读高中,妇女不敢穿裤子,不敢在大街上讲自己的语言。让贺人强烈地意识到"天地国亲师"中"国"的改变,人与神、人与国家、人与人在关系上剧烈转型,发生断裂和重组。"礼信"的正当性、合法性受到冲击,很多仪式从公开转入隐蔽。(3)现代教育的普及,识字率提高,知识水平提升,人们变得越来越理性。解放之后,"通书"从原来的中文版变为了泰文版,很多人学会了"礼信"中的"看通书拣日子",而看卦和叫魂也缺乏神圣性,一看就知,一学就会。

现在,丰沙里县城里只有一个叫魂先生——艾阿宝,他51岁,家住哇叫村汉庙旁,他自称叫魂的能力有家传,他的爷爷原来是老虎寨的大先生。很多贺人对他叫魂能力的评价是:"那是瞎猫碰到死老鼠了!"2017年至2019年,他是汉庙的管理者,大家每年付给他150万基普的管理费,2019年3月的二月会上他提出要把管理费提高到每年200万基普,大家答应。同年5月份,贺人"老人会"把管理权交给了阿青,一位比他年轻的中年男子。对此,阿宝心里非常不悦,他说:"丰沙里人心不好一些。他一样不会管,香也不会烧。……这次看鸡卦不好,没有神角,是神不管人,只有人管神,这种是礼信做不到了嘛。礼信是观音菩萨上,要在二月十九,他的生日的时候烧香给他,这久,他们不烧去了么。以前，我烧香下大雨么，还做得着。这久，他们不管，做不到了。礼信做不到了嘛！……我做了七八年，年轻的时候没有做。谭光华姑娘我做好给的。……普内、傣族、克木那些人来讨我去叫魂，他们认得我做得好，都请我做的。我瞄的多数的好，不好的少。"阿宝在我面前自夸有各种能力，但是，他并没有因为他是贺人族群中唯一一个叫魂先生而保住汉庙管理员的职位，人们也并没有在意他的不满。调查中，我在贺人面前提到阿宝，大家都否认他是"先生"，对他身份确认的应答是："嗯，他会叫魂。"

阿宝和老婆有5个子女，都在万象和孟塞，很少回丰沙里，2019年的春节，只有他们老两口在丰沙里过年。阿宝的老婆患有骨质增生，常年腿脚疼痛，似乎给阿宝吹嘘的神力挖了一个坑。我第二次上门，阿宝老婆在聊天中无意透露了儿女们对父亲帮他人叫魂的不满，"我姑娘她们说她爸，不要做了，人家会笑。"阿宝听见，回说："我也不想做，但是，人家上门来讨，不帮人家做，怕人家恼（生气）。也不好。其实，也不想赚这个钱。"阿宝夫妻俩表达不离开丰沙里的主要原因是舍不得那几亩大茶树。

阿宝叫魂的价格是10万到20万基普不等，一般由主人家决定给他多少钱，按照他的话来说是："凭他家良心给！"他的价格和丰沙里贺人中的另一个神婆——阿惠婆的价格差不多。他们的收费比起一些普内和傣族的安章更便宜一些，安章出席拴线和做赕，主人家需要付10万至50万基普，做大赕时还要送安章一套新衣服和一对蜡烛。阿宝和阿惠婆的状态颇有种墙内开花墙外香之感，他们的主要受众更多的来自外寨贺人、普内人和阿卡人。

贺人社会中"先生"的消失，意味着仪式专家地位的下降，这背后蕴含着一定的社会文化原因。首先，老挝民族国家建设过程中佛教的普及化和全民化。1975年，老挝人民民主共和国诞生，新政府仍然重视佛教，积极支持佛教界的活动，团结广大僧侣阶层，把佛教作为宣传解释老挝人民革命党的政策方针、维护社会稳定的有效工具。① 国家化和现代化是公民身份扮演的大背景，新的符号体现和信仰逐渐成为现代公民需要学习和信仰的符号，贺人的传统符号体系"礼信"在公共权威空间中是现代国家符号统领体系中的支系。其次，贺人重视家庭超过重视集体。正如梁漱溟先生所说："中国人缺乏集团生活"，中国人的生活，一向倚重家庭亲族间，到最近方始转趋于超家庭的大集团；"因亲及亲，因友及友"其路仍熟，所以遇事总喜托人情。② 重视家庭中的"礼信"而非集团的"礼信"是贺人之特点所在。再者，贺人社会是人本主义社会，重视世俗生活，信仰文化为人们的日常生活服务，"礼信"的变迁逻辑具有实用主义品格。故而，贺人的仪式专家地位的下降有其历史必然性。

二 家庭"礼信"活动的分工模式

老挝贺人延续了中国汉族宗教信仰中的实用主义品格，他们的"礼信"在生活的脉络中形成，并利用于生活。"礼信"中的实用主义品格结合了马帮文化和现代性知识，形构着"礼信"活动的分工模式。

首先，马帮文化下妇女自主空间的获得。20世纪70年代之前，马帮文化下，贺人男性在家庭宗教仪式中缺失，妇女逐步掌握了主持仪式的权力。老挝学者昭坎曼·翁谷达拉纳在《老挝史》中曾经对20世纪五六十年代生活在丰沙里的部分汉人进行过简要的描写。

> 汉阿罗族，约2000人，是中国商人和卡罗罗族的后裔。原居云南，1874年，因战事进入丰沙里。聚居地有两处，一处在丰沙里治以北

---

① 任珂瑶、钮菊生：《佛教在老挝的传播和发展》，《苏州教育学院学报》2014年第1期。
② 梁漱溟：《中国文化要义》，上海：上海人民出版社，2011，第65页。

孟华和孟阿林，另一处在乌代以东。此外有些以酿酒卖和卖鸦片为业的小商人，没有固定的住地，常常根据他们经营小本生意的需要而到处流动。汉阿罗人喜欢过安定的生活，但不愿承担公务。有些人比较奸诈，专以卖酒和鸦片黑市为生，而且在家里为越南人和卡族人开设赌场以牟利。比较诚实的人是饲养猪、马、牛等牲畜的能手，是马驮商人，是良好的兽医。男子穿褐黑色衣服，留着长约一尺的长发并盘于头上，戴帽子。有些女子生来就被裹脚，成为小脚娘，以防私奔。男女从小订婚，结婚后女子即住夫家。丧事行土葬。不信佛而信神，阴历新年正月杀猪祭祀。①

现在的老挝的民族划分中没有汉阿罗族，从上述叙述中可知，汉阿罗族与贺人生活方式和风俗习惯如出一辙，丰沙里贺人口述的历史与上述描写大致无二。与中国固着在土地上的农耕社会不同，贺人男人赶马营生，雨时农耕，旱时赶马，妇女在家带娃看家，料理家务，售卖货物，夫妻两人共同协作，经营生意，也耕种土地。

何老太讲述她和丈夫以前的生活时，说道："我家老乖（老公）以前是赶马的，我家有5匹马，他叫着两个人帮忙赶马，从这边（丰沙里）走么，拉着些火柴、清凉油、肥皂等泰国货去卖，到勐乌么要走四天，转回来么，拉回盐巴卖，也是要走三四天。9月份到（第二年的）1、2月份么，都在外面赶马，一个月么得在家三四天。我在家么忙死了，领娃娃不说，还要煮酒熬酱，就是做酱油、酿酒卖。"60多岁的李老太说："我老乖（老公）以前赶马卖货，从丰沙里到江城，怕是赶到1998年公路修通了么，他们就不赶了。他赶马么，我在家里做米干，卖米干，领娃娃。赶马的时候，他们一个月在家四五天。"

---

① 昭坎曼·翁谷达拉纳：《丰沙里的民族》，李起朝译，《广西民族学院学报（社会科学版）》1980年第4期。

值得注意的是，丰沙里县到乌德县的公路通车时间为1998年，公路的联通替代了山区民众从马帮购买生活用品的现状。可以说，国家公路代替马帮道路结束了贺人自迁移至老挝后靠赶马营生的生计模式。而在此之前，特别是20世纪70年代之前，很多贺人男性生活状况为半年外出赶马，半年在家农耕。传统农耕社会中"男主外，女主内"的性别分工模式在马帮文化的影响下发生了重构，男主人不在家的客观条件给女主人创造了很多自主空间，她们成为家庭事务的主持者、小生意的操控者、出席宴请的家庭代表，更成了家庭中"礼信"活动的主持者。与中国汉族的宗教信仰一样，"礼信"具有生活化的实用性品格。当拥有了较为独立的生活空间时，妇女们在男性中心的家庭中合理化地划分出祭祀亡故"娘家人"的空间。不知从什么时候开始，丰沙里家庭妇女们利用自己的权力在从夫居的家庭中，创造性地在家宅门口祭祀自己亡故的父母双亲，通过宅内宅外，一门之隔的空间，区分自己的公婆内亲和父母外亲。这是现在贺人祭奠亡故亲人的"礼信"活动之一，多在七月半进行。此外，在家庭中，当妇女有自己的权力空间时，家庭文化传承中的变迁因子便会倾向于她们。丰沙里贺人的口语中把爷爷和外公的亲属称谓都称呼为"阿公"，其他亲属称谓与云南汉族方言口语一致。这个变化从何时开始很难追溯，但可以肯定的是一直以来家庭妇女承担着养育幼子的大部分工作，贺人妇女是教育子女的第一人。这也从另一个方面说明了家庭中贺人妇女的权力。

其次，"礼信"宗教性神圣色彩的消解，家庭"礼信"活动被列为家务事。"礼信"的神秘性色彩和神圣性体验在唯物主义的教育活动和生活实践中逐步消解。"礼信"活动在20世纪60年代丰沙里破除迷信的运动中，民众在红色政权的教育之下，对宗教信仰活动有一定的反思。

1961年，破除迷信的运动在丰沙里进行，人们把各种宗教民俗活动都归入了迷信之列，包括贺人的"礼信"和普内人的拜佛活动。1975年老挝解放，丰沙里进入真正的国家化建设进程之中，原来被贺人看作是"夷人的迷信"的佛教，仍然得到新政府的重视，并把佛教作为宣传和解释老挝人民革命党政策的有效工具。

贺人民众在生活实践中认识到，通过求神拜佛并不能够"求"到想要的生活。80岁的依苏老太讲道："没有解放时候，我们这里有个马先生（马智能），他会看'通书'，会看卦、算命、叫魂，他就懂'礼信'了。……以前，马先生经常说：'烧纸烧钱么一堆灰，献祖献神么一碗水，做"礼信"的意思是自己呢！'我们做'礼信'不是真的说会做了么求得什么，只是说，自己做给自己，做了以后，心里好在一些。"70多岁的罗老头说："世上不有鬼神，我从来没有见过，他们也没有哪个人见过，假的！做'礼信'更多的是做给他们小娃看，叫他们不要忘记以前的老人，不要忘记汉家的风俗。……礼信么男人女人做都是一样了，她们在家更有时间做，男人么要去外面找钱呢！"

最后，女性为主导的家庭"礼信"活动是国民身份塑造过程中的一种生存策略。丰沙里因其战略性地理环境，一直是老挝革命的根据地，受到中国和越南共产党的影响，红色思想在这里广为传播。与此同时，老挝对越"一边倒"的外交政策导致中老关系恶化，贺人被排挤到社会的边缘。解放后的10年间，很多贺人离开丰沙里，逃到泰国做难民。"不敢在（家）外面说汉家话，不敢过汉家的节日！政府不让汉家年轻人在单位工作。……"这些都是痛苦且不愿提及的共同记忆。66岁的阿翠说道："那时候，我们不咋个过节了，生活困难得很，我们忙着讨生活，男人忙着种田种地，做'礼信'么就女人随便做一下，他们不管了。"实际上，女人的"随便做"与男人们的"不管"是应对当时形势的一种最恰当的做法。"男中心，女边缘"始终是大多数父系制家庭的概括，家庭妇女所做的事情在男权社会可以成为一种"老婆娘的事，不算数。"1986年，中老关系正常化，政府还贺人以公民的权力。此后，贺人开始积极地扮演老挝国民角色，与当地各民族平等交往。20世纪90年代，老挝开始实施改革开放政策，很多贺人凭借经商和工程建设而致富。被打压的文化骄傲感重新抬头，但是，能审时度势的贺人并不会显形于人前。男权社会中，男主人的家庭代表性总是比女主人的高，男人们把"礼信"活动交给女人，处于既可攻又可退的地位。对于妇女，"礼信"主导权的获得扩宽了自己的权力空间，她们逐步成为"礼信"实践的主体。

按照儒家伦理，家庭中夫妇是情如一体的，同时也是男尊女卑的，夫妻之间的合作关系与对抗关系并存。西方性别意识在本体论思想和形式逻辑的影响下，强调性别的二元对立，而中国的性别意识则从整体的方面强调阴阳的调和，最终追求也是一体性[①]。董仲舒在《春秋繁露》70卷中指出："独阴不生，独阳不生，阴阳与天地参然后生。"性别关系犹如阴阳二元，相互转化，和谐运作。中国古代家庭中男女尊卑并不是一劳永逸的，妇女熬成婆之后，在孝道的规范之下，也能成为一家之尊，比如《红楼梦》中的贾母。老挝贺人以朴素的"家和万事兴"中"和"之思想调和关系，进行家庭分工，平衡家庭发展与社会生存之间的关系。贺人妇女们获得"礼信"实践主导权力，并不意味着一种新的尊卑等级关系，更多的是一种平等合作的关系。

第二节 "混合礼信"：仪式专家的女性化

"汉不变夷"的观念在贺人社会中已经式微，很多的宴请仪式逐渐与老挝主体民族的拴线仪式混为一体。贺人在文化借鉴中，混融了本族和他族的文化元素，在设定的秩序和结构里动态地承认、接纳、重构着我族文化。

---

① 王虹：《中西性别观念差异的思考》，《社会科学研究》2014年第4期。

一 叫魂与拴线：走向混合的"礼信"

中国云南汉族的叫魂仪式和老挝的拴线仪式在贺人社会中逐步混融为一体，"礼信"中融入了老挝民族的文化元素。

（一）叫魂

叫魂，是贺人传统的巫术，也被认为是"礼信"。关于魂，贺人认为，人身上有三魂七魄，它们的暂时离开不会导致死亡，只会使人生病、做噩梦、运气不好等等。丰沙里贺人的生日宴、送行宴、满月宴前面的仪式中，都可以包含叫魂仪式，一般的程序为：（1）神婆或神汉帮忙叫魂，（2）参加宴席的亲朋帮忙拴线，（3）大家入席就餐。

许阿诺，38岁，靠卖米糕为生，和前夫生有两个儿子，和现任丈夫育有一个儿子。2019年8月17日，她13岁的大儿子要去万象读书，邀请叫魂先生阿宝为儿子叫魂。下午2点多仪式开始，阿宝在许家大门口摆上一个桌子，桌子上摆有一杯酒、一杯茶、一个点燃的蜡烛、三根香、一碗米，碗下面放着小孩的一件衣服，米中间放着一个叫魂蛋（鸡蛋）和之后要给小孩拴的线。阿宝叫魂的步骤如下：（1）抱着一只母鸡，面朝门外，叩拜天地鬼神，再捧着母鸡到神龛前鞠躬。叫魂的词大概如下："天地三界，东南西北，各他念得着，找得着！拿个大母鸡来讨三魂七魄呢！落在乱横乱坝，给他拿回来，落在荒地野地，给他拿回来！落在山前山后，给他拿回来！……献个鸡，给他四平八稳地回来！……唉！回来回家来！三魂落在西方，西方神灵帮送回来！回来回来！三魂落在东方，东方神灵帮送回来！……回来穿衣吃饭了，回家来归子归妹啦！回家来！……"（2）叫许阿诺杀鸡，用纸阔蘸鸡血，折纸阔，等鸡肉、米饭和叫魂蛋都煮熟后，又献。阿宝在小桌子前跪拜，念叫魂词，请叫①天地三界和各路的神灵来请饭请酒请茶，向地上撒米、滴酒、滴

---

① "请叫"是贺人专门指仪式中恭请神灵的过程，仪式主持者必须念出各位神灵和祖先的尊称，恭请他们来出席仪式。

茶,烧纸阔。许阿诺的大儿子下跪,阿宝念叫魂词。(3)阿宝把门口的小桌子和祭献之物一起抬进家门,放在堂屋里的神龛前,又念叫魂词和祈福祖先保佑的词,请叫家里的天地神吃饭,重复刚才请叫的步骤。最后,阿宝和大儿子坐在小桌子旁边,阿宝把叫魂蛋剥开,看一看说:"好呢!"放下鸡蛋,拿起红、黑、白三色彩线,念祈福词,取出一根给大儿子拴上。至此,阿宝的叫魂仪式结束。以上这些叫魂的程序和步骤被认为是以前的"礼信",和我在孟塞调查时看到的中国"先生"做的大致相同。

图 5-2 叫魂

图片由笔者拍摄,丰沙里,2019 年 8 月 17 日。

叫魂之后,许家的亲朋好友为大儿子拴线给钱,这个步骤叫作"领魂",由亲朋帮他叫魂,为他祝福。关于"领魂"的步骤,一些 70 多岁的老太太说:"以前,汉家的礼信是孟塞那种了,只是先生帮拴线,其他人不用给他拴线。单单叫的那个拴,别人不能拴。现在,丰沙里的这个是老挝礼信办拢的了。"

（二）拴线

丰沙里贺人口中的"拴线"，指的是老挝佬族和普内族的颂魂仪式，称为"Sut-Khuan""Su-Khuan"或"Basi-Sukhuan"，直译为"苏环"或"巴席—苏环"。这是一种祝福仪式，多用于逢年过节、乔迁新居、迎客送行、祛病祈福、结婚贺喜等方面。"拴线"需要布置魂盘"Pakhuan"，可译为福席，用来摆放食物、水果、蜡条和棉线等物品。拴线仪式规模可大可小，在丰沙里普内社会中，若是主人较重视的拴线仪式，便会邀请当地的安章担任颂魂师，主持拴线仪式，邀请的宾客较多。若是平常的迎送客人，那么不会邀请安章，家庭成员一一为客人拴线祈福，一般不会邀请客人到场。

丰沙里的贺人也有自己族群的拴线仪式，他们把叫魂仪式置于拴线仪式之前，贺人们把叫魂的神婆和神汉视为普内、佬和傣等民族的安章。2019年8月21日，李老太的弟弟——李五舅为独子办了一次较隆重的生日宴会。

李五舅在万象有产业，在丰沙里经营茶厂、李仙宾馆。李五舅为其独子办生日宴会的原因是：阿胜是李五舅的独子，今年刚刚从云南师范大学毕业，今后要回丰沙里帮助他管理家里的产业。这次假期阿胜带回一位女朋友，这位女朋友是蒙古国人，仍在云南师范大学念研究生。他家邀请了阿惠婆帮叫魂和主持拴线仪式。

上午，阿惠到李五舅的家里帮阿胜叫魂，杀鸡、叫魂、祭献等环节和仪式与前文阿宝做的大致相同。不同的是，阿胜家有着更为隆重的拴线和宴请仪式。下午5点左右，我和李老太来到李五舅家的饭店。饭店的大厅里有一个舞台，台子上铺了毛毯，上面放着一张铺着白布的桌子。阿惠婆和李老太的妹妹——阿姨妈正在为拴线做准备，她们俩是今天拴线的主持人。不一会儿，舞台的圆桌上摆上了煮熟的全鸡、酒、水、蜡条、鲜花、水果和糖果，两位大妈把准备好的两种线放在鸡的身上，一种是贺人用的红黑白线，另一种是佬族惯用的黄白线。李五舅的老婆是佬族，拴线要用黄白线。

阿胜的家人们围坐在圆桌旁边，拴线仪式开始。阿惠婆双手端起装有老挝币、人民币、美元和几个银圆的圆盘子，跪在阿胜对面。阿胜同状，双手轻轻捧着圆盘。阿惠婆开始念祝福词："右抓金，左抓银，大发大旺。空手出门，饱财归家，给他出得去，进得来。这里开门，给他生意好，把把稳稳，得钱进来。李氏门宗，给他有名有利，给他样样好，样样发财！"放下圆盘，阿胜一只手作竖掌，另一只掌心向上伸在胸前，阿惠婆开始为他拴线，拴线时，念道："三魂七魄给他赶进来，疼疼病病给他赶出克（去）！大福大贵赶进来，灾灾难难赶出克！大力饱气赶进来，软腿无力赶出克！……"礼毕，阿胜的爹妈、亲戚长辈把阿胜和他女朋友围在中间，一一为他们俩拴线祈福。最后，阿惠婆为阿胜和他女朋友念最后的叫魂词，（图5-3）即："从小到大，顺风顺水的，给他去，好的，顺风顺水进来，不好的，顺风顺水出去。高处叫的，矮处来，矮处叫么，进家来，大方小方，四面八方，人站三块土，大树脚底嘛（不要）躲阴，小树脚底嘛躲晾，山边山脑嘛在下，河边河脑嘛在下，干沟干脑嘛在下，虫子蚂蚁和着（吓着）嘛在下，都赶回来！天边大将，天上大将，天方大能，放出来。……人间有中央，天上也有中央。脖子上锁着，用钥匙开回来，腰上锁着用斧头砍回来，脚上锁着么用镰刀砍回来，手上拴的呢用金刀割丢！"之后，她和阿姨妈俩人一起端起一碗水饭，拿着一根点燃的香，向门外走去，走到门口，把水饭泼掉，香插在门外。仪式完成。

图 5-3 生日的拴线仪式
图片由笔者拍摄，丰沙里，2019 年 8 月 21 日。

　　拴线是对被祈福者的祝福，亲朋好友们为被祈福者拴线，送上祈福，说出对他的期盼和嘱咐。有趣的是，在 2018 年 9 月 6 日，一次何老太为其孙女主持的送行宴席上，我听到了孙女弟弟对拴线的另外一个解释："我以后么，不想拴线，拴线么是你们找时候来说人的！呵呵！"因为，何老太的孙女即将要到中国留学，家人们借拴线之机给她一些嘱咐。拴线环节一般是自愿参加，来参加宴席的人们并不一定人人都要给被祈福者拴线且送钱，他们需要衡量和被嘱咐者的关系。一些贺人在谈笑中曾经讽刺他族拴线仪式说："拴线拴线，送钱送钱。他们搞得多，就像做生意一样了！"给阿胜拴线的人一般都是李五舅和舅妈的亲戚，当我要上前为他拴线时，坐在桌子旁边的亲戚们都说不用了。拴线仪式结束时，阿胜的朋友们才慢慢到场。

　　李五舅的饭店里摆了 5 桌火锅宴席，6 点半大家入席吃饭。8 点左右，舞台上的红地毯已被撤走，小圆桌换成了一米多高的长方桌，上面放上一大一小两个蛋糕，大的是从勐腊买来的双层蛋糕，小的是阿胜的朋友送的。到场的亲朋好友们上台，为阿胜点上生日蜡烛，阿胜许愿，大家为他唱起中文的生日歌，合影留念。音乐伴餐是老挝特色，也是每一场宴会不可缺少的。生日歌后，饭店的音箱震动起来，持续不断地开始播放音乐。很多的音乐是中国歌曲，阿胜的朋友拿起话筒跟着原声唱起了《一剪梅》《甜蜜蜜》和《在水一方》等中文老歌。坐在我旁边的大嫂说，他这些朋友都是贺人，会说中国话。

一场生日宴包含了中国的叫魂仪式、老挝的拴线仪式和西方的生日祝福仪式。混合的仪式形态是全球化过程中一种不可逆的现象，社会是联通的，贺人基于自我的认知形构着仪式的样貌，用最简单的话语介绍带有本族特色的仪式，即"这是我们汉家的礼信"。从中可见"礼信"有着较强的包容性和适应性，也体现出先人后神的人本主义思想，与儒家传统并行不悖。儒家对宗教持有一种温和、理性和中庸的态度[①]。相比于各大世界性宗教通常将终极关怀指向彼岸的天国世界，汉族更加关切此岸的现世人生[②]。贺人注重人际关系的和谐，人与人、人与家、家与国之间的关系在"礼信"的仪式空间中得以协调。

二 神婆和老妇人

（一）邂逅神婆

阿惠婆，姓廖，名叫廖惠，1949年出生，70岁，廖父为华侨，阿惠婆曾是医院护士，因父亲是华侨，13岁时，被当时的政府征收为当地部队医护人员。现在，她已经离职10多年，和自己的小女儿一起生活。由于政府政务混乱和一些历史遗留的问题，她一直没有申请到退休金。这几年来，她一直在为申请到退休金而努力。阿惠婆会用扑克算命，会

[①] 杜鹏：《为宗教和谐提供可资借鉴的"东方模式"与"中国经验"》，《中国民族报》2017年3月7日。

[②] 杜鹏：《汉族宗教信仰的实用主义倾向及其后世影响——以西方宗教传统为镜》，《云南社会科学》2019年第2期。

主持拴线仪式，还会打针。她巫医共有的能力并没有让她在族内有好名声，反而因此而遭他人嘲讽，比如：她母亲是普内人，为廖父的小老婆，她并非廖父的亲生孩子，亲生父亲是普内人；她什么也不做，只算卦，吃了很多别人送的东西，黑黑胖胖的。

阿惠婆与李大妈的妹妹同岁，认李大妈为姐姐，经常到李大妈家串门。在参加过她主持的李家儿子的生日仪式之后，我对她产生了兴趣。2019年8月22日下午2点多，我独自问询着找到她家。她自我认同为贺人，家里的堂屋里供奉着神龛、廖家祖先和普内丈夫的遗像。她家住在哇叫村佛寺旁，与佛寺一墙之隔，她对我说，她从来不去佛寺。有求于她的人，一般会上门拜访，除了生病求助之外，还会向她求助于东西丢失、夫妻经常吵闹、运气不好和次日彩票的数字等方面。热心肠的她都会认真地帮人分析并给出她自己的建议。

阿惠婆门牙全部掉光，影响到她说话吐字，我尽量竖起耳朵听她的讲述。她与我交谈中自我标榜说："我们这种礼信是，不灵不感地，他们不要哦！……我从小到大没有睡过医院，瞄着身体健康的嘎？我身上有四头牛，我生的时间是属牛年，属牛月，属牛日，属牛时辰。我爸爸浙江人，在过少林寺，（供）养过和尚。我大妈妈江城人。"问及她的叫魂方法是否和阿宝一样，她表达道："不一样。各做各的。我叫的是我爸爸那种，从小到大，顺风顺水的，给他去，好的，顺风顺水进来，不好的，顺风顺水出去。高处叫的，矮处来，矮处叫么，进家来，大方小方，四面八方，人站三块土，大树脚底嘛躲阴，小树脚底嘛躲晾，山边山脑嘛在下，河边河脑嘛在下，干沟干脑嘛在下，虫子蚂蚁和着（吓着）嘛在下，都赶回来！天边大将，天上大将，天方大能，放出来。……人间有中央，天上也有中央。脖子上锁着用钥匙开回来，腰上锁着用斧头砍回来，脚上锁着么用镰刀砍回来，手上拴着呢用金刀割丢.'……做这种么身体弱么不得呐！身体要好。我出生的时辰是四条牛呐！"

图 5-4 大清银币　　　　　　　　　图 5-5 墨西哥鹰洋
图片由笔者拍摄，丰沙里，2019 年 8　图片由笔者拍摄，丰沙里，2019 年 8
月 22 日。　　　　　　　　　　　　月 22 日。

说着，阿惠婆拿出扑克看着我的眼睛，认真地问我："你求什么？"我心里想我如果说求毕业，她肯定听不懂，一个读书的人成天跑来这里做什么。我随口说："我想来做点茶叶生意。"她点点头，把手里的牌理了理，递给我，叫我台一下，我按照她的意思做。她拿回去，洗了一洗，叫我抽出 9 张牌，她拿过去一张一张地字面朝上，摆成 9 宫格，看着扑克，缓缓地跟我说："可以的，就怕是有小人眼红些。"说着，她揭开衣服，从自己的内衣里拿出两个"老钱"，这两个银圆还带有她身体的余温。我看了以后，一番称赞，她又进到睡房里，拿着手电筒，在黑漆漆的房间里找了一会儿，拿出一个女式的小挎包，包已经磨得脱皮了。包是鼓鼓胀胀的，装了一堆"老钱"。她拿出好几个让我欣赏，她说："做这种，你没有老钱，是做不得的。不压金不压银是不行呢！"这些"老钱"在法国殖民时期流通，她给我展示的大概有四种，即第一种是字面印"光绪银币（繁体字）"，背面雕双龙，印着"一两"；第二种是字面印着"大清银币，宣统三年，满文"，背面雕一条龙，中间为"五圆"；第三种是墨西哥鹰洋：一面中间印一只展翅老鹰，嘴叨着一条长蛇，单腿站在仙人掌上，边缘印着"REPUBLICA MEXICANA"字样，背面中间为一顶帽子，帽中间印着"LIBERTAD"字样；第四种是坐洋：中间为自由女神坐像，边缘印着"REPUBLIQUE FRANCAISE"，下边缘印有"1908"，背面中间印着"PIASTRE DE COMMERCE"，边缘印着"INDO-CHINA-FRANCISE"。阿惠跟我说这是她爸爸留给她的。

出乎我意料之外的是，她送了我两块银圆，搞了一个小仪式。她拿出一块四方形手帕，平铺在圆桌子上，上面放一个香皂，香皂上放上两块银圆，一根红色的小蜡烛放在一起。她随之端起一杯水，嘴里说道："这碗水是太极老爷送来的自发水，不给她有结扣，①来丰沙里，给她顺风顺水，上山靠山，下水靠龙，三个魂七个魄，不来一个不得，给她小星月亮靠在北斗星，给她做哪样都顺风顺水的过。给她右抓金，左抓银，天天金银财宝在手中，给她大发大旺，在鱼塘旁边，压金压银，一不差二不亏，给她钱多多的找得，家庭顺利，家庭发财！"说完，含起一大口水，用力地喷在手帕盛着的东西上。然后，她用手帕包起那些东西，一捆儿的递过来给我，我下意识地双手伸过去，接过湿漉漉的手帕，一头雾水地问道："大妈，我要给你多少钱？"她很爽快地说："不要不要！"我刚刚悬起来的心落下了，用疑惑的口吻问其原因，她解释道："你坐着坐着，坐到了我埋金子老钱的地方了。"我看看我屁股下的圆凳子，位于她家神龛正对的桌子一方，我回忆了一下，她刚刚真的没有让我坐那里。我傻愣愣地捧着手帕包站了片刻，回过神后，连忙道谢，向她告辞。接下来的几天，我拿着她给我的银圆向别人询问，一些人告诉我，这种"老钱"大多数是假的，是越南人仿造的，真的"老钱"大多数在20世纪90年代的时候被一些商人收购完了，阿惠婆的恐怕也是假的。

---

① 结扣：指不顺利的事情。

无论银圆是真是假，阿惠婆自己认为她自己所做仪式的灵验性建立在时辰、金银和方位之上，她强调自己的好身体是因出生时的好时辰，其次她父亲留给她的银圆是"压得住"邪气的因素之一，我坐到埋银圆的地方，她为我免费算命不说，还赠送我两个银圆。我后来也没有从她口中问出个真切的回答，一提到银圆，她就把话题转到她为李五舅家儿子做"礼信"时的情境描述中去，她重复着强调，用银圆压着收礼的盘子，然后，还送了两块银圆给他儿子。我推测一种可能：送银圆给我，可能是作为不要破坏她的风水的回报，不然，她为人用扑克算命，最少也要收五六万基普的；另一种可能，她不想从李五舅和我这里赚钱，她更重视的是人际关系的建立，因为，她是李老太的好朋友。

（二）老妇人

丰沙里贺人的"礼信"是比较灵活，他们的态度是重视而不迷信。实际生活中，很多贺人家庭都根据自己的经济状况和家庭情况为孩子、家人过生日，庆贺各种家中可贺之事，甚至，在丧事的办理上，贺人们都可以根据自己的家庭经济情况计算停留和掩埋逝者的时间。老人家们提到白事时讲道："家庭困难的，第一天死第二天就要埋，不然天天摆席，摆不赢！"依事而为，量力而行，是贺人的办事态度。这决定了他们对"礼信"仪式主持者较为宽容的态度。

1. 何老太

何老太，因皮肤白，丰沙里贺人都亲切地称呼她一声："大白奶"，她年轻时是华人理事会的妇女主任。这位德高望重的老太太学过中文，会看通书，会"拣日子"，会看鸡卦，看运势，能说会道、热心肠的她常常无偿地帮助亲朋好友主持各种仪式，比如：结婚礼仪、乔迁新居、升学送行等。

（1）乔迁新居仪式上的何老太

2018年1月24日星期三，早上9点，一家人从老宅子出发，男主人点着火把走在前面，女主人背着钱包，抬着蒸好的米饭，儿子抬着天地国亲师牌位跟在男主人后面,亲戚们拿着盐、米、茶、香跟在女主人之后。到新房子后,男主人用火把在新房间内绕走一圈,之后,大家把天地国亲师的牌位挂到二楼的正堂墙上。男主人点香,一家人一一在牌位前磕头,礼毕,亲朋好友们开始搬东西。搬家的过程中,有男人在杀鸡,老人们在折纸阔,折两种,一种叫神阔,形状为三角形,烧给神台,另一种叫纸阔,形状为古代金元宝,烧给过世的亲人。中午,献鸡,请叫,磕头,点香,烧纸阔。

下午,新房的主人宴请亲朋好友来庆贺迁入新居。大家提着礼物进入新房里,女主人迎客,接受礼物和礼金,客人们拿着礼物与女主人一一合影留念。大概6点,设于新房前路边的18桌宴席开宴。男主人和女主人拿着酒杯给每一桌宾客敬酒谢礼。开宴的后半段,音乐响起,宾客们坐着喝酒聊天。建新房的男主人把中午献在神龛上的鸡拿下来,把鸡头、一对鸡脚、一对鸡的大腿骨剥下来,在大腿骨头的缝隙上插上牙签,装到一个碗里,把这些东西端到何老太跟前,让何老太帮忙看卦。何老太拿起认真端详后告诉男主人说:"这个卦是意(yi)卦,是好卦。"

图5-6 何老太看卦
图片由笔者在迁居喜宴上拍摄,2018年1月23日。

(2)送行仪式上的何老太

何老太生有三男一女,现在她住在小女儿家。2019年9月9日,三媳妇邀请何老太去家里帮忙做个"礼信"。这是为何老太三儿子的女儿金凤做个送行仪式,小姑娘考上了中国贵州的大学,马上要离开家了。2点多,三媳妇开车来接何老太,何老太带着我一同到了三儿子家。一到三儿子家,何老太马上开始忙碌起来。首先是拜神龛,何老太提起一只公鸡,叫金凤跟着上二楼,金凤端着一个盆,盆里放着一个空碗和杀鸡的菜刀,尾随上楼。二楼中间有10平方米左右的小客厅,靠墙的一边供着何老太老公的遗像,遗像两边是三个金纸做的元宝,遗像前是一个香炉,这就算是她家的神台了。三媳妇并没有供"天地国亲师"的神龛,她说,她在本奴工作,丈夫经常出差,初一十五忙不得祭献,所以就不供了。

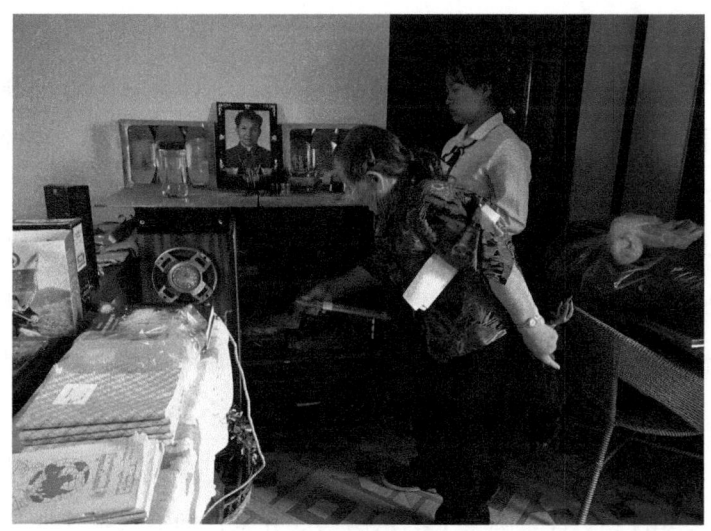

图 5-7　准备上香
图片由笔者拍摄,丰沙里,2019年9月9日。

仪式开始。何老太站在神台旁边,让金凤点燃6支香,金凤双手合十,举着香,跪在神台前面,磕头。何老太手捧着鸡,口里念道:"今天么金凤要回去读书了,要帮她叫魂一下呢!你在那边么好好的保举保佑!天地三界保佑她!……"金凤听着何老太的指示,把三根香插到香炉里,又把三根香插到阳台上的一个小杯子里，金凤面向天空拜三拜，意思是祭拜天地。之后，何老太杀鸡，鸡血流至盆里的空碗中，何老太把手上拿的"银阔"纸蘸了蘸鸡血。礼毕，何老太到楼下料理生鸡。料理完的生鸡用线捆绑煮进锅里。然后，何老太开始张罗拉线和折纸阔的事情。这时候，何老太的亲家母来了，她也是汉家人，她说她姓刀。她们俩开始拉线，拴线由红、黑、白三线组成，我问为何意？何老太说，她也不知道了，是老辈人传下来的。因为，有10多个人来家吃饭，给金凤拴线，便做了10多根线。金凤来帮忙做线，不知道从哪里拿来了一些白线，和一个朋友开始做白线，何老太看见后骂道："我们汉家不兴用白线，老爪书读多了么，汉家礼信都忘记了！"金凤的妈妈听到后赶紧打圆场，说道："不怕不怕，可以当不够时候再用这个。"做好线后，开始折纸阔。纸阔完毕，献的鸡也煮好了。

金凤端着献鸡，何家的亲妈拿着一杯煮好的米饭，一杯白酒和一杯茶，何老太端着猪鞭和纸阔，三人上楼。祭献食物一一摆于遗像之前，金凤点六炷香，下跪，双手合十举香。何老太开始祈祷："她去读书么，给她学习有进步，平平安安，健健康康呢！……你们控制着，嘛给（不要让）她生气……"分别插在香炉和阳台上的杯子里。金凤又下跪磕头，烧纸阔和纸钱。礼毕，献鸡、猪鞭等祭献的食物端至楼下的圆桌上，献鸡放在圆桌中间，一碗米饭、一些水果和糖果小食品围放旁边。三媳妇在何老太的指挥下，在圆桌上点起四支蜡烛，一茶杯米，一碗盐，米中间插着点燃的9支香。圆桌上的东西摆放齐全，何老太从小茶杯里抓了一把米，走到门口，分三次向门外撒去，口中念道："猪肉抬，青门开，这日拴线给我家金凤呢，给她平平安安，顺顺利利呢！"这些米是施舍给那些野鬼吃的。何老太回到圆桌旁边坐下，金凤坐在何老太对面，何老太拿起刚刚准备的红黑白三色线，分别在茶、酒、盐上蘸一蘸，念道："沾沾①茶，给她活得八十八！沾沾酒，给她活得九十九！沾沾盐，给她

---

① "沾沾"：发音为"bian bian(便便)"，作为动词使用。

活得万万年！给她身体好好的！……"念完之后，何老太拿出一个红包给金凤，并开始训导："阿奶拿给你这个红包，是叫你去那边好好读书，要好好学习，天天向上哦！不是叫你拿着钱去玩的，你读回来么是要给我们这些在座的争脸面呢哦！拿个红旗要高高的拿回来哦！"何老太把红包放在空盘子里，拿起一根线，金凤跪在她面前，一只手立掌，另一只手伸给何老太。何老太拿着一根线，在金凤手上从里向外滚着，念道："这道，三灾八难赶出克！鬼神是非赶出克！在丰沙里阿些跑得跑到的，赶出克！不听阿爹阿妈的话，赶出克！坏脾气，给她赶出克！"从外向里滚线，她说道："这回，你要去中国噶！大饱力气，赶进克！不疼不病，赶进克！住（做）吃住活的要学中国人噶！读书的要学中国人噶！你克到中国地咯，要好好听老师的教育！""这日拴给你一根长命梭，魂魄永不落！上山如虎，下河如龙！去到中国给她变成虎，变成龙！"说完，线已拴到了手上了。亲戚们一一为金凤拴线，把祝福、教导和希望拴到了金凤的手上，金凤微笑地接受亲戚们的祝福。

图 5-8　送行仪式上的拴线

图片由笔者拍摄,丰沙里,2019 年 9 月 9 日。

(3) 婚礼仪式上的何老太

2018 年 1 月,丰沙里达来维来村傅家姑娘嫁给中国景谷县的小伙,何老太是婚礼过程中除媒人之外重要的主持人之一,负责主持家中过礼和拜天地回神的环节。按照丰沙里贺人的风俗,整个结婚过程大致分为三个阶段,第一阶段为定亲,即双方父母和双方有威望的亲戚见面,商定结婚日子和婚约的内容。婚约以纸质方式明确写下,男方应当给女方的聘礼和女方给男方的嫁妆,以及今后如若某一方出轨或犯错之后,要承担的责任和应赔偿的财物。婚约定下,用老挝文书写,达来维来村村长盖章,生效。第二阶段为过礼,男方为女方送聘礼。第三阶段为婚礼,这又分为在家中认祖认亲和在饭店宴请宾客。我参加了 2018 年 1 月 25 日的过礼和 1 月 26 日的婚礼。

图 5-9 过礼仪式

图片由笔者拍摄,丰沙里,2018 年 1 月 25 日。

图 5-10 回神仪式
图片由笔者拍摄,丰沙里,2018 年 1 月 26 日。

提亲队伍快到新娘家门口时,由两位新娘的男性长辈亲戚在门口两边迎接提亲的队伍。迎亲的两位男性和提亲队伍中的男性一一握手,提亲队伍跨入新娘家堂屋时候,只见新娘家的堂屋里面已经围坐着村子里的一些老人,男性与女性老人分别围坐于堂屋靠墙的两端,新娘父亲站在堂屋里的神台前,手持香。新娘父亲看到提亲队伍把提亲聘礼全部放下后,新娘父亲点燃手持的三炷香,恭敬地给神台上的天地国亲师牌位鞠躬、上香。之后,村子里 83 岁的何老太作为女方的代表,站到聘礼前,面向大家说:"今天是我文福家的女儿嫁给郎家人,你们是大朝(中国)来的人,我们是小朝(老挝)人。今天是儿子家过礼给女儿家的,我们要收你们的礼了,我们要点一下过的礼,点过以后才交给你的阿爹阿妈,在座的各位都是证明这个姑娘是嫁给你们家的,今天堂堂皇皇过礼了,大家证明!证明之后才可以喝喜酒!"何老太话音洪亮,大家面带喜色,看着何老太把钱、金首饰、衣服等聘礼一一点过,然后,面向新娘父母问,你们看这些是不是你们商量好的?新娘父母连连道是。何老太把钱、金首饰、衣服等一一过手后，传给新娘的父亲和母亲。过完礼后，何老太给新郎嘱咐："这回么，姑娘就给你了，你怎么爱怎么教，你们要团团结结、和和气气的，白头到老的，讨到以后要相亲相爱，不要有太多的意见，意见多了，她的阿爹、阿妈难过，我们这里街上的乡亲也会难过。"新郎连连回道："是了，是了……"何老太最后说："好了，现在你们个个都证明了，可以喝酒了！"此时，堂屋里的人们拍手欢迎，媒人连连向何老太道谢。

  1月26日，新人婚礼。新郎到达后，进入傅家姑娘的闺房，两人坐在床上，两个媒婆为新娘戴花、梳头、照镜和说一些祝福的话语。到堂屋中，两位媒婆主持拜天地，而后认亲。认亲的环节，新郎新娘要为亲戚们敬上甜茶①，亲戚们一家户夫妇为一组轮流坐到神龛旁的椅子上，接受新人敬茶，并回赠红包。傅家有31家亲戚在场，认亲仪式持续了1小时35分。最后，是回神环节，由何老太主持。何老太拉着新郎和新娘站在神台前，让新郎新娘各自点香，三次磕头拜神台。行礼之中，何老太口中说道："傅世门中的列祖列宗，祖宗三代，现在，姑爷和姑娘给你们再拜，回下神。现在么，姑爷就变成我们付家人了，姑娘变成郎家人了！好了，新郎新娘回洞房休息！"

图 5-11 两位媒人和新郎新娘
图片由笔者拍摄，丰沙里，2018年1月26日。

---

① 甜茶：由红糖、大枣和绿茶煮制而成，象征新人婚后生活甜蜜。

贺人婚礼中的媒人不过是习惯性的口头称呼，她们并不是传统意义上的中介之人，而是家庭里婚礼仪式的主持者。可以说，她们是何老太的接班人，在主持之后，向何老太虚心讨教，何老太向她们传授技术和经验。

2. 杨家表嫂

十年前，从丰沙里搬迁到孟塞的杨家表嫂也是一个热心肠、能言善道且会主持"礼信"活动的老妇人。2019年3月13日星期三，她为孟塞张（ZD）家小孙女主持搭桥仪式。张家小孙女出生后，一位中国先生为小孩定八字时，算出小孙女的命中要做一次"阴功"（详细叙述见第四章）。因此，张家人要为小孙女搭桥，做"阴功"。搭桥仪式属于家庭仪式，张家邀请的参加宴席的人主要是有血缘关系、姻亲关系、拟亲缘关系的亲属，以及贺人族群里面有头脸的几个老人。大家都会在盛情邀请之下，如约而至。搭桥仪式过程如下：

（1）搭桥

搭桥的地点选于13号公路插到孟塞城边的一条新修的环城公路旁，附近是克木人（插满人）的村落。近年来，这里广种橡胶，老板们雇佣苗族、哈尼和贺等老挝少数民族，来橡胶地附近安居，看管橡胶林。搭桥的地点离孟塞城区约5公里，贺人俗称"5里"。ZD大女儿老公的姐姐家四年前从马梨头搬来，便安居在此。

13日早上7点，ZD和他的兄弟、侄子们、亲家女婿们等男人先赶到"五里"，分为三组人。一组人杀猪，一组人砍竹子，编篾笆，ZD和他的二弟弟在沟壑上搭桥。深沟是公路的排水沟，一边是公路一边是橡胶林地，沟深1.1米左右，宽为2米左右，行人跨沟而行，天长日久，行人们在橡胶林里已经走出了一条小路。在此搭桥确实可以方便路人行走。ZD和二弟把前几天准备好的7根碗口粗，长2.5米的圆木料搭在沟面上。大约7点半，妇女们赶到，ZD老婆和杨家表嫂（简称表嫂），准备仪式需要献祭的东西，其他妇女在厨房里准备中午宴请的食物。

作为仪式主持的表嫂先去附近找到了四根约1米长的带绿叶的树枝，树枝贺人称为"小黑果"，表嫂说，这代表国家。"小黑果"四根树枝分别插在桥的四端，表嫂和二弟用白线把树枝固定在桥的四个角落处。接着，ZD老婆和表嫂到路旁边的石头堆上找了两块巴掌大的石头。一块石头竖立着，另一块石头紧靠竖立石头水平而放，两块石头成直角，面向橡胶林，靠临公路一侧的桥边，这代表土地山神牌位。在一边的ZD二弟挖着沟两边的土，把土铲平，并固定好圆木桥面。大约9点半，作为桥面的竹子篾笆编好，篾笆面宽1.8米，长2.5米。男人们把篾笆放于刚刚搭好的圆木上作为桥面，并用铁丝固定在圆木上，一座小桥搭好了。搭桥的过程轻松愉快，帮忙的亲戚们到桥旁边，都会说赞美的话语，比如："桥搭呢好，给他们十人过路么九人夸！"

ZD老婆和表嫂在山神前面和桥的四角摆上芭蕉叶，放上献祭的物品。山神前面摆的东西是一碗水、一杯酒、一杯茶、一块猪肉、一根蜡烛、一个苹果、一个橘子、一碗米上放着一个鸡蛋、金阔、银阔、几张老挝币和中国一角和五角的硬币。桥的两端，四个角落摆放的物品除米、熟鸡蛋和猪肉外，其余东西是一样的。

（2）祈福

10点半，献祭物品摆放就位，祈福仪式开始。表嫂与ZD老婆双手举香于胸前，一同跪于"土地山神"之前，向神灵禀报今天仪式的事宜和张家的祈愿。表嫂说道："今天，张氏门中家，五里地方来搭新桥，一山管一人，一庙管一神，山神土地来帮管理。张氏门中家花花女子来这里搭千年桥、万年桥，土地山神给她身体健康、长命百岁！给她万长久远、快长快大！……给她乱领乱大，一天比一天大，给她考上大文么，管地方。……一山管一人，一庙管一神，给你山神土地来帮管理。有事还是来请到，无事还是不请神。这日，张氏门中来搭这座阴功桥，要给它千年牢万年牢！小娃娃给她白头过岁，长命百岁！给她万事如意，无灾无难，顺顺趟趟！……保举给她！……"ZD老婆嘴里附和着表嫂的话语，不断磕着头。表嫂在"土地山神"前插三炷香，又在桥两边的四端分别点蜡烛，插香。

　　随后，ZD老婆抱着小孙女，ZD的儿子手捧公鸡，跟着表嫂一同磕头跪拜。表嫂祈愿让小孙女找到干爹干妈，她念道："……这个搭的阴功桥、长命桥！搭的千年桥万年桥，给它千年牢万年牢！给它老老小小，千人万人走得过得！桥公桥母桥神保举给！张家要的是长命百岁、无灾无难！……桥神爷爷你保举，她要干爹干妈么给她献饭时候来，来桥上的干爹干妈！么干爹干妈找不得是，名字给她开得活，卦上给她顺！桥公桥母帮保举！她要寿命干爹干妈，桥公桥母帮叫他（她）来！"礼毕，表嫂接过公鸡，抱着公鸡在"山神"前跪拜，念道："这里是老挝政府，寮国区寮国管辖，五里地方，一山一神，一庙一人！这里张氏门宗家，土地山神，这一只旺红公鸡，一只'黑皮拱嘴'，来献给！张氏门宗花花女子给她长命百岁！……山神土地来管理，她的干爹干妈是哪个，给他赶快来！这里来说通来讲通！来保护她，给她稳吃稳坐，快长快大！……"接着杀鸡，放血于碗中，纸阔蘸鸡血，"蘸着旺子，么给她旺长久远！"作为牺牲的公鸡、血旺和献在山神前的叫魂蛋拿到厨房煮熟。最后，表嫂和二弟给"山神"、新桥和野鬼烧纸阔。这时，有两个背着柴火的苗族妇女从桥边走过，用老挝语问，能不能从这里过。ZD老婆解释说："可以可以，不过，你得歇气一下，吃下水，等我们献完饭你再走。"表嫂也跟过去解释。她们俩尽量在挽留，暗示希望拜其中一位妇女为亲妈。只是苗族妇女不清楚是怎么回事，片刻交流之后，绕道而行。可以拜干妈的苗族妇女走了，张家人未因此而表现出非常的失望，只是言语中带出了没有缘分便不强求的话语。

图 5-12　搭桥仪式
图片由笔者拍摄，孟塞，2019 年 3 月 13 日。

大约 1 小时后，刚刚牺牲的公鸡、鸡蛋和猪肉煮熟了，这些先献给"山神"，又献桥头，再献桥尾。桥头指向橡胶林，是家的方向，反方向为桥尾指向公路。小孙女和父亲一同在桥头上跪拜。此时，被邀请的亲戚全都已到场，他们站在一旁，围观祭拜仪式。表嫂问："小姑娘要改什么名字呢？"ZD 老婆说："叫桥兴给得？""桥兴了桥兴！"孟塞当地认识中国字的熊老先生附和道："是兴旺的兴！"小孙女的名字此时从张雨兴变成了张桥兴，这座小桥成了张桥兴的干爹干妈。表嫂从裤兜里掏出一个形状如子弹头，大概 6 厘米长，直径约 1 厘米的木头卦。她拿着站在桥尾，小孩的旁边，勾着腰，拿着卦，朝向地下划了三圈，轻轻地放手，卦落地，分成两半，一半切面朝上，一半切面朝下。大家看了以后，都很高兴，说是好卦，很顺。

（3）拜桥为干爹干妈

搭桥仪式的最后环节是由老表叔抱着小孙女，让她面朝桥头，双脚一上一下地点在桥面上，慢慢地从桥尾走向桥头，又从桥头走向桥尾。老表叔一边抱着小孩走一边念道："张桥兴，这日，你搭新桥，你搭长命桥，桥公桥母保佑你活得一百二十岁，长命百岁，给她吃得进去，睡得着，快长快大！无灾无难！兴旺发达！"ZD 老婆在桥头磕头行礼。礼毕，祈福结束。此后，桥便可供路人使用了。

仪式之后，ZD和老婆一起往表嫂手里塞了一点钱，作为报酬，表嫂推辞不过，笑着收下了。随后，张家宴请参加仪式的30多位亲朋好友吃饭，大家把酒言欢，宴席从11点半持续到下午3点结束。

第三节 家庭中的"祖先"与"佛"

家庭中享有"礼信"主导权力的妇女们，将自己情感需求导入"礼信"实践之中。在时代变迁的大背景之下，随心从信，以情入礼，"礼信"的内容得到不断丰富和发展。

一 "婆家娘家都是家"：家庭祭祖活动中的妇女

在丰沙里的普内人、贺人和克木人等族群中，从夫居是具有普遍性的婚居模式，从妻居相对较少。贺人妇女似乎也在遵从着"出生从父，出嫁从夫，夫死从子"的人生轨迹，传统文化制度中规定了妇女的从属地位，制约着妇女的自由权力。而传统是不断被突破和改进的，日常生活实践推动着文化制度的"解构"和"重构"。丰沙里贺人社会崇尚孝行，外嫁的已婚妇女们在从夫居的家庭空间中重构祭祖习俗。

（一）婆家娘家一起祭

平常的生活中，贺人已婚妇女的生活重心在夫家，不论与公婆同住还是分开来住，家中的神龛上供着的是夫家的祖先。农历的初一、十五，家庭主妇们都要打理家里的神龛，烧香点烛，更换新鲜的点心和水果。到节日期间，妇女不仅要忙着祭祀家里的祖先，也可以在门口祭奠自己去世的双亲。

一年之中七月半是贺人在家里祭祀祖先的最重要日子，贺人把这个日子描述为："接老亡人、老祖公回家吃饭的日子。"贺人们祭祀的对象一般只是去世的父辈。根据亲人去世的时间，祭祀活动分为大祭和小祭，大祭从农历七月一日开始，一般是祭献去世不到三年的亲人，小祭从农历七月十二日到十四日，祭献三天或一天均可。祭献一天的家户一般选在农历七月十四日，祭祀过程分为迎接、宴请、送行三个阶段。

2019年8月14日，农历七月十四，星期三，是丰沙里贺人的七月半节。梅花家是我田野调查过程中主要的居住地，梅花是一位36岁的妇女，她嫁给毛家老三后育有两男一女，与公婆和丈夫弟弟一家四口居住在一起。梅花生了老二之后，婆婆便把每年做各种"礼信"的事情交给了她。这天，我记录了她家做七月半"礼信"的全过程。

早上6点，梅花起床，开始准备祭献需要的东西和食物。堂屋里，神龛前面的圆桌靠墙摆放，桌子靠墙的一边放有大概1米高的甘蔗、葵花籽和苞谷秆子，成双靠墙竖立起来，中间是鲜花，前面是香炉、蜡烛和各种水果。这里是给老祖宗请饭的地方，今天毛家请四位老祖宗，两位是梅花公婆去世多年的父母，另外两位是公公的大爹大妈。梅花婆婆说："毛九大爹大妈只生得一个哑巴姑娘，哑巴姑娘现在在哪里也不知道了，不管她在哪里，她不会叫，她爹她妈听不见，不会找着去。搞这个'礼信'，一定要得叫，不叫他们，他们不会来呢！"春梅摆上四副碗筷、四个椅子。

图5-13　请祖先

图片由笔者拍摄，丰沙里，2019年8月14日。

8点，梅花摆好桌椅，做好早点，开始迎接老祖公。（见图 5-13）她站在一盆撒着玫瑰花瓣为老祖公洗手洗脸准备的清水前面，双手合十，捧着一束香，面朝大路作揖，说道："太阳、月亮、太白神、观音老母、观音菩萨、水龙、阎王！保佑！今天是七月半，接我们老祖公回家来吃饭，老祖公请进来！……"说着端起那盆撒满鲜花瓣的清水进家，把盆放到饭桌下，手上的四支香对着四个椅子的方向，分放在饭桌上，余下的香插在香炉上。梅花的婆婆在一旁站着，一边指导着儿媳怎么做，一边念念说着："你们的节气到来了，请你们来家！"梅花也念道："你们的节气到来了，七月半到了，请阿奶、阿公、毛九阿公、毛九阿奶，请你们到家里面吃了。"梅花边说着，边把四碗米线献到饭桌前，倒上四杯酒和四杯茶，然后看着桌子上的水果，把水果名称依次念了一遍，意思是请老祖公们吃。"让他们吃一下。"说着赶紧跑回厨房吃早点，吃完早点后，梅花站到献饭的圆桌旁，恭恭敬敬依次顺着椅子重复做了四次仪式动作，即烧几张纸钱，奠茶奠酒①，嘴里念着："阿公请酒，阿公请茶……"请叫完毕，象征早餐吃完，收回米线，换成干净的碗。梅花回到厨房去准备中午的餐食。

图 5-14　七月半献饭

图片由笔者拍摄，丰沙里毛家，2019 年 8 月 14 日。

---

① "奠"：指把酒杯里的酒和茶杯里的茶滴几滴到地上的动作。

关于献祭时间的问题，梅花的婆婆——毛老太说道："明天么不兴做了。明天是他们要开联欢会说①！鬼的那个。呵呵呵！所以么，家里请叫，他们来吃饭，要做早点，他们要赶着去开联欢会呐！我家么2点以前就要送他们走了。他们去的早的那些，路上聊着天去，搭伙一起有伴，慢慢地走去开联欢晚会。送的晚的那些么，撑不到别人么就哭了！有些人家么，认不得这个，晚晚地送他们出去！……吃完饭他们集合的地方就是三岔路口了嘛！开晚会的地方是天上了！"梅花婆婆在堂屋里和我讲着，时不时地站起身来，到圆桌旁边念一遍水果的名称，续续香火。

中午11点半左右，毛家大儿子媳妇、毛家出嫁的大姐都端着自己做好的菜来到家里。她们家里只有天地，没有供奉着老祖宗，到七月半，做些菜献给老祖宗们吃，表示孝心。梅花做了8个菜，加上大嫂和大姑子端来的菜已有10多个，她们在圆桌边加了一个方形的桌子摆放这些饭菜。一桌子水果，一桌子饭菜，摆放整齐，堂屋里的妇女们看着饭菜时不时地念叨着菜名，请老祖宗们吃。毛家的老老小小一个接一个地来到堂屋上香、跪拜、烧纸钱。毛大爹笑着对我说："这个礼就是抹布口袋，一袋传一袋。教给子孙后代做这个，就是这个问题了。"礼毕，大家到后厨吃饭，吃完饭的梅花到堂屋的桌子边，重复了一次请叫老祖宗吃早餐时的仪式动作。

1点半，梅花和她的两位妯娌准备送老祖公们上路，梅花的大姑子因为是嫁出去的女儿，不参与她们的送行仪式。弟媳妇抬着一个大簸箕，梅花和大嫂把桌子上的一把香火、几张纸钱、向日葵、甘蔗、苞谷、鲜花，以及各种水果和糕点中拿出一小份，都放入大簸箕中，梅花右手端着一个盛满饭菜的碗，左手拿着一炷点在香炉里的香，还提着刚刚烧纸钱余下的纸灰，大嫂右手抬着那盆老祖宗们洗手的水，左手拿着未燃尽

---

① "说"：是语音词，没有具体含义，放于句子末尾，有强调整句话的意思。

的一根蜡烛。三个人忙着要出门时,梅花婆婆坐在一旁提醒道:"你们不要忘记泼浆水饭,等下拿浆水饭给那些没有家的吃些!"梅花答应道:"是了是了,刚刚搞了。"浆水饭是指由各种菜肴、酒水、米饭和几张纸钱的一碗混合物,在请老祖宗吃饭的席间,梅花把它泼到了大门外,她说这是给"请不到叫不到的鬼吃的"。妯娌三人有说有笑,面色轻松自然地拿着东西跨出大门,梅花嘴里念着:"阿公、阿奶、毛九阿公阿奶,走了,送你们走了。……"三个女人把东西端到汉庙旁岔路口的小斜坡上,把簸箕里所有的东西都放到地上,把碗里的食物倒掉,盆里的水倒掉,她们嘴里念着:"这些是送你们吃的,你们拿回去吃些,送你们走了,不要挂我们,你们明年又来。"

图 5-15 在门外为娘家亡灵献饭
图片由笔者拍摄,丰沙里,2019 年 8 月 14 日。

送老祖宗的最后仪式是叫魂回家,叫魂的语言可以反映一个妇女的内心所想所思。梅花的妈妈在这个最后的叫魂仪式中表达了自己对儿媳妇暂时分居的不满。梅花妈妈家的仪式在下午 4 点左右进行,因梅花嫂子——春梅因家庭矛盾和家里暂时分居，今年的"礼信"活动由梅花妈妈自己操持。梅花妈妈在送老祖宗最后的叫魂环节中，她念道："阿爹阿妈你们在这里等伴着，十字岔路等伴齐，去开大会去！你们二年又来啦！……阿爹阿妈罢挂千！厄～阿爹阿妈罢领克！跟我们保举着！厄罢领克！老老小小的回来！三魂七魄回来！回来回来！阿华回来！阿咪回来！……回来！"她把自家人的名字都念了一遍，唯独忘记念儿媳妇的名字。

在女性的情感体验中，娘家婆家都是家。老挝贺人社会巧妙地化解了女性会因与自家祖先分离不能尽孝而产生纠结情绪。献祭娘家祖先的妇女也一样按照以上同样的程序，在门口祭献自己的仙逝父母。表示孝心的另外一种方式是凑钱给献祭的亲兄弟家。对此，梅花妈妈讲道："古礼说的不得不信，儿子不献么，姑娘家可以找吃。但是，姑娘家的门是不给他们进的，她家的天地（神）不给进去。"梅花说："这个不一定是没有儿子的那家才献，有儿子的出嫁姑娘也可以献，这个是对她好的，不一定的。不过么，一定是摆在外面的，不能进家来。我妈妈（我婆婆）的娘家是阿姨妈家做献，往年我会做些菜饭给她，那边献，今年我忙不得，给她10万元，叫她自己做帮献了。"梅花是一个做事周全的人，她婆婆身体不好，她替婆婆做了老人家记挂的事情。

清明节是除七月半以外的另一个重要的祭祖节日。贺人们认为祖宗们的家在坟山上，他们只能在七月半回家，大年初二、小年、端午等节日祭献的是家里的天地，家里的人念叨的祈福词，他们会在坟山上听见。关于清明节和七月半的区别，梅花婆婆毛老太这样讲述道："清明节的时候不能把他们叫到家里，只能是到山上祭献。一年一次的请来的只是七月半这时候。其他时候，他们只能在山上。……清明节我们去坟山上摆，墓碑前面摆两副碗筷，这两副筷子头要向外摆，这个是给我家祖宗的，对着这两副碗筷还要有几副，这些碗筷要朝里面摆，意思是让老祖宗请他们的隔壁邻居吃饭。自己的饭留在碑的前面，在他们的对面摆起一些，我们知道的我们会请叫，我们不知道的，他们自己会叫。我们烧纸阔，奠茶奠酒么，他们就收了。我阿妈的哥哥是以前的李先生，我家这个做的是真的。"清明节的时候，如果娘家上坟的日子和婆家不冲突，外嫁的女儿是可以去帮忙的，也可以跟着到坟上祭拜。

（二）迁坟的斗争

何老太是何父的独子，嫁给墨江来的李长有，生有三男一女。何老太的丈夫李长有是墨江人，10多岁跟随马帮来到丰沙里地界，马帮其他成员被法国人杀死，他侥幸活下。在丰沙里娶妻生子的他一直有个回归的心愿，但是到死也没能实现。何老太按照他的遗愿，将他埋在了勐腊县，每逢清明节，何老太的子子孙孙便要到勐腊县境内祭祀亡人。

何老太的孝心可见，但是女性的身份未能为何家传承香火。她是一个要强的妇女，曾竭尽全力为父尽孝，然而，事事未能如愿。何老太的第二个儿子，李老二最能干，原是丰沙里搞建筑的老板，曾参与过丰沙里简易飞机场建设，组建第一个丰沙里的建筑工程队，从中国请工人来老挝为他打工，曾是丰沙里最高的四层楼即现在的丰沙里大酒店便由他建盖。李老二与罗美芬结婚，生下四个儿子。李老二英年早逝，40出头便撒手人寰。罗美芬的母亲伊苏讲述了女婿迁坟的事情。

> 我姑爷死得早，他死掉10多年了。他死在他家朝西的5公里沿铺，那天，他去沿铺干活计，早上还好好的，下午说是头昏就昏倒，死掉了！我姑娘的老婆婆是一个厉害的人，她说："阿二死掉么要抬他到（朝东的）11里沿铺埋，埋在他阿公旁边了。"她发话么，小的都听她的。帮我姑爷埋到11里沿铺。有一段时间，大孙子一天的梦见他的爸爸跟他说："我走错路了，走错了，我走错了！"

么他就去中国那边请了个中国先生看,那个先生说:"你爸爸不想在那里安埋,他想换地方。"么他们把中国先生请到丰沙里,先生咋个说么,他们咋个做。大孙子叫得几个人帮忙,一个人开给他们100万(800人民币)。他们晚上1点多开始掏坟,掏出来的那些就烧掉,那个烧的烟飘朝向5里盐铺那边。中国先生指着5里那边说:"你爹么是死在那边,他想回那边呢!"迁坟之前,大孙子没有跟这个先生说他爸爸死在那里的,这个先生说的对了。这个后面么,我大孙子没有做梦着他爹了。……我亲家么其实是想孝顺她爹的,她家老何家才有一个姑娘,她想给她爹找着一个伴!清明上坟的时候么,可以一起献啦。么我姑爷死在5公里,他喜欢热闹,想在5里了,才托梦的不是!(伊苏,78岁,丰沙里,2019年9月30日)

2020年10月,何老太因病去世,享年84岁。子孙们按照何老太遗言,把何老太埋到了11里沿铺,她父亲坟墓的旁边。

可以说,无论是已经成为常规的妇女祭祀娘家先人,还是偶发性的迁坟事件,都是妇女的自我主体性之实践。妇女的情感和经验在父系家庭中通过"礼信"中的孝行实践成为合理化的日常行为,是被族群内部所认可的传统。《论语·为政》中写道:"天地之性,人为贵。人之行,莫大于孝。"贺人妇女将对亲生父母孝敬之礼带入"礼信"既符合长幼尊卑秩序,也是阴阳和合之性别关系的体现。

二 贺人妇女的神龛和佛龛

神龛为贺人供奉天地的牌位,是贺人家庭的象征物,佛龛为普内、佬和傣等佛教信仰民族家庭中的主要象征物。在民族关系和谐发展的当下,家庭供奉神龛或佛龛的选择似乎并不能说明这个家庭信仰的整体趋向或属性。

（一）婆媳之争

梅花，38 岁，是一个土生土长的丰沙里贺人，初中毕业后在家里帮忙做米干生意，2002 年，嫁给毛阿文。毛家人丁兴旺，毛老太和毛大爷育有 7 个儿女，有四个在丰沙里，三个在万象，还有很多亲戚遍布老挝各地。梅花家是一个典型的联合家庭，家里有公婆、小叔子两口子和三个孩子、三个远房亲戚来寄养的 10 多岁的男孩子，还有一个长期帮忙做家务的阿卡女孩，家里吃饭的有 14 个人，偶尔有亲戚朋友来串门，也常会在家吃饭。梅花的丈夫、弟弟和弟妹都是单位上班的公家人，梅花作为家庭主妇，需要操持家务，看管家里经营的宾馆和加油站。毛家有自己的家谱，毛氏家谱重新编制于 2008 年，用汉字书写，毛大爷因有汉族血统而感到骄傲。毛老太姓李，70 多岁，在她的讲述中，她的舅舅原是丰沙里最懂"礼信"的李先生，她认为："汉家人么就要信汉家礼信，老祖宗会保佑我们，不消搞什么夷人的佛了神了！"对于家里顶楼上设的佛龛，她觉得是多余的。

2019 年 8 月 14 日，下午，有一个提着两对佛花的清秀小姑娘出现在毛家大门口，安静地站在门口。梅花出来把一万元钱付给小姑娘，小姑娘把一对佛花递给梅花。这个小姑娘是普内人，每逢佛日的前一天都会来毛家送佛花。毛老太见到梅花提着佛花进去，便撇撇嘴，斜着眼看了一眼梅花。这时，我问起供奉佛像的原因，毛老太讲述道："楼上那个佛像么，我家梅花的麻烦了嘛！……送佛给我家的那个和尚，他在万象，来我家，他说他想当我儿子！哈哈哈！……我家这个房子盖得么，请他来进新房，佛像是他拿着来的。我问他，我们不会兴那种礼不知？我们兴的是这种礼。"毛老太指了指家里的神龛又接着说道："他说是不怕不怕，做这种汉家礼也可以，这种你们咋个做，咋个得。烧香，节气来做也得，不怕跟（汉家）做的一样。我的意思是不要做那种，但是我媳妇不听，她要献那种（老挝的那种）。那个么，日历上要出佛爷时候，才会献。呵呵，她找麻烦了！"

关于家里的佛龛，梅花说出了自己的理由，她讲述道："那个佛是我家盖房子的时候搞起来的。我家盖这个房子是2010年，这个地皮后面原来是越侨的庙，我家盖的时候占着一点，我心里面想着这个占着么怕有点不好。我的那些朋友说：'去万象找寺庙里的和尚，帮念一下会好！'房子要盖好的前面我就去万象了。找着和尚帮念，他们帮忙念经以后，我心里面真的感觉不慌了！房子盖好时候，我请那个和尚来家，他送一尊佛像给我。我觉得这种是好的嘛，保佑我家，我在楼顶供着它。我家妈（婆婆）不想我供佛像，我家阿文还有芬姐（大姑子）帮忙说么才给供的，他们老人家么不懂现在的事了。再说，我不是只供佛呢，家里的天地、祖公都要献呢！我们是老挝人，学着点老爪的礼信不会有错的。"

婆媳之间的纷争早已成过眼云烟，而在毛老太的表述中仍然充满着对佛像进家的不满和无奈，她以一种嘲讽的口气讲述佛像进家的故事，在描述中充满了对佛教徒的曲解或是有意的抹黑。毛老太并非丰沙里贺人中的特殊个例，他们老一辈人曾经有"汉不变夷"的观念，对佛教和其他民族的认识中带有民族歧视的色彩。这些有偏见的观念已经随着社会的发展，民族关系的融合，而逐渐消失。消失是一个新老交替的过程，可以反映在每一个社会细胞之中。毛家的婆媳之争似乎就是新老文化的争权，儿媳妇希望有自主权，婆婆想让儿媳妇顺从自己。当然，各种社会经济变化不可逆地朝向儿媳妇一方发展，代表新文化的儿媳妇有着更广阔的胸怀，去包容新与旧的文化。

（二）佛龛、神龛都不要

基于婚嫁情况来看，到20世纪80年代末，贺人与他族通婚的情况逐渐增多，与他族通婚的趋势消除了原有的偏见，比如："这个家么不夷不汉""讨卡佬么更得当官""穷么才讨卡佬呢""没有本事么才嫁卡佬呢"

等等。跨族际的联姻家庭中，有一部分家庭并不供奉神龛或佛龛。

阿咪，28岁，贺人，2017年嫁给年长她3岁的普内族老公，在达来维来街上租房子组建了自己的小家庭。两室一厅的小屋子里，没有神龛也没有佛龛。我问其原因，阿咪说："我爸爸妈妈和他爸爸妈妈都在，我们出家来，呢是①我们爸爸妈妈会帮献会帮叫了，我们不想搞，搞着么就要记得献记得叫，我们两个都在单位工作，还要领娃娃，忙不得一些了。节气时候么，我们回家就可以了。"问及以后双亲去世了，要供什么时，阿咪笑道："我倒是②嫁给他的，他们普内么是男人献，他想搞就搞，不想搞么，随便了。我家么，我哥我嫂会献。"

阿芬，43岁，23岁嫁给普内人后，生活在丰沙里村，与丈夫生有三个儿子。阿芬是位极为能干的妇女，自己养鱼、卖鱼还开了个鱼火锅店，是丰沙里村的村长，她的丈夫是单位职员。她家里既不供神龛也不供佛龛，她说："我家里么只供着我老公公老婆婆的相片，他们死掉好几年了。我老公么随便我说，我想供天地么也可以，我想想供天地也是有点麻烦，不想供，想拜天地么回我娘家拜一下就可以了。供佛的那个么，我不想搞，我老公么懒，他也说不想搞。反正，到赕的时候（过节），就到和尚家（寺庙）赕。"

跨族际联姻家庭的宗教信仰实践不能简单地根据从夫居制度或从妻居制去辨别，混融的状态可能是发展的趋势，其发展的逻辑最终要落脚于族群文化交融之下的夫妻间的权力博弈。

（三）两种态度

贺人们对于家庭中供奉神龛或佛龛有着两种态度，一种是非此即彼，另一种是兼顾两者。前者多为老人们的观念，后者多为中青年人对"礼信"选择的态度。81岁的杨阿诺讲述道："以前，我们小小的时候，老

---

① "呢是"：意思为尽管如此。
② "倒是"：确实、的确之意。

人不得。老人说：'黄牛跟水牛不拌拢！'卡佬和汉家不能嫁拢了嘛。卡佬么水牛了嘛，烂泥潭里会去，我们汉家是黄牛了嘛。这久么什么人都在拢，不捡了。我们汉家么不赎，就是二月会去庙房搞一下。卡佬嫁汉家么，他/她信汉家礼了。……这个要看了，如果他/她能力大么，就拉过来信汉家礼了，如果那边能力大么就被拉过去了。拉过去么，家里供佛了，拉过来么，家里供神桌了！信什么礼信，成什么人！"

而实际生活中，除了"拉过去"和"拉过来"的纠结和斗争之外，更多的家庭倾向于共存共融的状态。老人们口中描述的"不夷不汉"是当下贺人生活场景和信仰实践的较真实反映，很多已婚的中青年妇女希望做到两者兼顾。

2019年8月13日，七月半前一天下午，我跟着梅花夫妇俩参加一个普内小孩的拜干亲仪式。在晚餐时，我们遇到一位贺人妇女，她姓罗，家里只有四个姊妹，她排行老大，丈夫是普内人。交谈中，得知明天她要忙着去娘家献饭，下个月中秋节和普内的祭祖节是同一天，她早上忙着去寺庙，下午，要忙着过八月十五。得知这些后，我打趣道："你么两边的节日都要得过，过不赢啦！"梅花马上接过我的话说："人家说，她得过这么多的节日好了说！"罗笑着附和道："忙是忙，好也是好！"

在这些贺人妇女的眼中，"礼信"中区隔我族与他族的界限已经模糊，"哪个都可以做，哪个做么就对哪个好！"是她们实践的衡量标准，"做这个不是为了什么，就是为了自己心了。"安心的情感体验是更多妇女们选择各种仪式和节日的缘由。

阿翠兰，65岁，她妈妈没有生儿子，作为大女儿的她为刘家招了一个普内女婿，她和普内丈夫生有三男三女。她们这一辈人中很少有嫁给普内人的妇女，在我联系到她之前，认识她的一个同龄妇女，嘱咐我不能直接问她老公是不是"卡佬"，她会生气。阿翠兰丈夫5年前去世，用汉家"礼信"安置了丈夫。她说道："我家是搞汉家礼的，这里过来么，也搞普内人的礼信了,我不会搞,我媳妇、姑娘她们搞。我老公死掉后,按照汉家礼埋,埋了他以后,我心里还是觉得不好在!我二姑娘在琅勃拉邦嫁得一个老爪,她说,我们做汉家'礼信'么,她爹怕是找不到吃,她说她要做给她爹,给她爹有吃处。老爪清明节、新米节的时候,我姑娘就去寺庙赕给她爹吃了。这种么,我就放心了嘛!"阿翠兰家在达来维来的大道旁,她家大门既贴着春联,又挂着"达寮"。

从老一辈的"非此即彼"到年轻一辈的"兼顾两者","礼信"去除民族的边界,形构于个体经验和情感体验之中。不同时代的人有不同的成长环境,孕育了不同的社会情感。罗萨尔多在《迈向自我与情感的人类学》(Toward an Anthropology of Self and Feeling)中指出:"情感是关于我们卷入社会世界的方式,情感不是可见的流淌在我们血液之中的物质,而是那些我们上演的和讲述的故事所构成的社会实践。"①

三 "一家两信":个人行为抑或家庭行为

在家庭权力空间中,家庭文化信仰关乎个体,也联系集体。在族际交流和谐且频繁的时代背景下,神龛、佛龛代表的是"一家两信"还是"一家一信"?在日常生活中,贺人妇女们的情感体验以各种方式形构着家庭的"礼信"实践。在"礼信"这一文化再生产中,以个人的情感体验为主,还是以家庭传统的为主?

(一)个人的情感体验

贺人妇女们的情感体验来自自我与他者共构的个体经历之中。个体经历架构于社会结构、文化规则与时代变迁之中,国家、族群、家庭与个体的联结应是动态和融通的。在梅花为代表的20世纪80年代成长起来的一代贺人来说,他们的情感接触具有多样性。他们的成长环境是一

---

① 宋红娟:《"心上"的日子——关于西和七巧的情感人类学》,北京:北京大学出版社,2016,第33页。

个民族关系融洽、各民族和谐共处的时代。家庭环境中，长辈们基本上消除了含有民族歧视和民族偏见的教育，族际通婚、日常交往、经济交换等互动趋于和谐。学校是国家意识形态宣传的主要阵地，在中小学各个阶段的礼仪课程中不乏对佛教礼仪知识的宣传教育，同辈群体中更多的是信仰佛教的普内人。从小的耳濡目染和亲身经历使得贺人中青年群体的情感体验中对他民族文化的情感联结是直接的。

此外，普内族是一个信仰佛教和原始宗教的民族，在日常生活中，充满了对佛祖和万物的敬仰之情，表现为在各种场合中的行礼和祭拜仪式。贺人老人们常常说道："卡佬、老爪的礼信大呢！"贺人在生活中时常在体验着他们的"礼信之大"，可从普法山聚会和普内人的拜干亲仪式中反映一二。

2019年8月21日，天气闷热。梅花的朋友们要去普法山游玩。这次的游玩让我着实感受了一次"很丰沙里"的朋友聚会。

大概下午1点钟，梅花骑摩托带着我向普法山奔去。她先去小卖店买了些酸东西（凉拌食物）带着去。天气闷热，我们俩在蜿蜒而上的普法山路上跑，密林成荫，庇护着道路上奔驰的摩托，此时，我才稍稍感觉刚才的热浪已经消退。大概十多分钟，我们到了普法山的山腰，这里有一间小房子，墙上写着老挝文字和英文，意为普法山景点售票处。售票处正对面地势平缓，几棵望天大树为丰沙里的人们在这里撑开了一片聚会喝酒的好地方。这里有10多张长方形和正方形的石板桌子，大的桌子可以坐得下10来个人，小的桌子可以坐七八个人。

大概半个小时后，梅花的朋友们陆续到齐，她们都是普内人。她们把带来的食物放到一个长桌上，接着便结伴骑上摩托，说是要到普法山顶玩。梅花在售票点的小卖铺里又买一瓶饮料，三个饼干和两份香，一份香有三根和一根蜡条。我看她去买这些东西的时候，不明真相的我还以为她要买这些东西给孩子吃。到山顶后发现，这些东西是祭拜普法山顶佛像时用的。普法山顶有一顶白塔和一尊金佛，我曾到过山顶两次，每一次都看到有献祭佛的食物和香火。我和梅花最后来到山顶，此时，梅花的朋友们已经全部跪在了普法山的金佛前，有的双手合十举着香，有的正在摆放礼佛的花和食物。我问梅花："你们每一次来玩都要上来烧香拜佛吗？"梅花点头回答："嗯，这是她们的礼信。"其中，一个穿红衣服身材肥胖的中年妇女跪在最前面，其他的人把一些礼佛的东西拿给她，她把东西整齐地摆放在佛的前面，女人们烧香磕头，我、梅花和另外一个汉家妇女在她们礼毕之后，下跪磕头，上香拜佛。

毒辣的太阳快把上香的婆娘们晒化了。认真地做完礼拜之后，我们迅速缩在一旁的大树荫下。她们开始自拍合影模式，我主动帮助她们拍照，她们一行9人，加上我和两个小孩，一共12人。前前后后，左左右右，她们换了三个地方拍了三次合照。丰沙里小城被大大的太阳照得明明亮亮，我发现这里比去年多了一个观景的露台。观景露台是金佛面向小城的方向，站在露台上，匍匐在山坡上的丰沙里小城一览无余，这里是拍摄全城的最佳位置。露台旁边立着一座碑，碑上写着募捐者的名字。碑刻上的意思大概是：该建筑于2019年5月3日至2019年6月23日修建，建筑费用共为130205771基普，由丰沙里省政府捐献70205771基普，由普微先生家庭捐献60000000基普。（普微先生家庭便是傅美能和张兰芬夫妇）

女人们各种拍照之后，返回山腰。途中，她们又在一根被雷劈成两半的大树边停留。这棵树生命力极强，一半横卧着已经枯死，另一半还直立着，粗壮的树干有七八十厘米，光滑发白的树干看起来还是很威严。刚刚穿红衣的肥胖女人从袋子里拿出酒、水和花等依次拜在这棵大树下,我们在场的五个人磕头跪拜,红衣胖女人小声地说着祈祷词。礼毕,骑车回到山腰的石桌旁。

图 5-16　拜树神
图片由笔者拍摄,丰沙里普法山,2019 年 8 月 21 日。

刚刚上山前在石桌上煮着的鸡肉已经煮好了。女人们一下子就把吃的食物摆开。我把中国带去的发圈当作见面礼送给每一位在场的妇女,她们马上用我送的新发圈换下原来的发圈。梅花对我解释说,这表示她们喜欢这个礼物并以示感谢。女人们一阵嬉笑和整理之后,大家一一就座,开吃之前,那个穿红衣服的肥胖女人,用手抓了一小坨糯米饭,在每个菜上点了一下,便扔到一旁的地上,同样的用糯米饭点了另外一桌的菜,扔掉。我心想:"她们的礼信真多!"

3点多,一场大雨让女人们的聚会草草结束。梅花带着我飞奔回家,回到家中,两人已经成了落汤鸡。

(以上记录摘抄于2019年8月21日的田野笔记。)

图5-17 在普法山游玩的妇女
图片由笔者拍摄,丰沙里,2019年8月21日。

2019年8月13日,梅花一位朋友的4岁男孩拜另外一位朋友为干妈。梅花夫妇收到邀请参加拴线仪式,我跟随参加。拜干亲仪式在干爸妈家举办,邀请安章出席拴线,家里摆了5桌宴席。我问4岁男孩的母亲为什么要拜干妈,男孩的妈妈说,因为一个梦,她前不久做梦,梦到她带着儿子到河边玩,走在河边时,儿子突然掉进了河里。她伸手去拉,拉也拉不上来,她一边拉一边大叫,这时候,孩子的干妈来了,把儿子一起拉了上来。她把这个事情跟老人说,老人们说,可以拜救命恩人为干妈。于是,原本是朋友的两家人又结成了干亲。

(以上记录摘抄于2019年8月13日的田野笔记。)

老人们形容普内人的"礼信大",大在繁多。相比贺人家庭农历初一、十五献祭神龛，普内人一个月一般需要祭献四次家里的佛龛，只要佛历上出现小佛像便要祭拜。丰沙里县城的广播站也会在佛日当天广播佛经，每逢节日的当天和前一天，大广播里会用老挝语和普内语两种语言通知县城里的人们准备到佛寺祭拜。浓浓的佛教信仰氛围中，人们自然被熏染。

（二）家庭中妇女的权力空间

家庭主妇们在"礼信"活动中表现出较强的主观能动性，而情感成了文化变迁的能动机制，家庭妇女们选择能让自己安心的仪式或节日，她们以个体行为带动家庭信仰文化的转变。然而，其情何以入礼？妇女们的权力空间从哪里来？老人们和丈夫们是什么态度呢？

1. 精英们对"礼信"的看法。2019年9月10日，原丰沙里华人理事会副会长谭光华谈到"礼信"时，说道："以前，我们说，汉不变夷，夷可以变汉。现在不兴这样说了。……真理出在丰沙里！……今年，12月7日，要立柱，建新庙，立柱之后，过完年再盖。这个日子是我小舅拣的日子，那天属虎，是好日子。……做礼信是我们心里好在的一个意思。我们进步但是不能忘记传承下来的东西，捡丢不好的东西，好的要传承下去。阿爹阿妈死了，我们想念他们，一个记忆，纪念父母亲的恩情。阿爹阿妈来吃，他们不会吃呐！鬼的这个东西，我们不信。做礼信就是要不忘记父母亲的恩情，纪念他们一下，不是他们来吃的。做了这个（礼信）以后，我们心里面好在，不是！我们活在这个社会里面，其他民族能办到，我们汉族更能够办到。我们是五千年的历史啊！整个东南亚都是要向中国学习，难道我们大汉人，还要屈服那些少数民族嘎？我们是最先进的一种民族。我们汉族落后，不是呢！'礼信'是一种记忆，怀念父母亲的恩情，转化为抚养下一代的力量。要发扬好的东西，除掉不好的！"

2. 普通人们对"礼信"的看法。"烧钱烧纸么一堆灰，献祖献神么一碗水！"这是丰沙里老人们对"礼信"朴素的总结和反思。60多岁的李阿胜认为现在的"礼信"是乱七八糟的，他在讲述中道出了做"礼信"的核心意义，他说道："我12岁到外寨（农村），一直到2005年都没有叫过魂，我在外寨的时候，打摆子（疟疾），我爹妈要跟我叫魂，我说不叫，就没有叫。礼信是老人兴下来的，世上么，不有鬼！我们的'礼信'自古以来的兴下来，这种做我们心里好在一下不是么，不有意思啊！……我看电视里，你们中国也做的，那些英雄死掉，也做。这个是想念他们做的，还有，要做给小辈瞧，榜样了嘛！给他们记着老辈人！"

3. 家庭主妇们对"礼信"的看法。妇女对"礼信"的看法随着代际差别而逐步转变，即从单一转向多元或混合的信仰。能让她们安心，是衡量是否做某种仪式的重要标准，"安心"来自自我的成长经历，社会化过程中的教化与习得，深刻地影响着她们对"礼信"的操控与选择。当然，家庭本位思想是深入骨血的文化基因，她们的归属往往先是家庭，她们的选择一般不会破坏家庭的和谐关系。因而，她们兼顾家庭和自我。

可见，"以情入礼"是丰沙里贺人妇女改变家庭"礼信"的重要路径之一。人们不太在乎"礼信"实践的一些细节，更注重的是"礼信"实践中孝行秩序的重现，即"怀念父母的恩情，作为后辈的榜样"。贺人对"礼信"的态度是重视而不迷信，看重的是现世而非来世，强调的是孝行秩序，而非信神信鬼。老人们对于"不夷不汉"的转变趋势表示出宽容和接纳，主妇们在"礼信"实践中，有着主次之分和轻重缓急，以孝行重现为主，个人情感为辅。

综上所述，随着社会的发展，贺人社会中仪式专家社会地位急剧降低，原来的仪式专家后继无人，神婆和老妇人逐步取而代之。家庭空间中的各种"礼信"仪式有较大的随意性，缺乏神圣性、庄严性，贺人们重视现世和经济地位的提升，家中"礼信"被归为家务事，家庭主妇们逐步得到主导权。在从夫居的家庭空间中，妇女们为娘家亲人祭祀，根据自我成长经历和认识,中年妇女们接受佛教文化,在家中实践"一家两信"。无论是在马帮文化影响下,还是民族国家建构过程中,贺人家庭空间中的"礼信"变迁是"随心从信"的,妇女们根据自我的经历和社会关系,设置家中的"礼信"。

第六章 "行阴功":跨族际交往中妇女的"礼信"实践

第一节 "女外男内":做赕空间中妇女的"礼信"实践
第二节 "女主男辅之幻象":在历史的空间中看族际关系的变迁
第三节 "行阴功"实践中妇女的身份建构

做赕是普内、佬和傣等族群日常生活中除拴线仪式外的另一种重要的仪式。丰沙里的贺人把参与做赕活动视为"行阴功"。丰沙里贺人认为"行阴功"出于自觉自愿，是一种对自己和家人好的行为，是一种不求回报的善行。在族际交往中，贺人对"行阴功"的观念从原来的为大众搭桥修路和济贫救难之认识，扩展为参加家庭组织的做赕和到佛寺里做赕。"汉家不做赕，去参加的是行阴功。"从贺人的角度来看，不论到信仰佛教的普内家庭送礼、帮忙，还是到佛寺里布施、拜佛和祭献，都可以笼统地称为"行阴功"，即"参加他们的'礼信'，就是行阴功"。在民族交往频繁，互动和谐融洽的当下，贺人以什么样的姿态参加佛教做赕活动呢？混融着上辈遗留下来的"汉不变夷"之观念，在"行阴功"的实践中表现出有趣的行动样态。

第一节 "女外男内"：做赕空间中妇女的"礼信"实践

"赕"对于丰沙里信仰佛教的普内、佬等族群来说非常重要，它关乎死后亡灵。以普内人为例，赕，被普内人称作"Than pan xart"，直译为"赕帕萨"，被贺人称作"做赕或赕"。该活动大致分为两种，一是家庭组织的"赕"，包括：为家里老人做赕、为死后的亡灵做赕、为丧葬中的亲人做赕等；二是节日期间佛寺里的"赕"，包括开门节、关门节、新米节、祭祖节、泼水节等。做赕与拴线的区别在于：拴线仪式必须由主人向客人发出邀请，而做赕不用邀请，人们自愿参加。普内人认为，人死后在另一个空间中的吃穿用度，必须由世间的人们为其准备，通过做赕的方式送到佛寺，由和尚送给亡灵。亡灵需要借助家人们送来的东西搭阶梯，一台一台地往天堂走，直达天堂或轮回转世为人。故而，做赕便是亲朋好友们协力合作之下，帮助某人去世之后的亡灵生活无忧或荣升天堂。

一 家庭做赕活动中的贺人妇女

一般来说，普内人在一世轮回中必须在家庭空间中做两次赕，一次为葬礼之时亲人为其做赕，另一次可以是个人生前为自己做赕或逝世之后至亲为其做赕。这两者的仪式区别并不大，一般老人们会选择自己在世的时候做赕，按照一些普内人的说法是："看着给自己做的赕，感觉儿女们很孝顺，心里得高兴一下。"普内人生儿育女，在50岁以后便可以为自己做赕，或开始为自己准备各种做赕时需要的财物。如果家庭经济条件好的，可以做两三次，而一般的家庭只能负担起一次做赕的开销，并且，很多老人在去世之前都没为自己做过赕。家庭做赕的时间一般选在泼水节、祭祖节或新米节的前一天，人们在家做完仪式之后，便可以搭节日的便车一次把东西送到佛寺，便省去当年再次为其到佛寺做赕。普内人认为，做赕是一种孝敬老人的方式，做赕可以让老人过世之后，在天堂衣食无忧。若生前没有做过赕，死后，家人们也会在恰当的时候为亡灵做赕，为他/她寄去生活所需。贺人认为：当普内人在家做赕时，自己前去送礼和帮忙都是"行阴功"的表现。

（一）送礼

2018年9月24日，新米节前一天，丰沙里县城里有三家普内人同时在家里给老人做赕。黄昏之时，咚咚咚的象脚鼓声从远处传来，在韵律中此起彼伏，大家都知道这是某个家庭做赕的信号。忙完一天活计的贺人妇女们回家赶紧洗澡，打扮，穿上老挝传统衣装，三五成群地往做赕的家户那边赶，梅花和春梅也在其中，去参加做赕的妇女们手里都端着一个直径15—20厘米的钵，里面装着饮料、蜡条、鲜花和礼钱。春梅送价值2万基普的饮料、5万基普的礼钱，以及一对蜡条和一朵鲜花，共为8万基普。春梅的这位熟人朋友原来是她的邻居，老公为贺人，现在已经离婚。5万到10万基普是一般熟人参加家庭做赕活动应该送的礼物价值。关系越好，送的越多。

我跟着春梅走进一条昏暗的小巷子，象脚鼓声越来越响，我看到50米远的地方，灯火通明，小路两边搭着棚子，棚子下面整整齐齐的桌子沿着路一直伸向前方，有30多个餐桌在路的尽头处围成一个半圆舞场，舞场中间有一支乐队正在演奏老挝舞曲。我们穿过吃饭的人群，走到主人家的堂屋里，春梅和两个同伴一起面对着安章，下跪于魂盘圆桌旁，放下手里的钵，双手合十向盘坐于圆桌后的安章和主人们一一行礼，他们也一一回礼。春梅和同伴起身退出堂屋，走到屋外的象脚鼓队和挂礼的桌子旁，春梅向挂礼的人送上礼品和礼钱，报上自家的名字。然后，春梅带着我入席，宴席间，春梅遇到很多熟人和朋友，他们招呼我们坐下吃东西。餐桌上有两种水果和六个菜肴，桌子下放着一箱老挝啤酒。这一桌子菜大约需要花费15万基普（110元人民币），一箱老挝啤酒12瓶，价格为12万基普（100元人民币），八人一桌的餐食大概需要花费27万基普，收到礼金40万至80万不等。春梅和我坐在餐桌旁，我问她送礼和办做赕的费用问题，她跟我说："做赕的花费很大，流水席要从今晚摆到天亮，守夜的人们要喝酒喝一夜，唱歌的乐队也要唱一晚上……"我想：主人家的花销成本是很难算清楚的，有的人吃的时间长，喝得多，有的人吃的时间短，喝得少，并且，八人一桌的流水席并不会坐满八人才开席，其随意性非常大，有的五六个人便开席，还有一些像我一样不挂礼，跟着来混吃的人。心里想着自觉得不好意思，放慢吃美餐的速度，这时，我的思绪被一段由远至近的鼓声打断，只见一队由10人左右组成的队伍，两人敲着象脚鼓，一人打着锣，三四个人跳着舞，缓缓地往这边走过来。我提高八度声音问春梅，她答道："这个是另外一家做赕的人来这家送礼的，三家人做赕，相互送礼！"我们的交谈淹没在嘈杂的乐声和鼓声里，这里的环境不适合交谈，更适合看热闹或跟着音乐唱歌、跳舞。我只好放下一些疑问，在春梅的招呼下，不停地吃着东西，看着热闹。半圆形的临时舞场里，歌手正在起劲地唱着，有节奏感的乐曲吸引着人们，客人们时不时地约着到舞台上跳老挝传统的圆圈舞。春梅和我在宴席上大约待了半个小时，大约9点，我们便回家了，明早的活计不容许她待太长的时间。

图 6-1　参加家庭做赕活动的贺人妇女
图片由笔者拍摄，丰沙里，2019 年 9 月 24 日。

做赕的音乐从晚上一直响到天亮，守了一宿的人们帮主人家把所有为老人准备的钱物和挂礼的名单送到佛寺。这个送东西的过程，叫作送"赕"。送"赕"的人们排成一队，敲着象脚鼓和锣，两三个女子唱着普内人的歌曲，前面约有 8 个人抬着一个用纸做成的纸房子，长方形的墙面构成长约 3 米、宽约 2 米的长方形墙面，屋顶为纸张制作而成，是白底起红、绿和黄花的瓦房形屋顶，屋顶中间一根长约 3 米的竹竿做成挂满纸币的"通天树"，后面跟着二三十人缓缓走着，他们每个人手里都拿着各种东西，纸做的花盆、大蜡烛、挂着纸币的金树和银树，还有四五个人抬着一根挂满衣服裤子的"羊"形长竹竿，三辆车子断后，一辆皮卡车上拉着1米宽的单人木头床和一间纸做的小房子，两辆小汽车跟在最后。送"赕"的人们把物品交给佛寺的和尚，在和尚们的指导下，把所有的东西或燃烧或放置。其间，和尚们要在佛祖面前念送礼者的姓名，诵经祈福，礼毕，做赕仪式结束。

（二）帮忙

普内族学生薄苏丽和我说："老师，我们这里做赕，会有很多人来帮忙，没有人帮忙的话，是不可能（在家里）做赕的！"2020年8月4日，一位住在丰沙里博物馆对面的普内奶奶去世，在家做赕，挂礼在册的有1068人，帮忙的大约有900多人，因疫情影响政府规定宴席不能超过100桌，主人家只摆了99桌宴席，流水席摆了两天一夜。而实际上，送礼送物的人远远不止这些，因为，挂礼的人第二天才到场，人去世的第一天已经有很多人来送礼送物了，送的物品包括大米、蔬菜和水果等。可见，做赕的条件是经济实力和人脉关系。做赕是一项繁杂的工程，包括请安章、通知寺庙、准备日常生活中的钱物和祭献物品，以及宴席食物等等。其中，流水宴席是耗费人力物力最多的一项事务，需要很多帮厨的妇女参与。贺人妇女们成为互惠关系中人力交换的主要人选，帮厨是妇女换工的独属。帮厨的妇女们会自带洗菜盆、菜刀和砧板等物件，来到临时搭建的后厨帮忙，洗菜、切菜、做菜等等，大家各尽所能，各司其职，围成一圈一圈的帮忙小组。比起送礼，帮厨有着更可以让人揣摩的意义。按照普内学生们的说法，帮厨的人多显示这位逝世的人有较好的声望，并且是一种好死的状态，是正常老死而不是非正常死亡；帮厨人多是这家人会做人，与其他人的关系好，人家喜欢来帮忙；还体现了这家女主人也经常去帮别家的忙，才积攒了这些换工的资源。

图 6-2 在后厨帮忙的妇女们
图片由薄苏丽拍摄,丰沙里,2020 年 8 月 4 日。

此外,帮厨的意义不仅仅在于换工,也在于"对我们好!"一些具有神谕的话语会在帮助某家人做赕之后出现,比如:"他家做赕,我那天去帮他家了,我昨天买得彩票啦!""我去帮忙了,我家的鸡下得双黄蛋!""我阿几天前,找不着的东西找到了!"……此时,为普内老人"搭上天的楼梯"与祖宗的保佑起到了同样的效果。当然,这样的现世回报是不多见的,而这样的言说能以交流的形式强调帮忙者和主人家的互惠关系。

互惠关系需要人们不断经营,在这些跨族际的人际关系中,贺人的家庭主妇成为家庭的主要代表,经营着与他族的关系。

我:2019 年,他们做赕的家,你去过几家?
春梅:今年 5 家了。
我:这 5 家都是你的朋友嘎?

春梅：嗯，不算是朋友，他们是认得的人，我是孟塞嫁来的，好多朋友在孟塞，我在丰沙里没有卡佬朋友。

我：他们家做赕么，你家阿华（春梅老公）给会去？

春梅：这个事么，多数我们女人操心了！多数是我们女人去呐，男人么不喜欢去，我不在么，他才会去。……前天，我去的那家么，我没有说给我家阿华，我倒是挂他的名字了。

我：你搞么不跟他说？

春梅：他们卡佬做赕做得多，他有时候不喜欢我去！

（对话发生在2018年9月26日，我和春梅一同回孟塞娘家的路途中）

春梅的表述道明了我两次参加普内家庭做赕活动中所见之图景，即女多男少，贺人男子们很少参加这样的活动，除非是自家的至亲。贺人已婚男性认为："这个赕么，女人去也是一样的。"按照差序格局的关系圈层关系，"认得的人"居于外层关系，可近可远，而维持这些关系的责任落到了家庭主妇的身上。在贺人妇女看来，送礼或帮忙一方面是为了"行阴功"，另一方面是要为以后家里的白事考虑，毕竟，这里的普内人更多。

二 佛寺做赕活动中的贺人妇女

2018年8月，丰沙里哇叫村佛寺里一位最年长的老和尚告诉我，"这里的汉家男人不会来佛寺拜佛，一些女人会来"。佛教节日里，到佛寺祭拜，被贺人认为是分外之事，是"行阴功"重要表现之一。到佛寺"行阴功"的行为自老挝解放之后，正在迅速地去除原有的污名，成为贺人族群中被允许而不鼓励的行为。解放之前，贺人女性到寺庙拜佛，会被长辈们骂。62岁的罗和凤回忆年轻时候因为普内朋友的影响去佛寺的情形。

我小时候，有好几个普内朋友，她们到泼水节、新米节了就去和尚庙里赕，想去看看，就悄悄地穿她们的衣服，跟着去。回来后，被我阿爹阿妈骂了，还跟旁边的人骂说，"不夷不汉的整得了么！"……老人他们不懂，现在什么民族都会去。情况改变，就要跟着情况走。（罗和凤，62岁，丰沙里，2019年9月22日）

就贺人是否去佛寺的情况来看，70岁以上的老年人和中年男性从不去佛寺，50多岁和60多岁的妇女中有少部分因为联姻关系会去佛寺，次数不多，且不在自己日常生活的轨迹之中。30至40岁的妇女们大多会根据自己的情况去寺庙，不会有太多行为和观念上的阻碍，对一半以上的中青年妇女来说，去佛寺"行阴功"已经成为自己日常生活中的一小部分内容。丰沙里普内和傣等信仰佛教族群的新米节和祭祖节是两个重要的节日庆典活动。

（一）新米节

新米节里，人们把当年丰收的新米送给去世的亲人，贺人把其称为"赕新米"，常与七月半等而视之，主要是送新米和各种食物给亡灵享用。梅花作为贺人家的女儿和媳妇，没有亲人需要到佛寺里祭祀，而去佛寺"行阴功"会在她每一年的计划之中。

2019年8月29日，丰沙里佛教民族的新米节。凌晨3点，沉睡之中蒙蒙眬眬听见有鼓声传来，有人开始进入佛寺了。早上5点多，哇叫村的佛寺便热闹起来，和尚念的主祷词从广播里传出，第一遍是老挝语，第二遍为普内话。

梅花和我一样被佛寺的广播和鼓声闹得没有睡好觉。她5点多起床，收拾打扮，准备祭献家中佛龛的水果，以及我们进佛寺需要的物件。我和她一样穿上老挝筒裙服饰，手里捧着钵，里面装着鲜花、蜡条、饼干、糯米饭、一瓶矿泉水和一扎子由1000元或2000元基普捆起的零钱。我装了150万基普，我看梅花装的钱比我的多，我问她装了多少，在一旁的梅花老公阿文打趣道："杨老师，要多多的装噶！装得多才好！"梅花瞅一眼老公，正色说道："乱说，装多装少是一个心意，心意到就好呢！行阴功的呐，不怕！"阿文从来不去佛寺，对佛寺的礼节并不清楚。梅花祭献好家里的佛龛，带着我到哇叫佛寺。此时，大概7点半，一些拜完佛的人已经往外走了。

哇叫佛寺的大门朝向东方，两条用泥塑造的巨大龙形物"啦嘎"匍匐在寺门两边，守护寺庙。佛寺广场正中的大殿是正殿，佛像供于殿中央，面朝东方，正殿的南、北和东侧有门，可进入，西侧后方是戒亭，金色的人字形屋顶和柱子建构而成，金色佛像坐于西侧，面向东方，正殿的南侧是佛塔，北侧是和尚们的宿舍和一个大钟。寺庙边立着四五棵大青树，伸着枝丫为来来往往的礼佛者遮挡烈日。几乎填满寺庙的人们乱中有序，不吵不闹，面色和润地按照顺序行礼做赕。

今天来佛寺的人可分为两类，一类是像梅花和我一样的，只是来布施拜佛的，另一类人既要捐钱拜佛，又要祭献自家亡灵。要为亡灵赕新米的人们每个人带着一个放满食物的小篾桌，早早来到寺庙，把小篾桌摆满了正殿和戒亭，来晚的人们只能把祭献的食物放在正殿的外围。梅花带着我排在布施的队伍后面，柔声细语地讲着布施的步骤和要领。快要到布施台的时候，她嘱咐我要脱掉鞋，不脱鞋对我们不好，到布施台的时候，她说："在盘子里面放糯米饭、1000元钱和饼干一起放到大钵里面，放之前在额头上点两下。"布施台上一共有12个钵和盘子。布施的人们分成两队，从布施台两边缓缓地边走边虔诚地做着布施的动作，把钱、花和食物放入盘子和大钵里。布施之后，梅花和我排着队跟随前面的一队人，面对正殿以老和尚为中心，和30多人一起并排蹲下，老和尚拿着话筒为我们诵经祈福，我们微微低下头，双手合十放于额头之前，每一个跪着的人默默地听着佛音，有的眼睛闭着，有的看着自己的钵体，有的跟着佛音轻声念诵，两三分钟后，佛音停，梅花拿起钵里的矿泉水，将矿泉水倒入钵里。梅花说，倒水时候可以心里想着自己的愿望，佛祖会听见的。我照样而做，之后，我俩一起拿起钵把水浇到树脚下，把钵里的鲜花和蜡烛献放到大树脚下。整个礼佛过程结束。广场的南侧，有两个年轻的小和尚正在为跪着的信众们拴线，旁边有功德箱，为有大额捐赠或捐物的人们提供。梅花在佛寺中遇到了她的伙伴们，大家微笑着打招呼，并在佛寺门口拍照留念。

8点半，布施结束之后，寺庙的广播里传出和尚诵经的佛音，赕新米的人们双手合十于前额，静静地听着佛音，大约1小时后，佛音停，人们把桌子上的东西放入和尚们的大袋子中，做赕结束。

图6-3 新米节，在佛寺祭献的人们　　图6-4 祭祖节里的"通天树"
图片由笔者拍摄，丰沙里，2019年8月　图片由笔者拍摄，丰沙里，2019年9月
29日。　　　　　　　　　　　　　　13日。

(二）祭祖节

在丰沙里，除泼水节外，丰沙里普内和佬等族群的最盛大的节日要数祭祖节。开门节和关门节在丰沙里不属于盛大的节日，信佛的人可以较为随性地去佛寺，隆重和热闹程度远远不及祭祖节。祭祖节，也称先人节，时间一般为佛历的九月，在中国农历的八月十五前后。贺人把它视为与清明节相当的节日，每一户信佛的人家都要去佛寺做赕。人们把需要祭献的物品做成树的形状，称为"通天树"，通天树上挂满了纸币、鲜花、衣服裤子、生活用品和一些食品。（见图6-4）祭祖节的赕可以为亡灵，也可以为自己前世的赎罪，其被重视的程度超过新米节，信仰佛教的人们都希望在祭祀先人的同时也能渡己。当天，毛大嫂带着二儿子到佛寺做赕，她和我讲道："今天的赕是做给我爸爸、我儿子和我自己的。为我自己做的是为前世的我赎罪，前世我可能做了不好的事情，就献给被我伤害过的那些人，叫他们来拿吃，赕给他们，不要来找我了。我抬去三个通天树，一个给我爸爸、一个给儿子、一个为自己前世赎罪。每一个通天树为一个人，我们把想说的话写在纸的上面，交给和尚，和尚们分着为我们读这些话。我写给我爸爸的得大佛爷念，写给儿子的得安章念，我自己的得大和尚念。在和尚念的时候，我们作揖倒水，心中想念他们的名字，他们会来！"祭祖节和新米节的仪式过程大致相同，除布施、祭献、祈福之外，最后的环节是和尚、安章们会帮信众念诵信件。具体的场景如下：

> 当广播里的佛音停止后，和尚们手里拿着一卷卷大小不一、颜色各异的信件，和尚们分散地站到了佛寺广场不同的角落里。人们一下子围到了和尚前面，不紧不慢地挑选信件。这个信件是在世的人们写给去世亲人或自己的信，于祭祖节前期拿到寺庙，和尚们把这些信放在佛像前，今天拿出来以后，又分发给各位来做赕的人们。

人们取回自己的信件后，抬着"通天树"，跪在和尚或安章前。和尚和安章为信众们一一念着信件，为天上的人和赎罪的人祈福。毛大姐死去的大儿子由她家老二为他祈福，信件中这样写道：

"阿米陀佛 阿米陀佛 阿米陀佛 佛祖啊！

我叫宋通·赛萨拉先生，我需要寄送物品给我的哥哥，他叫苏那翁，他在世的时候，不喜欢太热，想什么都得不到，吃也吃不好，命不好啊！所以，请让佛祖保佑他能投胎到一个比原来更好的地方，希望能吃好、有钱花、有福享，我愿用我的福分分一点给我的哥哥，希望他能好吃好在，要啥有啥的，希望一切灾难消失，疾病消除！

阿米陀佛 阿米陀佛 阿米陀佛 佛祖啊！"（见图6-5）

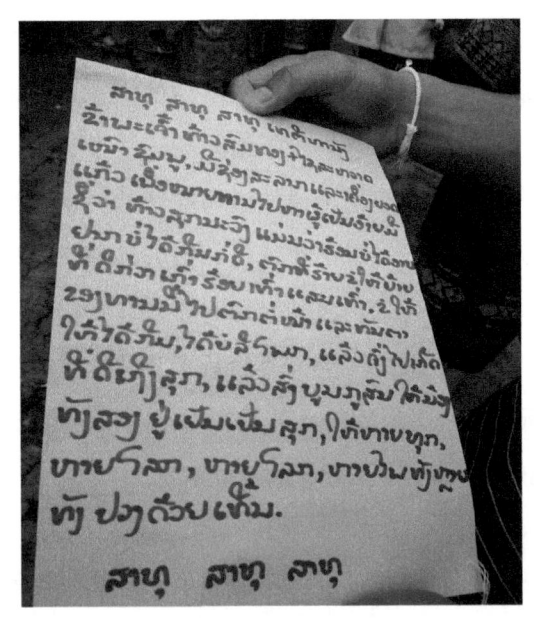

图6-5 寄往"天堂"的信件

图片由笔者拍摄，丰沙里佛寺，2019年9月13日。

2019年9月13日，祭祖节，也是贺人的"八月十五"，或称"拜月节"。这天丰沙里菜市场人迹寥寥,不到10家的人在开店和卖菜,人们都忙着去过节了。48岁的阿芬姐是毛家大女儿,嫁到普法村后,勤劳能干,经营饭店,五年前被选为村长。早晨6点左右,她按照往年的惯例带着一队村民代表来到哇叫村的佛寺捐赠物品。之后,她自己做布施,赕通天树给公婆,忙完寺庙做赕,下午回家准备献月亮的食物。另一位忙碌的贺人妇女是贵莹姐,老公是佬族,是政府公务员,她自己经营茶厂、饭店和旅馆,是森沙里村的妇女主任。热心公益的她是佛寺志愿者,每次佛寺里的大赕活动都要去帮忙收拾整理佛寺里的捐赠之物。祭祖节里的物品最多,除了收拾物品、食品,还要把钱清点入账。志愿者们收拾整理物品从早上6点多开始,一直持续到下午3点多,中午在佛寺吃信徒们捐赠来的食物。贵莹是佛寺中唯一一个贺人志愿者,她在讲述中充满了自豪,她认为自己是真正"行阴功"的。而她的母亲一直因为她嫁给佬族而稍有不满,时不时地说她身材肥胖是因为嫁佬族的缘故。

图 6-6 为佛寺捐水的闺密

图片由笔者拍摄,丰沙里佛寺,2019年9月13日。

相比忙碌的中年妇女，未婚的姑娘们更为自由。阿芳，27岁，未婚，银行职员，兼职经营着服装生意，她的闺密是一位棚给而村的普内族姑娘。今年的祭祖节恰逢是闺密的生日，她们俩用多做功德的方式来庆贺生日。今天，她们两人从头到脚穿着相同的衣服，跑了丰沙里县城里的两个佛寺，在两个佛寺里除了常规的布施之外，还分别为两个佛寺捐了5箱矿泉水。（见图6-6）还有很多人像她们俩一样为佛寺捐赠很多的物品，和尚们一一记下这些功德，而后为之诵经祈福。

三　主妇家庭代表：家庭本位抑或个人本位

儒家伦理思想中构成社会的基本单位是家庭而不是个人。贺人传统文化传承了中国汉族的伦理道德思想，以血亲关系为核心建立家庭，妇女的个体身份和地位归属于家庭，未嫁从父，既嫁从夫，夫亡从子，他们的观念中强调的是"家和万事兴"，"家和"是个体在社会中行为实践的准则。丰沙里贺人妇女有较强的经济生产能力，在族际交往中，她们采取了两种态度实践"行阴功"。

（一）先家庭，后个人

先征得家人的同意，而后去参加各种做赕活动，是较为稳妥，不会引起家庭矛盾的做法。

毛大嫂，46岁，娘家在孟夸县，父亲为傣族，母亲是贺人，有兄弟姊妹6人，她18岁时嫁给毛家大哥，婚后育有三个儿子，大儿子已经亡故。她嫁到毛家后，老老实实地做贺人媳妇，考虑到婆婆和老公的关系，并不去佛寺。5年前大儿子因车祸去世，她心里非常难过，因为按照汉家"礼信"，未婚的先死的年轻人不能去祭献。毛大嫂含着泪，为我讲述了她去佛寺做赕的原因。

我大儿子19岁死的，在年三十晚上翻车死的。他是最听话、最明白的一个儿子。他死了后,我天天哭,一见熟人我就掉眼泪,眼睛一闭见他的脸,我睡也睡不着,吃东西吃不进去,喉咙里面塞着东西。脸也不想擦,澡也不想洗,一样不想整。难过了,一处不想去。这种在家三个月,他姑妈来做饭给我们吃。大儿子不在了五六年了。大儿子生前跟我说:"我妈,你忍耐忍耐,二天(以后)我学出来,领你去万象在!"我家有6个兄弟姊妹,有5个在万象。他去万象回来以后,跟我说,"阿妈,我可怜你了,你兄弟姊妹几个喜喜欢欢的在万象,单你一个在这里在着。"那回,他这种说,我就哭了。他要死的那天还这种跟我说:"妈,你忍耐忍耐,丰沙里过于冷多,以后我领你去永真住。"这两个儿子不像那个明白,那个更明白。……我一年一回才去献这种。他死以后,做了坟,但是,我爸爸妈妈(公公婆婆)不想给去上坟,一来么他媳妇没有讨,小嘛,我们老人做去献是没有道理,只能他的兄弟姊妹去献么,……我家儿子三个的一样,从小小的爱去缅寺呐!他们卡佬伴、老爪伴有嘛,就一起去。大儿子也喜欢克,节气来么,我去赕给他。……我妈妈以前不想给去,他们是老古辈的思想。我嫁来他家,以前不给我们去,后来后来么,我家娘娘在万象,我舅舅在万象。他们跟我妈妈说,不怕可以去,汉家什么人是可以去。我们去,如果老人骂,也不行,也是白白地去,他们同意,我们去才会好。我跟我老公说:"你不想去,你一样不要说,我去。但是,你要心里喜欢给去我才去,你心里不喜欢给我去,我就不去。你心里不喜欢,我去了来,也是没有什么意思!"我们是一家人,我去,我就代表了家里的人。(毛大嫂,46岁,丰沙里,2019年9月)

嫁入贺人家庭的妇女认为"妇从夫"是自然而然,天经地义的。贺人妇女们一般都会认同从夫居的生活状态。毛大嫂在意外发生后,找不到情绪表达的出口，开明的亲戚们以此为借口，帮助她说服了固执的老人们，丈夫也在她悲痛情绪的影响下，赞同她到佛寺做贶。一些妇女首先要保证家庭关系的和谐与稳定，其次才考虑自己的情感。

（二）先个人，后家庭

参加做贶活动的费用并不会很高，参加家庭做贶和去佛寺做贶的费用大致相同，约为10万基普左右。一些贺人中年妇女们时不时地会在丈夫和上辈人不知情的情况下，自己去做贶的家庭送礼。一些贺人认为和普内等民族交朋友总要吃点亏，送出的礼很难有等次等量返回的机会。一个佛教家庭要为每一个人做至少两次贶，一次为丧葬的贶，另一次为渡己的贶，即为生前或后世上天堂做准备。从一对一的家庭礼物往来来看，贺人似乎是吃亏的。

实际上，在丰沙里的人们都知道，做贶的花费巨大。普内人的丧葬持续的时间在2天到10天不等，其时间跨度依据亲戚们到场的时间而定，逝世者停留在家，做贶不能停，流水席也不能停，其间花费远远超过主人家收礼所得。渡己做贶至少也是一天半时间，而除流水席之外，还有一笔为数不少的送到佛寺里的财物，即为老人"搭上天堂梯子"的东西。到做贶家庭送礼除了人情往来之外，表达着贺人的一种信仰，"帮忙搭上天的梯子，行阴功"。参加普内、佬等家庭做贶的贺人妇女们在挂礼的名册上留下的是自己丈夫的名字，很少有人留下自己的名字。当丈夫和公婆因此而责问的时候，她们的辩驳中会说："我挂的是你的名字，是为我家行阴功不是？"责问的人听到这样的话便是道理所在，为家送礼，得到和尚的祈福也是好的。

贺人妇女们以"行阴功"的话语化解了自己个人与家庭在送礼一事上而发生的矛盾。而对于贺人妇女个人来说，参与佛教家庭的做贶，更多的是出于自己个人关系网络的构建。丰沙里集贸市场上60%的商铺由贺人经营，小城镇里的水果摊、米干店、饭店和旅店等大多由贺人妇女直接经营，社会关系网络的建构需要她们苦心经营，以丈夫的名义送礼对她们来说是理所当然的，因为，家是她们的归属，熟人社会中，婚姻仪式把两个人捆绑在一起，在众人的眼光中，夫妻是一体的，很难清楚地分开。

贺人社会中，个人与家庭几乎是关联在一起的，个人情感常常隐藏于家庭之中，个体存在的社会表达是"某某家的……"，个人的存在基于家庭。贺人妇女们以关系主义的话语解释个人主义的实践，实际上是普遍且寻常的思维方式，也可以说是思维图式下的惯习。个人与家庭几乎是没有边界的，当某个贺人的举止不当暴露于众人时，他的家人或亲戚们会感到羞耻，当然，一个人的荣耀也会给家人们带来荣耀，正如何老太对将去上大学的孙女的嘱咐一样，"你出去，是要给我们这些人争脸面的！"夫妻之间的边界更是私密不显。只有在某个具有矛盾性的场域中，其边界才会显形。通常，妇女们的"礼信"实践不会有违家庭整体利益，因为家庭是她们生命的归属。

第二节 "女主男辅之幻象"：在历史的空间中看族际关系的变迁

贺人的中老年男子一般不参加普内和佬等族群的做赈活动，由妇女代表家庭参加。从现象上看，它颠覆了儒家文化之下"男外女内"的性别分工制度。而从族群关系的历史发展看，这是"汉不变夷"和"男上女下"文化结构的对应置换，有男为中心，女为边缘的文化隐喻。

一 族际交往的集体记忆

族际交往从区隔走向交流交融，再到相互融合，是一个漫长的历史过程。"交融"不同于"融合"，它强调的只是相互接纳、吸收、包容和认同,是"融合"的进行时态或过程,不是结果①。从丰沙里各民族交往发展趋势上看,贺人与普内、佬等族群之间正处于交融的初级阶段,在部分老辈人的观念中还有少许的偏见、歧视和隔阂,作为过渡群体的中年人能做到消除一些偏见,行为上做到相互理解、相互尊重、融洽交往的状态。然而,在扮演老挝少数民族角色之时,他们在自觉和不自觉中希望维持历史中遗留下来的先进性集体记忆,来扮演好自己作为少数民族的角色,他们通过差别化的行为凸显自我角色的特点。

(一)有区隔的交往

丰沙里的贺人和主体民族普内人之间的交往关系,自法国殖民时期开始。1920年,法国人在丰沙里县城所在地设立第五军区之后,分散于各地的贺人逐步迁居于丰沙里。法国殖民者利用丰沙里各族群间的文化差异,挑拨民族关系,造成民族区隔。在30多年的殖民统治之下,贺人对其他民族形成了一些偏见,比如:"夷骨头,不懂汉家礼!""老夷人没有礼信!""汉不变夷"等。在20世纪60年代之前,贺人对婚嫁的态度是:只许娶,不准嫁。嫁给他族男子,对一个贺人女子来说,会被族内的人笑话。71岁阿惠婆是少数几位在组织安排下嫁给普内男子的贺人妇女,如今,她丈夫早已亡故,但是,对于朋友和他人正面提及她丈夫的族别,仍然心存芥蒂。一天,阿惠婆等5位老太太一起聊天,我毫无戒备之心地问她们年轻时候的往事,提到阿惠婆老公时,其余四位老太太呵呵地闷笑着说:"她老公是卡佬呐!"她立即瞅旁边的一个老太太,正色说:"现在不兴说卡佬,是普内人!"从她的脸上,感受到不悦的我,赶紧附和她道:"是呢是呢!是普内!"我赶紧转移话题。可以说,在同龄人中,如阿惠婆般的跨族际婚姻属于个别现象,而同龄的贺人男子娶普内妇女的也不多见,当时的男子们也会背负一些污名,"那个时候么,老实穷的人讨不起汉家么,才去讨卡佬了呢!"从阿惠

---

① 王希恩:《民族的融合、交融及互嵌》,《学术界》2016年第4期。

婆等人婚嫁史来看，20世纪六七十年代的丰沙里中立派、左派政府希望通过跨族际婚姻、经济合作交往等方式化解族际交往中存在的偏见和歧视。

（二）中老关系背景下的反转

1975—1986年，老挝当局在越南政府排华政策的影响下，基本铲除了华人赖以存在的经贸根基，大部分华人离开了老挝①。丰沙里贺人经营的产业被没收，他们的子女不能获得政府公职，不能参军，只能读初中，不能升高中。接连而来的冲击使得很多贺人及其家庭以难民身份迁居或出逃到泰国。之后，这些难民在联合国的安排下，分散到欧美各国，现居住于美国、加拿大、瑞士、澳大利亚等7个国家。

2020年1月22日，再过两天就是除夕。今年，丰沙里过年会特别热闹，大约有30多位归侨从世界各国赶回来。他们都是老挝排华时期从丰沙里逃走的华人，他们把丰沙里视为故乡，自2000年左右，他们通过手机网络取得联系，建立网络，相约隔四年一次回故乡过年。很多老人已经回不来了，回归的人们以60岁群体为主，他们还有对故乡的情感和记忆，丰沙里构建了童年回忆和印在心坎上的味道。

这几天，春梅开的米干店里多了五六个常客，两对从瑞士回来的夫妇，在苏黎世从事伐木工作，一位从日本千叶回来的卡车司机。在国外吃不到米干，他们说想天天来吃。聊到往昔岁月，"那个时候，我们都是提心吊胆地过日子，一些汉家不敢说汉话，女人不敢穿裤子。汉家什么也不给做。那时候是老安南和中国不和，来害汉家。……不能用汉人。政府里工作的汉人是他们逼不得已才用着的，下面县级的到村上的，下面的有点问题的就拿去审问。生意不给做，外面跑着的没收，家里的（东西）倒是没有来没收，不过是来查的。这是1978到1981年。""我

---

① 庄国土：《略论二战以来老挝华人社会地位的变化》，《华侨华人历史研究》2004年第2期。

们命上带着的,要得跑呢远远的。……我们不是自己想去的,是逼不得已。""我们一起去的瑞士,还有3个普内人,到泰国后我们在了5年多,1989年,从泰国到瑞士。""我的家乡不能离呢,我家里还供着天地祖先位。""1990年,我们兄妹三人一起去的日本,父母在泰国去世了。"在泰国难民营中,从老挝过去的难民们生活困难,一些老人生病去世,一些年轻人在此相遇,并结为夫妻。去哪个国家并不能根据难民自己的意愿,更多的是官员的安排和选择,他们会把至亲的兄弟姊妹和夫妻安排在一个国家,而非至亲的亲戚就不大会有这样的机会了。比如:伊苏的妹妹和妹夫去了澳大利亚,她的儿子去了加拿大。

1986年,中老关系正常化,贺人获得公民应有的权力。族际交往中,贺人似乎失去了往日的优势地位,在国家宣扬民族团结的呼声中,贺人尽力扮演着老挝少数民族的角色。

(三)关于先进性的集体记忆

一直以来,丰沙里贺人较其他民族在经济文化方面有突出的表现。(1)经济生产。贺人的生计方式较普内、阿卡和傣等民族来说,更能集聚财富,生活较其他民族的更为富裕。何玉华老太太回忆法国人当政时期的日子时,说道:"那时候,日子还是过得成呢!"儿时父亲经营马帮生意,留给她的是衣食较为富足的记忆。老年男子对马帮有着各种记忆,"有本事的,最猴的那个人,一人能赶三匹马,一般的赶两匹马,人撇(笨)点只赶得一匹马。有三匹马的人可以请一两个人来帮他了。""上马马老板,下马么马站帮。……别样民族么自己背,汉家么拿马驮。别的民族不会养马,他们养出来的马不会听话。……汉家有赶马精神,到处去得到!"20世纪30年代到50年代,妇女们做豆腐、酱油和咸菜售卖,男人们赶马营生,从老人们的讲述中马帮经营的方式大致如下:货物从泰国到万象,万象再到丰沙里。贺人马帮从丰沙里到江城或勐腊,贩卖火柴、万金油、肥皂和茶叶等,又从江城购进粗布,在勐乌盐矿批量购进盐巴。从勐乌回丰沙里，返回途中，一路卖盐和粗布，其间，一些马帮为法国殖民政府收购或贩卖大烟。从地域环境上看，丰沙里与中国云南省普洱茶厂区比邻，1921 年，茶商新开通易武经老挝丰沙里省的乌德至越南莱州的驿道①。这条滇越茶马古道的走向为：宁洱、思茅、易武、老挝丰沙里、越南奠边府、越南莱州至河内，从越南海防再转向南洋或香港。②中国云南马帮商人曾在丰沙里来来往往、驻足停留，一些马帮老板选择在丰沙里安家落户，丰沙里经济曾因此而繁盛一时，贺人的家户数量曾经达到过三四百户。1954 年，法国殖民者撤出丰沙里后，丰沙里局势复杂，政局不稳，马帮队伍缩小，以个体经营为主，两匹马便可走马经营了。此时，贺人的生计方式是半商半农，男人们旱时赶马雨时耕种，女人们在家看娃，并做些小买卖。一些丰沙里贺人走村串寨，赶马营生，做着倒卖贩卖的小生意，直到 1998 年，中国人民解放军帮助老挝政府修通了丰沙里省内的乌德至本奴县的公路后，最后的马帮生意人才转向其他的营生。21 世纪初，中国民营企业资本因丰沙里有着丰富的大叶种茶资源而进入投资建厂，贺人抓住商机，承包茶园，收购鲜叶，建厂加工，自立品牌。近几年，贺人成为丰沙里茶叶企业中的主力军，谭家茶叶在老挝各大商场飞机场有售，李家茶叶在 2019 年香港世界茶叶博览会中荣获金奖。（2）文化教育。丰沙里的普内、阿卡和克木等民族没有自己的文字，贺人有着上千年的历史文化和自己的文字。贺人注重本民族的文化传承，形成了重视下一代教育的传统。汉庙的门牌坊上便写着："横批：学海无涯；上联：著书传道，函关初度五千言；下联：立教开宗，紫气东来三万里。"贺人中人才辈出，20 世纪 60 年代，丰沙里最出名的工程师是贺人，他组建工程队参加简易飞

---

① 李浩、余少剑、刀易学：《易武 普洱茶的易武时代》，《中国文化遗产》2010 年第 4 期。
② 周建新、杨璐：《跨国道路与族群发展——基于老挝贺人的田野调查》，《广西民族研究》2020 年第 4 期。

机场的建设，以及各个小高层楼房的建设。他老婆说："原来丰沙里的半城都是他盖的！"这是有一定事实依据的。丰沙里第一任外交办公室主任是贺人，代表老挝中立政府与中国政府谈判申请外交援助。解放后，贺人在遭受打压和排挤的情况下，仍有少数的贺人当上了各县的县长或公务员。此外，抗日战争时期，国民党海外间谍组织，毕业于黄埔军校的两位爱国分子到丰沙里设立秘密办事机构，在现在汉庙的所在地开办私塾学校，给当地的小孩教授中文。1961至1975年间，设在丰沙里的中国外交领事馆，在原丰沙里中华理事会的会议室中，为当地民众开设夜校扫盲班，教授中国汉字。

记忆是实践的积累，是有关过去的回忆，是一个群体或者种族的传统和文化积淀①。莫里斯·哈布瓦赫指出："集体记忆不是一个既定的概念，而是一个社会建构的概念。在一个社会中有多少群体和机构，就有多少集体记忆"，"集体记忆"是"一个特定社会群体成员共享往事的过程和结果"。②马帮营生、茶叶生产和中文学习等记忆成为贺人老人们共同的谈资，较突出的经商能力和文化学习的历史是他们引以自豪的集体记忆，"大汉民族"的优越感因此而来。

二 族际交往中"汉不变夷"的实践

贺人曾经把自己的民族优越感用一句简单的俗语概括："汉不变夷，夷可变汉！"当下，民族交融的过程之中，这句带有明显民族歧视的话语表达逐渐被隐去，另一种饶有意味的行为实践取而代之。

（一）"男上女下"秩序的普遍意义

丰沙里贺人的观念里，"男上女下"的性别关系具有普遍意义，是

---

① [美] 弗兰克纳：《伦理学》，关键译，生活·读书·新知三联书店，1987，第28页。
② [法] 莫里斯·哈布瓦赫：《论集体记忆》，毕然、郭金华译，上海：上海人民出版社，2002，第39-40、69页。

指导人们日常生活并形成秩序的普遍模式。妇女的实践被困于制度性的观念之中，她们很难挣脱。家庭本位的思想形塑着妇女们的归属感，未嫁从父，既嫁从夫，娘家和婆家是她们的归属之地。对于未受过较多学校教育的丰沙里贺人妇女，在独立个体和集体家庭的对抗中，传统制度下的行为规范是多数妇女的选择。

春梅，38岁，小时候的童年是在丰沙里乌德县作嘎村度过的，她12岁时，跟随父母迁居乌多姆赛省的孟塞县。她有一个哥哥、两个弟弟和一个妹妹。她19岁嫁给阿华，20岁生育第一个孩子，21岁从孟塞跟随丈夫来到丰沙里，跟着婆婆学卖米干，她每天辛苦劳作，养育两男一女。阿华经常跟着中国老板到处跑，收入高，但花费也多。他们俩的家庭计划是，春梅赚的钱用于养家，丈夫的钱用于新建房子。人生中总有一些意外的事情发生，2010年，春梅哥哥因贩毒被捕入狱。2017年底，春梅的大弟弟在一次斗殴中被杀，打官司需要一大笔花费。春梅的父亲因为悲伤过度，也随之去世。娘家的两大支柱一下子倒塌了，春梅不可能置身事外。对娘家的付出引起婆家的不满，2019年8月，我到丰沙里再次遇到春梅时，她因和婆家的矛盾，另租了一间铺子经营米干生意，并住在了米干店里。幸好，她的米干铺子离婆家也就200多米，三个孩子们来来回回的也没有觉得母亲离家带来的不适。她一度和我讲起家里的种种事情，她把矛盾的重点落到了婆媳关系上，但也怪罪丈夫的不成器。她说："我妈妈恨我呢，她说我把阿华给我的钱拿走了！阿华都没有赚到什么钱，我咋个拿走？……阿华一天跟我怄气，我一下一下想着退了（离婚）吧！"2020年1月，我到丰沙里过年，春梅还没有搬回婆家住，阿华过年不回家，还在外面打工，春梅和婆婆的关系依然紧张，她要回家拿东西，她的婆婆把她堵在门口，不让她进家门。我为春梅过年感到担忧。除夕，她没有回家，张罗着儿子请客的事情，也就过了。初一上午参加"团结饭"的聚餐活动，下午，她的眉间愁云不展，她跟我道出了心中的纠结，"明日，初二，家里要献天地、祖先呢！我妈妈他们要请美国回来的表姐家吃饭。我们汉家礼信么，明天要回家帮忙……她不喜欢我，不给我回去，唉！"到了晚上，她还没有拿定主意，去还是不去，是个问题！到晚上9点左右，我告别她回到住处，心里为此事而不安。第二天早上8点，我到了春梅婆家，看见春梅在厨房切菜，笑眯眯地跟我打招呼。我的心落了，事后问她，她说："你走后，我跑去表嫂家问呢，她说：'你还是去一下好！你去么，你妈把你拦下，那个是她的错，你不去么，是你的错。'我想是呢，今早6点半就去了。"在外人看来，没有离婚，他们还是一家人，过年家里做"礼信"，预示着来年一家人会和和睦睦，若是家庭成员无故不回家，会因此招来闲话。同样，如果家里的长辈任性拒绝家庭成员回家，左邻右舍和亲朋好友，也会捡到口舌。

　　没有男人依靠的女人，日子不会好过。罗大姐42岁丧夫，寡居6年多后，她的母亲为她牵线搭桥，找了一个离过婚的50多岁的中国籍男子。罗大姐的母亲跟我讲："寡妇门前是非多！她自己一个人开店，她四个儿子忙着工作、读书，没有人帮她忙，她年轻的，我想着找一个人帮帮她。"妇女们想到的更多的是有所依靠，而非从一而终，或独立自主。男人被社会认为是女人的依靠。和我多次提起想离婚的春梅，在内心深处是不想离婚的，她清楚地知道，"离婚的女人"在贺人社会中本身就是一个带有污名的符号语言，一个无依靠的女人在社会上将会遇到很多困难。回娘家，娘家经济状况不好，居住条件有限，并且，婆婆肯定不会让她带走任何一个孩子。这里，女人的归属是夫家或娘家。我每一次去丰沙里，一些老人们总是关心地问我，"你家老乖呢！不来噶？……你家娃娃呢？"一个中年妇女自己到处游走，总是没有老公的陪伴，他们觉得是一件比较奇怪的事情。

（二）男性气质中的民族优越感

"汉能娶夷，汉不嫁夷。"男性相对女性更具独立性和传承性，女性与生俱来是缺乏主体性的，更多的是从属性。这是丰沙里贺人的性别观念，与儒家传统一样，血脉关系中人们更重视的是父子传承，从夫居的制度之下，女人似乎是只能屈从于夫家。"男上女下"的伦理等级关系中，男性气质被不断塑造起来。

丰沙里贺人社会未脱离农耕文化的影响，视男性为家庭中主要的经济生产者，养育儿女和打理家庭事务被认为是妇女理所应当的责任。老婆婆们对儿媳妇们总有抱怨和不满。生育三胎大概是贺人家庭对媳妇们的最低和最普遍的生育要求，对于不生孩子的儿媳妇，老婆婆们会说："才生两个，不行呢！她不生，我叫儿子在外面生！"家务事被认为是"轻活"，老辈的人们不会让家里的男人干任何洗菜、洗碗、扫地的事情。我长住的毛家负担着三个远房亲戚家男孩子的生活费用，三个10多岁的男孩子在读书的空余总是要帮毛家打理茶厂和茶地里的事情。一次，梅花和家里的女人们有事情没有洗碗，叫三个男孩洗，被毛老太太看见后，狠狠责骂道："那呢①有给男人洗洗涮涮的道理！男人大力饱气的，要干劳动不是！"男人们的任务是工作、做生意赚钱，其余都是家里的事，包括看铺子、做买卖都是女人的事情。每天下午三四点以后，悠闲的男人们有的拿着鱼竿去鱼塘钓鱼，有的约着去喝酒打牌。承担着"轻活"的妇女们，有的下班后去市场上卖东西补贴家用，有的开铺子到6点多，回家之后继续做饭做家务。

为媳妇承担家务活，是有损男子气概的。当"礼信"成为妇女们应当承担的家务劳动之后，去其他民族那里"行阴功"也理所当然地变为了家庭主妇的分内之事。对此，贺人男子用一种等级化的眼光看待，用一种耐人寻味的话语表达，"我们的礼信么女人也会做，他们呢还要男

---

① "那呢"：发音为"na ni"，是哪里之意。

人做！"言下之意，我的二等马可以和你的一等马相媲美！维护着贺人传统的中年贺人男子们希望与信仰佛教的普内、佬等族群积极交往，而不能完全抹去"汉不变夷"的观念，因此男人们不去佛寺，不去做赕，由媳妇取而代之。这是一种巧妙的策略，既可以通过身体缺场，实践"汉不变夷"，树立自己男主人的家庭地位，也可以强调夫妻同心，让媳妇们代替出场，和普内、佬等民族一起做赕，实践"行阴功"。

在父权制总标题之下，汉人的社会性别关系错综复杂，而且变化不定。①性别不是一成不变的个体特征，而是关系性的。②家庭内部机制和协作关系往往需要结合社会文化大环境的变迁来分析。贺人家庭妇女代表家庭出席做赕仪式，是民族关系转变的大背景之下家庭性别关系调节之后形成的。这一现象既是性别关系合作模式的体现，也可以看成是妇女个体情感能动性的表现。可以说，妇女在当下民族关系和父权制家庭中寻找到了权力空间。

第三节 "行阴功"实践中妇女的身份建构

"行阴功"包括于"礼信"范畴之中，是行善积德的民间话语表达，反映的是丰沙里贺人的公益思想。这一语言表述，在不同的历史时期有着不同的内涵，话语意涵转化影响着人们的身份建构。

一 "行阴功"："礼信"中的善行

（一）本义

"行阴功"，也称"做阴功"，"阴功"出自道教，在其教义中，"阴

---

① ［加］宝森：《中国妇女与农村发展——云南禄村六十年的变迁》，胡玉坤译，南京：江苏人民出版社，2005，第11页。
② 蔡玉萍、彭铟旎：《男性妥协——中国城乡迁移、家庭和性别》，北京：生活·读书·新知三联书店，2019，第11页。

骘"即为"阴功阴德",指人们在生前人世间所做诸多好事,可以被记录在阴间,成为后世的功绩。对于"阴骘"一词较早的解释在《尚书·洪范》中,"惟天阴骘下民",意思是说上天在冥冥之中保佑着下界的人们。《初真十戒》认为:"当行阴德,广济群生。"① "功行周施阴德足,三清自授真天箓。"② 这些体现了道教思想中,多行善,不作恶,积累阴功阴德,便会得到上天的庇佑,鬼神也不敢打扰。即"所谓善人,人皆敬之,天道佑之,福禄随之,众邪远之,神灵卫之"。

做善事,本身是没有宗教色彩的实践行为,但是,贺人与中国汉族社会一样,在劝导人们行善弃恶的过程中,掺入了宗教道德的思想,强调善恶报应论。善恶相对应,贺人相信人的头上有天地神明,善有善报,恶有恶报。对于恶报的说法有一个活生生的例子。

丰沙里街上有两个疯女人,是贺人母女,60多岁的阿章诺和她40岁的女儿。她们整日在街头流浪,穿着破烂的筒裙和衣裳,背着一个大包袱,靠乞讨为生。阿章诺的大儿子在集贸市场旁边建着两层的小楼房,生活较为富足,曾经几次三番地把母亲和妹妹接回家住,但每一次,她们俩都住不上一个星期,便跑出来流浪。关于她们的疯病,老人们都说:"她阿公(爷爷)来丰沙里,生活不好,想赚钱,没有老老实实地做活计,一天,去坟山上,看见一家的坟地裂开了,坟里埋着多多呢金子银子,他阿公就拿回来用。……这个人么,要多行阴功,少作恶!别人的东西要不得!她家报应着她两个了。"

(二)"行阴功"意涵的转变

公益的善行在民间社会与宗教信仰联系起来,被最广大的民众所接受。在族际交往有隔阂的时期,"行阴功"做善事,主要包括修路、搭桥、施舍穷人、救济贫苦等等。贺人认为"行阴功"是命中所带的"命",

---

① 《虚皇天尊初真十戒文》,载《道藏》第3册(宋代),上海:上海书店,1988,第403页。
② 《龙虎中丹诀》,载《道藏》第4册,上海:上海书店,1988,第323页。

命由天定，天命不可违，在出生定八字时，"先生"便会算出你以后需不需要"行阴功"，搭桥和修路是比较常见的两种实践方式。现在，一些丰沙里山区的贺人和迁移到孟塞的贺人还保留着这种风俗习惯，新生儿出生后，家人必须为其新生儿请"先生"定生辰八字，在定八字时，便算出家庭是否要为新生儿搭桥或修路，与路或桥结为干亲。（详述见第三章第二节）随着社会的发展，搭桥修路"行阴功"的实践在丰沙里县城很难找到合适的地点，贺人们逐渐放弃这样的风俗。族际关系日渐交融，为践行合格公民身份，扮演老挝少数民族身份，贺人积极参加普内、佬等族的做赕活动。"行阴功"话语中的语义转变，内涵扩展，参加做赕活动成为具有普遍意义和价值的善行实践活动。

"行阴功"意涵的转变，从环境决定论的视角来看，是权力关系转变的话语表达。国与国的关系是跨国族群与其他族群互动的前提和基础，跨国族群客观的且具有历史性的身份，成为国际关系中经济、政治和文化交往中的微观表达，直接和间接地影响了跨国民族的身份建构和与其他族群的关系建构。中老关系、老越关系和中越关系，是贺人族群与老挝其他民族之间关系构建的前提，国家关系是群体或族群关系的基础，国与国之间的政治权力博弈可以直接或间接地影响着跨国民族的日常生活和话语表达。国际关系和族际关系之间建构的权力网络中，社会成员成为积极的行动者，调整实践活动是应对环境变化的第一反应。

跨族际交往空间中的藩篱在人们的行动中被打破。语言是符号，同时也是一种社会行动。语言是历史的产物，也是人际互动的结果，因此在不同的历史条件下它会发生变迁，并能够成为社会变迁的力量。①"汉不嫁夷""水牛黄牛不拌拢""夷骨头，不懂汉家礼"的语言已经逐渐被放弃和遗忘，取而代之的是"这是他们的礼信""行阴功，去跟他们做赕了！""行阴功"语义转变之后，在"汉"与"夷"之间搭起了一个

---

① 佟新：《话语对社会性别的建构》，《浙江学刊》2003年第4期。

过渡的桥梁，我族与他族的"礼信"在"行阴功"的话语中联通，身份转换在这里有了合理性，族群意识在信仰层面达成了一致。

二　妇女的身份建构

在贺人现代的话语体系中，"行阴功"表述的是一个交融混合的缓冲之地，人们的身份在这个跨族际空间中呈现多元化状态。制度视角通常与男性视角结合在一起，而实践视角则往往与性别化的视角联结在一起。① 可以从制度和实践两个层面分析谁是真正的家庭代表。

（一）父权制度下的家庭代表

"行阴功"是在多重关系转化过程中产生的，国家关系由恶化转为正常，族群关系由区隔转向交融，信仰关系层面佛教从他者的宗教成为一种能惠及自我和家人的善行。贺人的"礼信"把空间划分为家内家外和族内族外，从家庭的内外秩序中来看，内为主，外为次，而族内族外的关系转化中"汉夷"思想还未完全退去，"汉"为上和"夷"为下的关系还在变迁之中。当家庭要通过"行阴功"实践与其他民族达成互惠关系时，家庭中的各种角色出现了一种较为固定的实践模式。老年人以尊为长者的姿态，成为话语转变的解读者和见证者，他们用言说代替具体的实践行动。成为一家之主的中年男子们是家庭文化承上启下者，"男上女下"家庭性别关系和"夷汉"差别的族群等级化关系在"行阴功"的场域下巧妙地重合了，他们强调妻子从夫的关系，同样用言说的话语代替具体的行动实践，以强者的姿态证明家主之地位。家庭主妇们成为家庭代表，是"行阴功"实践中的行动者。

从制度层面，家庭主妇们充分践行社会赋予的身份，体现"行阴功"是权力等级关系之下的行动，凸显的是妇女身份的从属性。贺人家庭传

---

① 李霞：《娘家与婆家——华北农村妇女的生活空间和后台权力》，北京：社会科学文献出版社，2010，第17页。

承着儒家传统中的尊卑等级思想,"父慈子孝""夫义妇顺"是家庭关系调节中的传统且较固定的脚本。"听话、孝顺"是贺人日常生活中最常见的表达方式,也是一种需要遵循的家庭规则。家庭矛盾出现时,"娃娃要听爹妈的话""媳妇要听老乖的话"是最常见的调节方式,子以父尊、妻以夫尊是家庭角色对应的权力关系。贺人的观念中,个人和家庭是分不开的,个人依附于家庭,从"礼信"上来看,个人要受到祖先和天地神的庇佑,必须进入家庭关系之中。在制度层面,"行阴功"是家庭代表经营社会网络的一种重要方式,行动者是个人,而获益的乃是整个家庭。贺人妇女对自我身份的认同通常受到父权制度的约束,谁家的媳妇、谁家的女儿和谁的母亲。老人们一般用丈夫的族别属性来认识这个妇女是否真正地在"行阴功"。

  我:大妈,阿仙她说明天要去寺庙行阴功。

  大妈:呵呵,她那个不算行阴功呐!她老乖是卡佬不是。

  我:她说她是汉家。

  大妈:她嫁给卡佬,出家的女的,去寺庙不算了。如果她老乖上门么倒是(算行阴功)了。①

在人际交往中,妇女们用丈夫之名代替自己,特别是在与陌生人的交往时,她们通常隐去自己的姓名,报上男主人的姓名。在做赕活动中,签下的是丈夫和父亲的名字。父权制度的一些要求已经成为女性认可的行为规范。妇女要获得归属,就是要在"婆家(家族)—熟人社会—娘家(家族)"的关系结构中找到合适的位置、扮演恰当的角色②。从夫居的规范下,

---

① 2019 年 9 月 15 日,笔者与 77 岁李老太的对话。

② 杨华:《隐藏的世界:湘南水村妇女的人生归属与生命意义》,博士学位论文,华中科技大学,2010 年。

已婚妇女的身份更多的是母亲和媳妇，家庭身份超出自我社会身份。

家庭关系的和谐与稳定是妇女们判定能否参加做赕活动的重要因素之一。妇女们认为"行阴功"的前提是先要保证家庭成员同意，特别是长辈和丈夫。在做赕仪式过程中遇到一些贺人妇女，我与她们随机地访问和交谈。在问及你们丈夫是否同意你们来参加做赕时，贺人妇女们的回答几乎是相同的，她们强调的是丈夫不来但是和她们心是一样的，即"他么有心呢！我来是一样的呢！""他们认得呢，他们忙不得呢！我来了呢！""我来他来，一样一样了嘛！"简单和真诚的话语中强调的是丈夫和家人的"有心"。她们的语言和行动在明面上完全可以代表家庭，个体行动可以惠及家庭成员。

（二）实践中的家庭代表

制度中，个体的身份被认定为依附于社会结构的存在，结构之上的行动是制度层面的，妇女主体性常常被淹没在男权社会之中。在实践层面，关注妇女自我能动性时，她的个体身份应该呈现在家庭环境之中，在家庭权力关系中应注意她的权力维度。家庭关系稳定和谐关乎到家人和自己的面子，家庭主妇们一般不会把家丑呈现在世人面前。她们口中所说的家人都同意的决定，是博弈的结果，省略了博弈的过程。事实上，家庭中的男主人们也清楚地意识到妇女们"行阴功"为家庭带来的利益和价值，默认和赞同是他们最佳的选择。因而，大多数贺人妇女在跨族际交往的空间中有着较自由的空间。

1.会利用国家权力的妻子们。梅花家建四层楼时占到了原来越侨庙的一点地，大家都说不好，她想着要请人来把它化解了。梅花在叙述中道出了她和老公及长辈们的博弈过程。

> 那个占着点地是不好了，我也是认不得要咋个整呢。我的那些卡佬和老爪朋友说可以去万象找大和尚改掉，我妈妈（婆婆）他们

说要去中国找先生。后面,我决定去找大和尚,做寺庙的礼信,……我跟我老乖说:"我家供着'天地国亲师',么这个国家是老爪的了,好好的说么,我们算是老挝人了,还去外国找先生么,怕是不管用呢!"我老乖觉得我说的活(正确),他也同意了,他后面跟我妈妈爸爸说了嘛!(梅花,36 岁,丰沙里,2019 年 8 月 20 日)

过泼水节么,最好玩了,那天早上去寺庙做贱,热闹嘛!泼水玩,我的卡佬朋友多嘛,跟着她们一起泼水玩。……店铺么,不消开了,我妈妈(婆婆)不高兴,我不管呢,国家都叫人过节休息了!再说,大家都去过节了,哪个还来买东西?(阿英,33 岁,丰沙里,2019 年 9 月 15 日)

2. 给孩子自由空间的母亲。母亲在孩子成长过程中扮演了重要的角色,孩子的家庭教育环境对于他们自我身份建构影响深刻。对于孩子们参加一些佛寺活动的看法,一种是:"我们汉家,那个么不消(用)去。"很多贺人母亲偏向这个看法,即:"那个去不去么,看娃娃他们自己呢!他们想去给他们去嘛!"

"Win η thai"直译为"稳田",是每逢佛教的节日都会在寺庙中举办的仪式,仪式在晚上 8 点举行,9 点结束,参加的人是当地的青少年,目的是给孩子们传授一些佛教文化。2019 年 9 月 13 日是祭祖节,我参加了这天晚上的"稳田"活动。

7 点多,天色逐渐暗下来,我换上老挝传统服装,跟着几个 10 多岁的小男孩,踏着佛寺中传出的咚哒哒的鼓点,走进佛寺。鼓点非常有节奏感,在寺庙的青少年有说有笑,大的看起来十八九岁,小的大概只有七八岁,他们三五成群地聚在一起,或在佛堂,或在广场上,乱中有序地排成几排,没有人大声喧哗和胡乱打闹。我在人群中见到了春梅的女儿和侄女,还见到了几个贺人小孩。8 点一到,领唱的和尚开始念经,大家在寺庙的大堂里跟着和尚一起念经，大家或跪或席地而坐，面向佛像，一些没有坐在大堂里的孩子们，也面向佛像一排排地坐在房子外面。大家手捧鲜花和蜡烛，跟着和尚念经。很多小孩其实很不专心，东张西望，和朋友小声地打闹。一些情窦初开的少男少女，偶尔用羞涩的眼神打量着四周的小伙伴们。

图 6-7 "稳田"仪式上的孩子们
由笔者拍摄，丰沙里，2019 年 9 月 13 日。

半小时后念经结束，小伙子小姑娘们点上蜡烛，到房子外围跟着和尚们走，他们围着寺庙房转圈。转圈的时候，和尚们敲着大鼓，鼓点浑厚并带有动感的节奏，好像每一步都可以跳起舞来。听着鼓点声，看着那些手里拿着祈福的鲜花和点燃蜡烛的孩子们，喜悦之感油然而生。三圈之后，孩子们把手中的鲜花放在树脚下，恭敬地磕个头。最后，大多数孩子跪在或蹲在房屋外面，广播里又传出了和尚的念经声，大约 5 分钟后，仪式结束。大家散去。一些孩子到大堂里向老和尚讨要一个小纸条。纸条上写着类似今年运气之类的话语。

3. 关注自我情感体验的妇女。作为交往场域的"行阴功",对于男人来说是关系在场,对于女人来说是身体在场。不论是在家做赕中体验到的热闹,还是在佛寺中体验到的神圣之感,是在场身体才能感受得到的。一个参加做赕活动的贺人妇女,用一段话描述了佛寺做赕的体验。

> 我们老挝这里不拣什么人,人喜欢去,都可以去(寺庙),你想好就得好,你想不好就不好。如果你心里不好在,心里挂着一些(事情),想改(化解)去,……去和尚房,我们是去行阴功的。我带着粑粑、蜡烛、水……带着去,让他们解决给,他们会改给了。去到寺庙里,和尚都会给我们说好话,说了以后,我们的心里就非常好在了!(许阿诺,40岁,丰沙里,2019年9月28日)

在"行阴功"的场域中,妇女们寻求安慰和心灵平和的体验,仪式中反结构的社会场景,抹去了族别属性与区别,妇女关注的是自我身心的体验。情感在人类社会中占据着重要位置,是人类活动的典型特征之一。① 妇女们的情感成为促动贺人"礼信"变迁的驱动力之一。

每个人对世界都有一种实践知识(practical knowledge),并且都将它运用于他们的日常活动之中。② 贺人妇女们的实践知识来自祖辈父辈们的教导,其思想源头在于中华传统儒家文化。中国妇女既有受压迫的一面,还有作为"主中馈"的"内助",与男子阴阳和合的一面。③ 儒家思

---

① [美]乔纳森·特纳:《情感社会学》,孙俊才、文军译,上海:上海人民出版社,2007。
② [法]皮埃尔·布尔迪厄、[美]华康德:《实践与反思:反思社会学导引》,李猛、李康译,北京:商务印书馆,2004,第9页。
③ 汪兵:《阴阳和合——论中国妇女社会性别角色及其社会地位的特殊性》,《中共宁波市委党校学报》2001年第6期。

想中有"男尊女从",同时也有"妻以夫荣,母以子贵",这在很大程度上激发了妇女参与家庭事务管理的能动性。儒家的性别差等并非绝对、单向的男性压制女性,而是一个隐蔽灵动的结构循环系统。① 可见,女性可以从父权制度中获得相应的权力。"礼信"传承和变迁的过程中重构了父权制度中僵化且不利于发展的因素,妇女的自主性发展促进了家庭经济的收入,同时也促进了文化的交流与融合。

综上而言,"行阴功"包含于"礼信"之中,其内涵在时代变迁中也有所改变,丰沙里贺人主要到信仰佛教的普内、佬等族群家里和寺庙里做赕。通过介绍妇女们如何参加做赕,呈现"女外男内"的做赕图景,分析图景之下的深层结构,一方面,它是在族际关系变迁与家庭性别关系叠加互动中形成的,一方面是儒家文化中阴阳和合思想之传承。基于男性角度来看,贺人文化的父系传承是制度化的,子承父业,香火传承,生生不息,是阴阳秩序中"阳"之表现。女性是家中的"阴",不显不露,辅助于阳。但是阴阳互补,相互从属,独而不成。在贺人社会发展过程中,先辈的文化、功绩和家业值得后辈们为之自豪和传承,贺人将此当作一种需要传承的男性气质。在跨族际交往空间中为维护男性气质,丈夫们利用父权制度调节男女秩序,让妇女扮演家庭代表的角色,与普内、佬等民族交往。妇女们在扮演家庭代表的过程中,利用自主空间,找到自我的主体性。

---

① 任现品:《家族一元体内的男尊女卑——论儒家性别差等结构的层次机制》,《孔子研究》2019年第2期。

结论

文化变迁是一个多层次、多空间中的变迁，个人、家庭、集体和社会在变迁中都会产生作用。贺人的"礼信"根源于中国儒家文化，发展在老挝本土。"礼信"的变迁逻辑中包含着中国儒家文化的兼容并包的哲学思想，当然也受到了近代以来云南马帮文化的影响。贺人以集体、家庭和个人实践"礼信"，呈现出交织于其中的族群关系和性别关系。"礼信"是贺人的民俗口语，是概括其族群性特征的话语，在不同的对话场景中，有其不同的指涉和解读，有代际差异、性别差异和族际差异。"礼信"与贺人之间在不断地互动，人们在"礼信"的引导下生活，人们又通过实践调整"礼信"。要如何把握"礼信"变迁的逻辑？基于贺人族群对"礼信"的认知和意识，有明与暗两个原则，分别是"等级原则"和"情感原则"，前者于制度层面，展现宏观至微观的自上而下之权力网络，后者于实践层面，是微观至宏观的自下而上之能动性传递。在丰沙里历史时空转变的过程中，妇女的"礼信"实践较为明显和凸出。在社会性别的框架之下，分析"礼信"变迁逻辑，探讨妇女实践在文化变迁和族群交往中产生的作用是本文的核心目的所在。

一 "礼信"实践中"男主女辅"的等级原则隐性消退

德国历史学家卡尔·雅斯贝斯曾说："一切伟大之物都是变迁中的现象。"[1]"礼信"传承着中华礼文化的基因，在历史发展的进程中不断发

---

[1] [德]卡尔·雅斯贝斯：《历史的起源与目标》，魏楚雄、俞新天译，北京：华夏出版社，1989，第279页。

生嬗变，沿着适于贺人族群发展的轨迹，遵循着等级原则不断演进。

礼是生活的规则体系，也是儒家组织社会的理想方式。①"礼信"是指贺人节日庆典、婚丧嫁娶和日常生活中的各种大小仪式，以及围绕这套仪式体系所产生的仪式规则、行为规范的总称。它同样也是贺人建构集体族群的最佳方式。神龛上"天地国亲师"的尊卑等级排序依次为"天地"神灵、"国"为国家、"亲"为父母亲戚、"师"为老师和朋友，指引着贺人处理个人与家庭、家庭与集体、集体与国家、国家与天地及社会之关系。等级制度中的个人、家庭、集体、国家、社会和天地都是因时因地因利而改变的。

"礼信"观念随国家的改变而变迁，由"汉夷之别"转变为"汉夷交融"。"团结饭"和"二月会"建构过程便是因"国"变而动的。"团结饭"从家庭空间到集体空间，从节日族内的聚餐活动到具有符号性质的"礼信"，其变迁过程是一个"国家符号"的植入过程。汉庙是"二月会"举办的特定场所，20世纪90年代，庙堂上出现了一尊观音和一尊释迦牟尼佛。原被视为"夷人"之宗教的造像符号也进入了庙堂。"团结饭"和"二月会"是贺人族群形成过程中不断建构而成的集体空间，前者以人与人之间交流为主的世俗化仪式，是对外交流和身份表演的重要平台，后者以人神之间交流为主的宗教性仪式，是族群强化集体记忆、情感联结和宗教文化认同的主要场域。贺人的宗教是动态的，保佑贺人的"诸神"中引入了国家符号，强调国家在场。当然，在两个集体空间中，呈现的也是上下等级秩序。个人归属于家庭，家庭归属于族群集体，族群集体归属于国家。此外，族群中的社会分层和集体边界也通过妇女的"礼信"实践得以显露。

内为上，外为下。无论是家庭内外，还是族群内外，都遵循这个等级原则。就家庭来看，丰沙里的妇女们认为家庭为自己的归属，未嫁从

---

① 陈来：《儒家"礼"的观念与现代世界》，《孔子研究》2001年第1期。

父,已嫁从夫,她们普遍认同男强女弱,男上女下的等级关系。贺人的家庭是一个圣俗混融的空间,对俗的关注超过对圣的重视,"礼信"在马帮文化、红色文化和老挝国家化的影响中成为妇女主导的实践。家庭中,男主人被视为一家之主,族群中,男子被视为权力的掌控者。较其他族群来说,贺人族群对丰沙里的经济、政治和文化发展都有较突出的贡献。族群发展的历史记忆带给贺人中老年男子的是自豪感和优越感,文化传承主导者的身份把一些光辉的历史记忆和"汉不变夷"的遗训融入男性气质当中。为了维持男性的气质,中年男子运用妇女的从属关系,巧妙地避开一些烦琐的仪式,让处于弱势的妇女代其出席一些联通"夷人"的活动。

二 "礼信"实践中"女主男辅"的情感原则逐渐彰显

"礼信"具有实用主义品格,贺人重视世俗生活和经济生产活动,对后世或来世的关注度较少。贺人社会中,"男主业,女主家"是具有普遍性的家庭性别分工,随着教育水平的提高,现代社会理性思想的影响,以及中老关系曲折发展,贺人仪式专家的地位逐渐下降,妇女在族群发展、家庭传承和跨族际交往中的作用越来越凸显。

在节日集体空间中,"男子搭台,女子唱戏",妇女是族群文化的主要演绎者,妇女们依自己对本族群文化的理解穿着打扮,表演歌舞,展示文化。在家庭空间中,妇女认同从属于夫权家庭,同时也在掌控"礼信"实践中找到了表达自我的空间,她们根据自己的生命体验和情感经历建构着新的"礼信"。妇女带"情"入礼,在家门口外祭祀娘家亲人亡灵,以示孝心;把佛教信仰带入家中,形成"一家两信"的局面。妇女在家庭"礼信"实践中的能力越来越突出,当仪式专家的地位剧烈下降之时,一些能说会道的老妇人逐步取而代之。在跨族际空间中,贺人把参加其他族群的做赕活动称为"行阴功",其概念包含于"礼信"内容之中。"行阴功"实践活动中,贺人妇女是主要的家庭代表,打破"男主女辅"的格局,取而代之的是"女主男辅"的交往模式。这一交往模式实际上是在"礼信"等级结构中产生的,是"男上女下"和"内为贵,外为贱"的同构中"汉不变夷"文化的隐性传递。可以说,"行阴功"跨族际交往实践的动力源点在于家庭中婆媳之间、夫妻之间的权力博弈。在父系制的等级结构中,妇女们常常巧妙地利用国家权力对抗夫权、父权。当然,她们是理智的行为主体,会衡量"内外"之情感联结,在制度和情感之间找到平衡。

国内外很多学者,如许烺光、李亦园、弗里德曼等人,都偏向描述父系氏族组织和男性主导的祖先崇拜仪式,他们忽视了制度之下的情感因素。费孝通指出:"中国家庭感情的结构是一个被忽略而极为重要的研究对象,从这里我们可以解释很多中国文化中的特性。"① 中国儒家文化是重情之"礼"。李泽厚认为:"孔学……实际是以情作为人性和人生的基础、实体和来源。"② 故《礼记·坊记》云:"礼者,因人之情,而为之节文,以为民之坊者也。"可见,礼是顺应人之常情而设立的制度和仪文,其作用是规范和约束人的行为。③ "礼信"在一个流变的海外空间中发展,它要顺应的是人之常情。情感维度应成为研究跨国民族文化时需要考虑的因素之一。

三 "礼信"变迁中妇女主体性持续构建

丰沙里妇女的权力对"礼信"之构建是较明显的,那么,她们的社会地位和家庭地位比男性高吗?用外界的(无论是西方的、东方的,还是人类学的学科的)评判标准来讨论某一文化中的妇女地位是不恰当的,

---

① 费孝通:《乡土社会 生育制度》,北京:北京大学出版社,1998,第149页。
② 李泽厚:《论语今读·前言》,北京:生活·读书·新知三联书店,1995。
③ 张自慧:《礼文化的人文精神与价值研究》,博士学位论文,郑州大学,2006年。

而且用单纯的指标来衡量妇女地位是否得到提升和探讨男女平等的问题是苍白、无用的①。而妇女的主体性是提高其地位的关键因素。女性的主体性就是女性作为主体对于自己在客观世界中的地位、作用和价值的自觉意识,具体来讲就是女性一方面能够自觉地意识并履行自己的使命、社会责任,另一方面又清醒地知道自身的特点,并以独特的方式参与社会生活的改造,自己当家作主,选择自己的工作和生活方式,实现自我的价值。②主体性是能动性的另一种表述,它相对客体化出现,民族志中描绘个人的主体性应注意从具体时空历史背景出发,对个体的自我独立意识和能动的选择权利进行描述。

作为弱势的妇女,反抗是一种主体性,适应制度寻求适合自己发展的空间也是一种主体性表现。丰沙里贺人妇女的表现属于后者。所有制度在面对动荡和流变时,要么停止发展并消亡,要么与时俱进地变迁。"礼信"在海外的本土化过程中,一些顽固教条及束缚人性的儒家繁文缛节逐渐消失殆尽。200多年前,到丰沙里境内定居的富裕阶层的华人女性是裹小脚妇女,三从四德束缚着她们。恶劣的外部环境,贫乏的物质基础很难维持儒家之礼仪,对于一个家庭生存下来才是首先要解决的问题,家庭中性别之间的对抗关系转化为合作关系。父权、夫权在历史发展中逐步退让,妇女逐渐成为家庭经济生产中不可或缺的劳动力,她们效仿男子"搭姊妹",义结金兰,结成一些姊妹团体。已嫁妇女为表达对娘家亲人的孝心,创造性地在家门口献祭。马帮营生使得男子经常不在家,缺位状态的普遍化和长期化,让各家的主妇们取得了"礼信"的实践权。此外,中老关系恶化和佬族化的国家政策,"礼信"文化传承遇到阶段性困难,男主人放权,让女主人执行,不失为一种策略。贺人妇女在历史发展的各个阶段,很好地发挥了主体性,逐渐掌握了家庭

---

① 白志红:《女性主义与人类学》,北京:知识产权出版社,2014,第179页。
② 祖嘉合:《试论女性的主体意识》,《妇女研究论丛》1999年第2期。

的"礼信"实践权。

　　族际交往的宏大叙事中,妇女的作用往往被忽视,国家、制度、男性权力等遮蔽了族际交往中妇女的情感力量。人际互动是族际互动的微观且常态化的实践,渗透着人与人之间的情感交流。人际之间的情感交流中,族别往往是被忽视的界限,当界限出现时,人们会用一种适合当下环境之话语消解它,"行阴功"话语内涵所指的扩展便是如此。贺人妇女去"行阴功",她是否能代表家庭?这个问题并不重要,重要的是她的行动和身体已经表达了她的情感,她并不是被动的,而是主动的。在多元文化和族际交往互动频繁的当下,妇女的主体性深刻地影响一个家庭和一个族群的文化变迁。族际交往关系在微观层面来讲便是家庭中的性别关系,他们之间的权力博弈决定了文化交融的程度。探讨族群间的交往交流交融之问题应重视性别关系对族际关系的影响。

　　老挝贺人妇女的"礼信"实践,在文化变迁进程中,传统的"男主女辅"等级原则隐性消退,而"女主男辅"的情感原则不断彰显,女性的主体性角色持续建构。

附录一：贺人汉语常用口语汇总

"老爪"：贺人对老挝佬族的别称。

"卡佬"：贺人对老挝普内人的别称。

"插满"：贺人对老挝克木人的别称。

"沿铺"：一般指种植茶叶、玉米、砂仁、柿子等经济作物的土地，区别于水田。

"做活计"："做"发音为"zu（住）"，指代动作和行动时，都发"zu"的音。

"公家人"：指为政府工作的公务员、银行职员、教师、警察等。

"公司人"：指服务员、翻译、建筑工人等打工者。

"马药"：大烟、海洛因、大麻等毒品的代称。

"马泡"：椰子的代称。

"马拐"：青蛙、蛤蟆的统称。

"阿暂"：意为以前，以前的日子。

"奠茶奠酒"：指在仪式中把酒杯里的酒和茶杯里的茶滴几滴到地上，意为请祖先、亡灵或神仙喝。

"请叫"：是贺人专门指仪式中恭请神灵的过程，仪式主持者必须念出各位神灵和祖先的尊称，恭请他们来出席仪式。

"么"：没有具体意义，是口语表述中延长、停顿时用的语音词。

"嘛"：在动词之前表示否定意思，比如："嘛要"是不要，"嘛给"是不给。

"沾沾"：发音为"bian bian（便便）"，作为动词使用。

"克"：意思为去。

"说"：是语音词，没有具体含义，放于句子末尾，有强调整句话的意思。

"结扣"：指不顺利的事情。

"呢是"：发音为"ni shi"，意思为尽管如此。

"那呢"：发音为"na ni"，哪里之意。

"倒是"：确实、的确之意。

"帮瞄"：照顾、关照之意。

"噶"：是语音词，放于疑问句句末，表示强调。

"消"：它一般与"不"字连用，即"不消"，意思为不用。

附录二：田野图片资料

图 1　俯瞰丰沙里县城，2019.8

图 2　从哇叫村眺望县城，2019.9

图 3　达来维来村的主街道，2019.3

图4 达来维来沿街铺面，2019.3

图5 集贸市场里的服装店，2019.8

图6 集贸市场里的菜市街，2019.8

图7 县城里的运动场，2019.8

图8 寺庙前的鱼塘，2019.9

图9 在普法山顶拜佛，2019.9

图 10 清晨街头等待布施的人们

图 11 汉庙前踢球的孩子，2020.1

图 12 新建汉庙的地基，2020.1

图 13　毛氏家谱，2018.9

图 14　魏氏家谱，2018.9

图 15　回忆祖辈的故事，2018.9

图 16　20 世纪 60 年代贺人的旧照片，2019.8

图 17　二月会上拜神的人们，2019.3

图 18　二月会帮厨的妇女们，2019.3

图19　二月会上唱歌的老妇人，2019.3

图20　团结饭的舞台，2020.1

图21　台下跳舞的妇女，2020.1

图 22 台上跳舞的妇女，2020.1

图 23 团结饭宴席，2020.1

图 24 过年，贴年画，2020.1

图 25　准备七月半仪式的妇女，2019.8

图 26　被送鬼食物堆满的山坡，2019.8

图 27　佛龛，2018.10

图 28　八月十五，拜月，2018.9

图 29　生日合影，2019.9

图 30　唱生日歌，2019.9

图 31　挂在墙上的姊妹团合影，2018.10

图 32　老姊妹的聚会，2019.9

图 33　路边的宴席，2019.3

附录二：田野图片资料

图 34　纸阔

图 35　参加家庭做朵，挂礼，2018.9

图 36　家庭拴线仪式，2019.8

图 37　寺庙拴线，2019.9

图 38　祭祖节，和尚分发亡灵的信件，2019.9

图 39　"稳田"的绕寺庙仪式，2019.9

图 40 "稳田"的和尚讲经仪式,2019.9

图 41 分拣茶叶的阿卡妇女,2019.8

图 42 移居孟塞的丰沙里贺人妇女,2019.3

图43 笔者参加乔迁新居宴席,2018.1

图44 深度访谈,2019.3

参考文献

一、中文著作（按第一作者姓氏拼音字母排序）

[1] 白志红：《女性主义与人类学》，北京：知识产权出版社，2014。

[2] 苍铭：《云南边地移民史》，北京：民族出版社，2004。

[3] 陈顺馨、戴锦华编著：《妇女、民族与女性主义》，北京：中央编译出版社，2004。

[4] 邓尔麟：《钱穆与七房桥世界》，北京：社会科学文献出版社，1995。

[5] 段颖：《泰国北部的云南人——族群形成、文化适应与历史变迁》，北京：社会科学文献出版社，2012。

[6] 冯友兰：《中国哲学史》，上海：华东师范大学出版社，2000。

[7] 费孝通：《乡土中国 生育制度》，北京：北京大学出版社，1998。

[8] 高宣扬：《布迪厄的社会理论》，上海：同济大学出版社，2004。

[9] 郭沫若：《十批判书》，上海：东方出版社，1996。

[10] 郝勇、黄勇、覃海伦主编：《老挝概论》，北京：中国出版集团，2012。

[11] 华军：《性情与礼教——先秦儒学立人思想研究》，北京：中国社会科学出版社，2016。

[12] 黄兴球：《老挝族群论》，北京：民族出版社，2006。

[13] 康敏:《"习以为常"之弊:一个马来村庄日常生活的民族志》,北京:北京大学出版社,2009。

[14] 李恩涵:《东南亚华人史》,上海:东方出版社,2015。

[15] 李天赐:《海外与港澳台妈祖信仰研究》,北京:华夏出版社,2008。

[16] 李霞:《娘家与婆家——华北农村妇女的生活空间和后台权力》,北京:社会科学文献出版社,2010。

[17] 李泽厚:《中国古代思想史》,北京:生活·读书·新知三联书店,2017。

[18] 李泽厚:《论语今读》,北京:生活·读书·新知三联书店,2004。

[19] 梁漱溟:《中国文化要义》,上海:上海人民出版社,2011。

[20] 刘文明:《上帝与女性:传统基督教文化视野中的西方女性》,武汉:武汉大学出版社,2003。

[21] 刘永华:《礼仪下乡——明代以降闽西四保的礼仪变革与社会转型》,北京:生活·读书·新知三联书店,2019。

[22] 蓝佩嘉:《跨国灰姑娘:当东南亚帮佣遇上台湾新富家庭》,长春:吉林出版集团有限责任公司,2011。

[23] 骆桂花:《甘青宁回族女性传统社会文化变迁研究》,北京:民族出版社,2007。

[24] 麻国庆:《家与中国社会》,北京:文物出版社,1999。

[25] 牛鸿斌、文明元、礼春龙、刘景毛:《新纂云南通志》(七),昆明:云南人民出版社,2007。

[26] 彭林:《中国古代礼仪文明》,北京:中华书局,2004。

[27] 彭兆荣:《人类学仪式的理论与实践》,北京:民族出版社,2007。

[28] 瞿同祖：《中国法律与中国社会》，北京：中华书局，2003。

[29] 申旭：《老挝史》，昆明：云南大学出版社，2011。

[30] 申旭：《云南移民与古道研究》，昆明：云南人民出版社，2012。

[31] 沈海梅：《中间地带：西南中国的社会性别、族性与认同》，北京：商务印书馆，2012。

[32] 石沧金：《海外华人民间宗教信仰研究》，上海：学林出版社，2014。

[33] 水镜君、玛利亚·雅绍克：《中国清真女寺史》，北京：生活·读书·新知三联书店，2002。

[34] 宋红娟：《"心上"的日子——关于西和七巧的情感人类学》，北京：北京大学出版社，2016。

[35] 唐嘉：《东晋宋齐梁陈比丘尼研究》，成都：巴蜀书社，2011。

[36] 童强：《空间哲学》，北京：北京大学出版社，2011。

[37] 闫云翔：《私人生活的变革：一个中国村庄里的家庭、爱情与亲密关系（1949—1999）》，上海：上海书店出版社，2009。

[38] 杨堃：《西周册命制度研究·序》，上海：学林出版社，1986。

[39] 杨志刚：《中国礼仪制度研究》，上海：华东师范大学出版社，2001。

[40] 王德福：《做人之道——熟人社会里的自我实现》，北京：商务印书馆，2014。

[41] 王雅各主编：《性属关系（下）：性别与文化、再现》，新北：心理出版社，2002。

[42] 赵世瑜：《在空间中理解时间——从区域社会史到历史人类学》，北京：北京大学出版社，2018。

[43] 邹昌林：《中国礼文化》，北京：社会科学文献出版社，2000。

[44] [德]E.M.温德尔：《女性主义神学景观——那片流淌着奶和蜜

的土地》，刁文俊译，北京：生活·读书·新知三联书店，1995。

[45][德]卡尔·雅斯贝斯：《历史的起源与目标》，魏楚雄、俞新天译，北京：华夏出版社，1989。

[46][德]卡西尔：《人论》，甘阳译，上海：上海译文出版社，2020。

[47][德]洛蕾利斯·辛格霍夫（Lorelies Singerhoff）：《我们为什么需要仪式》，刘永强译，北京：中国人民大学出版社，2009。

[48][法]爱弥儿·涂尔干：《宗教生活的基本形式》，渠东、汲喆译，上海：上海人民出版社，2006。

[49][法]皮埃尔·布尔迪厄、[美]华康德：《实践与反思：反思社会学导引》，李猛、李康译，北京：北京商务印书馆，2004。

[50][法]皮埃尔·布迪厄：《实践感》，蒋梓骅译，南京：译林出版社，2016。

[51][法]皮埃尔·布迪厄：《男性统治》，刘晖译，北京：中国人民大学出版社，2012。

[52][法]莫里斯·哈布瓦赫：《论集体记忆》，毕然、郭金华译，上海：上海人民出版社，2002。

[53][加]宝森：《中国妇女与农村发展——云南禄村六十年的变迁》，胡玉坤译，南京：江苏人民出版社，2005。

[54][加]奈奥米·R.高登博格：《神之变：女性主义和传统宗教》，李静、高翔译，北京：民族出版社，2007。

[55][美]本尼迪克特·安德森：《想象的共同体——民族主义的起源与散布》，吴叡人译，上海：上海人民出版社，2011。

[56][美]大贯惠美子：《作为自我的稻米：日本人穿越时间的身份认同》，石峰译，杭州：浙江大学出版社，2015。

[57][美]邓尼斯·卡莫迪：《妇女与世界宗教》，徐均尧译，成都：

四川人民出版社，1989。

[58][美]弗兰克纳：《伦理学》，关键译，北京：生活·读书·新知三联书店，1987。

[59][美]凯特·米勒：《性的政治》，钟良明译，北京：社会科学文献出版社，1999。

[60][美]克莱德·伍兹：《文化变迁》，施维达、胡华生译，昆明：云南教育出版社，1988。

[61][美]孔飞力：《他者中的华人：中国近代移民史》，李明欢译，南京：江苏人民出版社，2016。

[62][美]理安·艾斯勒（Riane Eisler）：《圣杯与剑》，程志民译，北京：社会科学文献出版社，1997。

[63][美]罗伯特·麦克艾文（Robert S. McElvaine）：《夏娃的种子——重读两性对抗的历史》，王祖哲译，上海：上海人民出版社，2005。

[64][美]罗莎莉：《儒学与女性》，丁佳伟、曹秀娟译，南京：江苏人民出版社，2015。

[65][美]萝斯玛丽·雷德福·鲁塞尔：《性别主义与言说上帝》，杨克勤、梁淑贞译，香港：港道风书社，2003。

[66][美]乔纳森·特纳：《情感社会学》，孙俊才、文军译，上海：上海人民出版社，2007。

[67][美]通猜·威尼差恭：《图绘暹罗——一部国家地缘机体的历史》，袁剑译，南京：译林出版社，2016。

[68][挪威]弗雷德里克·巴斯主编：《族群与边界——文化差异下的社会组织》，李丽琴译，北京：商务印书馆，2016。

[69][日]渡边欣雄：《汉族的民俗宗教——社会人类学的研究》，周星译，天津：天津人民出版社，1998。

[70][泰]姆·耳·马尼奇·琼赛：《老挝史》，厦门大学外文系翻译

小组译，福州：福建人民出版社，1974。

[71] [英] 安东尼·吉登斯：《社会的结构》，李康、李猛译，北京：北京三联书店，1998。

[72] [英] 保罗·汤普逊（Paul Thompson）：《过去的声音：口述史》，覃方明、渠东、张旅平译，台北：正港咨询文化事业有限公司，1988。

[73] [英] 格兰特·埃文斯（Grant Evans）：《老挝史》，郭继光、刘刚、王莹译，上海：东方出版中心，2016。

[74] [英] 格利高里（Derek Gregory）、厄里（John Urry）编著：《社会关系与空间结构》，谢礼圣、吕增奎等译，北京：北京师范大学出版社，2011。

二、中文期刊（按第一作者姓氏拼音字母排序）

[1] 安德鲁·D.W. 福布斯：《泰国北部的"钦浩"（云南籍华人）穆斯林》，关学君、郭庆译，《民族译丛》1988 年第 4 期。

[2] 白志红：《当代西方女性主义人类学的发展》，《国外社会科学》2002 年第 2 期。

[3] 毕天云：《布迪厄的"场域—惯习"论》，《学术探索》2004 年第 1 期。

[4] 陈来：《儒家"礼"的观念与现代世界》，《孔子研究》2001 年第 1 期。

[5] 陈来：《春秋礼乐文化的解体和转型》，《中国文化研究》2002 年第 3 期。

[6] 陈秋：《女性民俗与农村妇女的村庄政治参与——以温州 L 村为个案》，《云南民族大学学报（哲学社会科学版）》2017 年第 3 期。

[7] 丁宏：《中国妇女人类学研究管窥》，《中央民族大学学报》2000

年第 3 期。

[8] 董咸庆:《中国古代云南人移居泰国北部的背景分析》,《思想战线》1991 年第 1 期。

[9] 杜谆、曾少聪:《东南亚华侨华人宗教信仰研究 40 年——基于改革开放以来中国学者的分析》,《华侨华人历史研究》2018 年 4 月。

[10] 范宏贵:《老挝华侨华人剪影》,《八桂侨刊》2000 年第 1 期。

[11] 范若兰:《父权制松动和性别秩序变化对女性政治参与的影响——以东南亚国家为中心》,《东南亚研究》2014 年第 5 期。

[12] 范若兰:《亚洲女政治领袖研究:研究范式与分析工具》,《东南亚研究》2018 年第 4 期。

[13] 范若兰:《妇女参与民族冲突后国家重建:成就与问题》,《亚非研究》2017 年第 2 期。

[14] 范若兰:《印尼民主转型时期的妇女权利之争与性别主流化》,《东南亚研究》2017 年第 2 期。

[15] 范若兰:《马来西亚华人女性权力参与试析》,《华侨华人历史研究》2015 年第 1 期。

[16] 范若兰:《性别视野下的民族冲突:一个理论思考》,《思想战线》2013 年第 1 期。

[17] 范若兰、罗壮雄:《解构与重构:女性主义视野下的国外民族主义研究述评》,《民族研究》2014 年第 5 期。

[18] 范禹:《儒家"礼"文化的内涵及其当代价值》,《吉林省社会主义学院学报》2019 年第 2 期。

[19] 方素梅、杜娜、杜宇:《20 世纪 90 年代以来的中国少数民族妇女研究》,《民族研究》2004 年第 2 期。

[20] 方芸:《老挝华侨华人与"一带一路"建设》,《八桂侨刊》2018 年第 2 期。

[21] 冯雪红：《中国女性人类学研究反思（2000—2014）》，《广西民族大学学报（哲学社会科学版）》2016年第1期。

[22] 傅曦、张俞：《老挝华侨华人的过去与现状》，《八桂侨刊》2001年第1期。

[23] 高丙中：《民间的仪式与国家的在场》，《北京大学学报（哲学社会科学版）》2001年第1期。

[24] 高丙中：《作为非物质文化遗产研究课题的民间信仰》，《江西社会科学》2007年3月。

[25] 高树帜：《中华礼文化的由来及其精华》，《山西师大学报（社会科学版）》1993年第1期。

[26] 高宣扬：《论布迪厄的"生存心态"概念》，《云南大学学报（社会科学版）》2008年第3期。

[27] 古永继、李和：《清末滇南勐乌、乌德割归法属越南事件探析》，《中国边疆史地研究》2015年第1期。

[28] 郭静伟：《跨国茶叶贸易与亲属关系实践——对老挝丰沙里"搭老表"现象的人类学解读》，《西南边疆民族研究》2015年第3期。

[29] 何平：《移居东南亚的云南人》，《云南大学学报（社会科学版）》2005年第3期。

[30] 何平、饶睿颖：《历史上迁移老挝的"云南人"》，《思想战线》2009年第4期。

[31] 何志魁：《白族性别文化与农村伦理道德建设》，《中国发展》2009年3月。

[32] 黄文波：《浪沙淘尽始见"金"——老挝新华侨印象》，《八桂侨刊》2014年第1期。

[33] 惠吉兴：《仪式的意义——宋代学者论礼的起源与内涵》，《现代哲学》2003年第1期。

[34] 侯艳娜、李凤缓、孙鑫煜：《民间宗教文化与女性社会性别的建构——以河北涉县女娲信仰为例》，《河北学刊》2011年第6期。

[35] 蒋重母、邓海霞、付金艳：《老挝汉语教学现状研究》，《东南亚研究》2010年第6期。

[36] 蒋中礼：《太平天国革命与云南反清起义》，《云南社会科学》1992年5月。

[37] 金少萍、沈鹏：《中国女性人类学研究文献综述》，《贵州民族研究》2008年第1期。

[38] 金少萍：《宗教文化中的社会性别建构——白族女性与本主崇拜》，《中央民族大学学报（哲学社会科学版）》2008年第1期。

[39] 康宇：《儒家"五常"的道德优势及其当代意蕴》，《求是学刊》2007年第3期。

[40] 李安山：《少数民族华侨华人：迁移特点、辨识标准及人数统计》，《华侨华人历史研究》2003年第3期。

[41] 李浩、余少剑、刀易学：《易武 普洱茶的易武时代》，《中国文化遗产》2010年第4期。

[42] 李建军：《"返本开新"与"以教保学"——1980年以来马来西亚、越南、印尼儒学与孔教研究述评》，《黑龙江史志》2014年第16期。

[43] 李媛：《16至18世纪中国社会下层女性宗教活动探析》，《求是学刊》2006年第2期。

[44] 李智环：《中国女性人类学研究回顾与展望》，《武汉科技大学学报（社会科学版）》2012年第5期。

[45] 刘东旭：《男人的祖先，女人的神——贵州群乐人宗教实践的性别差异》，《世界宗教文化》2010年第6期。

[46] 刘世风：《女性人类学发展及其中国本土化尝试》，《妇女研究论丛》2007年第1期。

[47] 刘亚玲、周冶：《女性在宗教活动中的身份建构——丹巴甲居藏寨田野事象分析》，《宗教学研究》2014年第4期。

[48] 刘志琴：《礼——中国文化传统模式探析》，《天津社会科学》1987年第6期。

[49] 林建武：《物性与礼信：列维纳斯与儒家的礼物观念对照》，《兰州学刊》2017年第1期。

[50] 卢现祥：《论华人企业的家族式管理与传统文化的关系》，《道德与文明》2000年第1期。

[51] 吕晓丽：《从隐喻认知角度分析"水"的语义演变》，《安徽文学》(下半月)2009年第11期。

[52] 牟钟鉴：《儒、佛、道三教的结构与互补》，《南京大学学报（哲学·人文科学·社会科学版）》2003年第6期。

[53] 木薇：《社会性别视角之下的莲池会村落认同研究》，《民族论坛》2013年第11期。

[54] 倪晓霞：《女性主义视域下东南亚女性跨国流动问题研究》，《科教文汇》（上旬刊）2014年第10期。

[55] 潘杰：《女性人类学概说》，《民族研究》1999年第4期。

[56] 彭兆荣、张进：《"社区"的维度与限度》，《思想战线》2019年第1期。

[57] 彭兆荣：《饮食遗产中的礼事与礼信》，《中原文化研究》2014年第3期。

[58] 邵文东：《论儒家礼文化的特点及内涵》，《青海师范大学学报（哲学社会科学版）》2010年第2期。

[59] 沈海梅：《族群认同：男性客位化与女性主位化——关于当代中国族群认同的社会性别思考》，《民族研究》2004年第5期。

[60] 沈海梅：《在跨国移民理论框架下认识中国的"外籍新娘"》，《昆

明理工大学学报（社会科学版）》2012年第5期。

[61] 释慧心：《缅甸的出家女性》，《佛教文化》2003年第4期。

[62] 施雪琴：《全球化视野下的女性跨国流动——以1978年以来中国女性迁移东南亚为中心》，《南洋问题研究》2009年第1期。

[63] 孙小淳、刘未沫：《中国古代科学的"诗性"与"礼信"》，《科学文化评论》2017年第1期。

[64] 苏吉利·古斯德伽、黄文波：《试析印尼华人社会孔教信仰的形成与发展历程》，《八桂侨刊》2019年第3期。

[65] 唐任伍：《儒家文化与华人管理范式》，《改革》2002年第3期。

[66] 唐悠悠：《老挝华文教育发展的社会背景探析》，《东南亚纵横》2014年第6期。

[67] 佟应芬：《20世纪70年代以来东南亚女性跨国流动的特点与影响》，《南洋问题研究》2009年第1期。

[68] 王帆：《"礼"范畴发展进程中的五种内涵》，《河北师范大学学报（哲学社会科学版）》2019年第4期。

[69] 王杰、顾建军：《早期儒家"礼"文化内涵的嬗变》，《哲学动态》2008年第5期。

[70] 王均霞：《作为行动者的泰山进香女性》，《民俗研究》2009年第3期。

[71] 王永炳：《新加坡华人传统文化之过去、现在与未来》，《云南社会科学》1993年第1期。

[72] 王勇辉：《儒家文化与东南亚经济模式》，《东南亚》2003年第1期。

[73] 王希恩：《民族的融合、交融及互嵌》，《学术界》2016年第4期。

[74] 王瑜贺：《东南亚女性政治家崛起现象研究》，《南华大学学报

（社会科学版）》2014年第4期。

[75] 王仲黎：《老挝跨境"云南人"语言生活调查》，《西南边疆民族研究》2012年第1期。

[76] 魏月萍：《东南亚儒学的历史发展及其研究现况》，《杭州师范大学学报（社会科学版）》2018年第2期。

[77] 徐家玲：《女性与宗教教育》，《妇女研究论丛》2001年第2期。

[78] 徐睿：《宗教与性别社会化——毕摩教在凉山彝族女性生命转折点中的作用》，《云南社会科学》2007年第3期。

[79] 徐睿：《女性形象动态变迁的宗教镜像——对凉山彝族毕摩教反思的性别视角》，《云南社会科学》2008年第2期。

[80] 姚继德：《泰国北部的云南穆斯林——秦和人》，《思想战线》2002年第3期。

[81] 杨超：《老挝新华侨华人与中老友好交往》，《八桂侨刊》2011年第2期。

[82] 尹枚：《对海外华人家族企业的探讨》，《广西社会科学》2002年第2期。

[83] 余秀兰：《文化再生产：我国教育的城乡差距探析》，《华东师范大学学报（教育科学版）》2006年第2期。

[84] 张承宗：《魏晋南北朝妇女的宗教信仰》，《南通大学学报（社会科学版）》2006年第2期。

[85] 张浩：《马来西亚华文学校对儒家思想的传承》，《世界宗教文化》2017年第1期。

[86] 张芮菱：《试论明清道教与民间宗教中的女性问题》，《宁夏社会科学》2006年第5期。

[87] 张自慧：《礼之嬗变规律浅探》，《晋阳学刊》2008年第2期。

[88] 邹昌林：《关于中国礼文化研究的思考》，《湖南大学学报（社会

科学版)》2016 年第 5 期。

[89] 宗晓莲：《布迪厄文化再生产理论对文化变迁研究的意义——以旅游开发背景下的民族文化变迁研究为例》，《广西民族学院学报（哲学社会科学版）》2002 年第 2 期。

[90] 庄国土：《略论二战以来老挝华人社会地位的变化》，《华侨华人历史研究》2004 年第 2 期。

[91] 赵静：《白族妇女宗教信仰的社会功能》，《中南民族大学学报（人文社会科学版）》2006 年第 1 期。

[92] 赵缇、唐国建：《农村青壮年女性宗教信仰选择的多重逻辑——基于福建小链岛的个案研究》，《中国青年研究》2018 年第 8 期。

[93] 郑筱筠：《试论福建民间信仰的组织管理模式对基层妇女的影响》，《世界宗教文化》2015 年第 1 期。

[94] 周建新、杨璐：《跨国道路与族群发展——基于老挝贺人的田野调查》，《广西民族研究》2020 年第 4 期。

[95] 周凯模：《民间仪式中的女性角色、音乐行为及其象征意义——以中国白族"祭本主"仪式音乐为例》，《上海音乐学院学报》2005 年第 1 期。

[96] 朱海滨：《民间信仰——中国最重要的宗教传统》，《江汉论坛》2009 年第 3 期。

三、学位论文（按作者姓氏拼音字母排序）

[1] 陈民炎：《河口镇越南女工的职业流动与资本建构研究》，硕士学位论文，云南大学，2015 年。

[2] 郭静伟：《多形式资本的交织与茶的跨国流动》，博士学位论文，云南大学，2016 年。

[3] 桂华：《圣凡一体：礼与生命价值——家庭生活中的道德、宗教与法律》，博士学位论文，华中科技大学，2013年。

[4] 龚亚星：《独立以来印度尼西亚女性社会地位研究》，硕士学位论文，云南大学，2018年。

[5] 何志魁：《白族母性文化的道德教育功能研究》，博士学位论文，西南大学，2008年。

[6] 金梅：《老中关系的历史演变及其影响因素研究》，硕士学位论文，山东大学，2007年。

[7] 林饶美（Siriwan Likhidcharoentham）：《中国文化思想在泰国的传播与影响》，博士学位论文，浙江大学，2017年。

[8] 李瑞虹：《萝斯玛丽·雷德福·鲁塞尔的生态女性主义神学思想研究》，博士学位论文，中国社会科学院研究生院，2008年。

[9] 李晓琼：《东南亚妇女问题及东盟的应对》，硕士学位论文，暨南大学，2011年。

[10] 马晓琳：《昌吉回族女性朝觐的人类学研究》，硕士学位论文，新疆师范大学，2011年。

[11] 邱文君：《金三角华侨华人若干问题的研究与思考》，硕士学位论文，华侨大学，2012年。

[12] 乔氏云英（KIEU THI VAN ANH）：《越南北方佛教女性神研究》，博士学位论文，中央民族大学，2010年。

[13] 水仙（Namthip Arthabowornpisan）：《儒家思想在新加坡社会的体现》，硕士学位论文，浙江大学，2012年。

[14] 石培翠：《儒家文化在柬埔寨的教学与传播》，硕士学位论文，兰州大学，2015年。

[15] 孙歆：《明清以来江南庙会与妇女生活》，硕士学位论文，苏州大学，2007年。

[16] 宋明英:《泰国女性政治参与研究》,硕士学位论文,华中师范大学,2018年。

[17] 王慧敏(OEI KIEM MA):《印度尼西亚孔教的哲学思想研究》,硕士学位论文,山东大学,2018年。

[18] 王丹婷:《太谷妇女佛教信仰群体民俗生活研究》,硕士学位论文,山西大学,2010年。

[19] 王丹宏:《女性主义与女性政治参与:从社会思潮到政治实践》,博士学位论文,吉林大学,2016年。

[20] 王卫华:《春节习俗与女性身份意识》,博士学位论文,中央民族大学,2010年。

[21] 魏婷婷:《闽南"菜姑"身份认同及其信仰生活》,硕士学位论文,华侨大学,2014年。

[22] 伍坦义:《老挝旅游业发展研究》,硕士学位论文,云南大学,2018年。

[23] 许肖静:《作为价值和实践的"关怀"——爪哇农村女性的民族志研究》,硕士学位论文,中央民族大学,2019年。

[24] 严春宝:《新加坡儒家文化传承研究》,博士学位论文,北京师范大学,2007年。

[25] 严淑华:《女娲与当地女性生活》,博士学位论文,武汉大学,2013年。

[26] 于洋:《转型社会背景下乡村女性的民间信仰实践》,硕士学位论文,辽宁大学,2011年。

[27] 杨华:《隐藏的世界:湘南水村妇女的人生归属与生命意义》,博士学位论述,华中科技大学,2010年。

[28] 周鹏:《老挝云南籍新移民研究》,硕士学位论文,云南师范大学,2017年。

[29] 张自慧:《礼文化的人文精神与价值研究》,博士学位论文,郑州大学,2006年。

[30] 张娟:《散杂居回族女性宗教生活的人类学探究》,硕士学位论文,福建师范大学,2012年。

[31] 张艳飞:《斋奶会:文化传承组织与老年妇女共同体》,硕士学位论文,云南大学,2015年。

[32] 张翠霞:《神坛女人:大理白族村落"莲池会"女性研究》,博士学位论文,中央民族大学,2013年。

[33] 张秋贤:《走向经济母神:越南女性母神信仰研究》,博士学位论文,华东师范大学,2015年。

四、英文专著和期刊(按第一作者姓氏拼音字母排序)

[1] Chazée Laurent. *The Peoples of Laos: rural and ethnic diversities with an ethno-linguistic map*, White Lotus Press, 1999.

[2] Ebrey, Patricia Buckley and Peter N. Gregory. "The Religious and Historical Landscape." In Ebrey and Gregory, eds., Religion and Society in Tang and Sung China. Honolulu: University of Hawaii Press, 1993.

[3] Frank Proschan. "We Are All Kmhmu, Just the Same": Ethnonyms, Ethnic Identities, and Ethnic Groups. *American Ethnologist*, Vol. 24, No. 1, Feb., 1997.

[4] Joachim Schesinger. "Ethnic Groups of Laos", in *Profile of Sino-Tibetan-Speaking Peoples*, White Lous Press, Thailand, 2003.

[5] JoanW.Scott. Gender: A Useful Gategory of Historical Analysis. in Elizabeth Weed(ed.), Coming to Terms. Feminism,Theory, Politics, Routledge,